한국어

韩国学生都在用的分类词汇书

主编：云心

参编：陈瑶 邓慧 周昱 孙晓燕 李慧可
韩芬 周婕 王可 邢苏苏 晏芷汀

机械工业出版社
CHINA MACHINE PRESS

本书包含17个分类，上百个场景，囊括了衣食住行中的方方面面，分类详细，场景丰富全面。

每个场景罗列了与之相关的常用核心词，每个核心词都标注了发音、声调、词性、词义，并给出了相应的例句，还关联了同义词、反义词、同音词等各类相关知识，使之更全面、更实用、更易查。可谓是将图像记忆、分类记忆及联想记忆这三大记忆法则融会贯通，目的是让单词记忆变得更加高效、灵活。

图书在版编目（CIP）数据

韩国学生都在用的分类词汇书 / 云心主编. —北京：机械工业出版社，2018.12
（语言梦工厂）

ISBN 978-7-111-61827-0

Ⅰ. ①韩… Ⅱ. ①云… Ⅲ. ①朝鲜语—词汇—自学参考资料 Ⅳ. ① H553

中国版本图书馆 CIP 数据核字（2019）第 010288 号

机械工业出版社（北京市百万庄大街 22 号 邮政编码 100037）
策划编辑：孙铁军 责任印制：张 博
三河市国英印务有限公司印刷
2019年8月第1版第1次印刷
184mm×260mm • 21印张 • 518千字
0 001—4 000册
标准书号：ISBN 978-7-111-61827-0
定价：54. 80元

电话服务
客服电话：010-88361066
010-88379833
010-68326294

网络服务
机 工 官 网：www.cmpbook.com
机 工 官 博：weibo.com/cmp1952
金 书 网：www.golden-book.com
机工教育服务网：www.cmpedu.com

说到学习外语，大家一致认为最难啃的是语法，于是大部分人都把主要精力放在攻克语法上。最后语法背得滚瓜烂熟，可要和韩国人交流时还是表达不出来。究其根源还是单词不过关。词汇量的多少在很大程度上影响着交流的广度和深度。

看到“记单词”三个字就头疼，对吧？翻开各类单词书，看着长长的单词列表，嘴里反复念叨着，手里不停写写画画，稍微一走神，啊！刚才背的啥单词来着？重新再来吧……

不要单词列表！不要死记硬背！我要轻松记单词！！

怎么样记单词最轻松？看图片比看文字轻松，所以本书每个单词都配上了相关图片，刺激大脑进行图像记忆。

怎么样记单词最轻松？分类、联系记忆最轻松，说到“西瓜”能联想到其他水果，甚至是红色、清爽等相关单词，这样才是真的简单，真的好记！

本书包含 17 个分类，上百个场景，囊括了衣食住行中的方方面面，涵盖日常用语、各色人物、数字相关、时间节日、闲谈话题、美食诱惑、狂欢购物、旅游出国、休闲娱乐、运动健身、内心世界、动物植物、生活家居、交通出行、公共服务、学校教育和商务工作。分类详细，场景全面，方便查阅。

每个场景都罗列了与之相关的常用核心词，每个核心词都标注了发音、声调、词性、词义，并给出了相应的例句，还关联了同义词、反义词、同音词等各类相关知识，使之更全面、更实用、更易查。可谓是将图像记忆、分类记忆及联想记忆这三大记忆法则融会贯通，目的是让单词记忆变得更加高效、灵活。

本书采取的实用词汇分类记忆法便于学习者把多个有内在联系的单词系统地存储在大脑中，提高词汇的输入和输出效率，是非常有趣、高效的学习方法。

相信这本韩国学生都在使用的分类词汇书能成为你提升词汇量的好帮手！

目 录

Chapter 1
日常问候

初级 저 【代】我

저는 대학생입니다.

我是大学生。

同义词 나 我（平语） 우리 我们（平语，常用在口语中）

与저相关：

저在句子中做主语时，저 + 가 = 제가；저는可以缩写为전；“我的”저의 = 제。“우리 아빠”是“我爸爸”的意思。

初级 **당신** 【代】你

당신을 사랑합니다.

我爱你。

同义词 너 你（平语） 자네 你（中老年男性对平辈或晚辈）

니 你（平语，常用在口语中）

당신的用法：

表示尊称“您”，夫妻之间常用당신来表示尊敬，但是在日常交流中要慎用당신，因为당신在两个人吵架时有贬低对方的意思。

初级 **그** 【代】他

나는 그를 몰라요.

我不认识他。

同义词 걔 他（平语） 쟤 他（平语）

그的相关词：

그녀 → 她 그것 · 它，那个 그의 · 他的

初级 **너희들** 【代】你们

너희들이 왜 늦었어？

你们为什么迟到了？

同义词 당신들 你们（尊称） 자네들 你们（中老年男性对平辈或晚辈）

与너희들相关：

너희들中的들是结尾词，用在名词后面，表示复数的概念。比如，他们，她们，它们分别对应그들，그녀들，그것들。

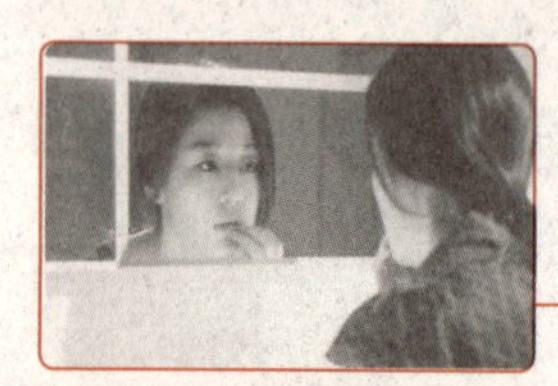

初级 **자기** 【名】自己

자기가 한 일은 자기가 책임져야 해요.

自己做的事自己负责。

同义词 자신 自己 스스로 自身

자기的相关词：

자기 스스로 → 自己本人 자기 소개 → 自我介绍 자기희생 → 自我牺牲

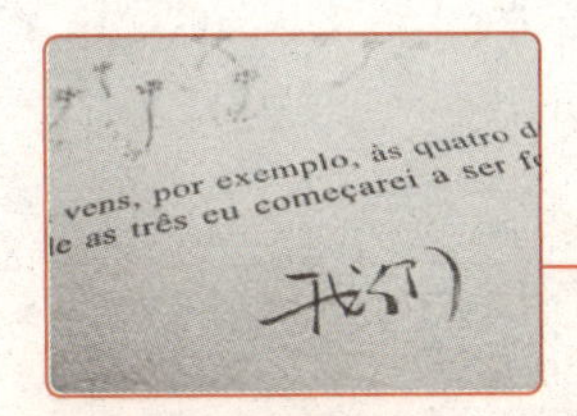

初级 **우리** 【名】我们

우리가 함께 노력합시다 .

我们一起努力吧。

同义词 저희 我们（谦称）

与우리相关：

在韩语中，우리既可以指“我们”，又可以指“我”，还可以做定语，表示我们的，我的。比如，우리 학교我们学校，우리 반我们班，우리 오빠我哥哥，우리 마누라我老婆。

初级 **씨** 【名】……先生，……小姐

김수현 씨는 한국 분이세요 ?

金秀贤先生是韩国人吗 ?

同义词 님 ……先生，……小姐　군 ……君（称呼同辈或后辈男子）미스터（mister/Mr.）……先生（称呼年轻男子）

씨的用法：

씨是依存名词，依存名词就是其前必须加修饰语才能使用的词。씨前一般加人名，表示“……先生，……小姐”。님是比씨更加尊敬的用法，님除了可以用在人名之后，还可用在某些身份名词后，如고객님顾客，선생님老师，감독님导演，사장님社长等。

初级 **여자** 【名】女人，女孩

그 여자가 몸매 완전 좋다 .

那女人身材真好。

同义词 그녀 她　여인 女人　소녀 少女　여성 女性

与여자相关：

在韩语中，여자指所有女性身份的人，包括女孩在内。而여인则专指已经成年的女人。

初级 **남자** 【名】男人，男孩

나 그 남자에 맘에 들어 .

我中意那个男人。

同义词 남성 男性　보이 男孩

남자的相关词：

사나이 → 男子汉　소년 → 少年　남자 친구 → 男朋友

初级 **친구** 【名】朋友

나는 친구가 많아요 .

我有很多朋友。

同义词 단짝 挚友　지기 知己

친구的相关词：

죽마고우 → 青梅竹马　우정 → 友情　여자 친구 → 女朋友　옛 친구 → 老朋友　소꼽 친구 → 童年的朋友

中级 **노인** 【名】老人

그 노인이 올해 팔십 세가 나요.

那位老人今年八十岁了。

同义词 어르신 老人（尊称） 늙은이 老人

★ 노인的相关词：

노인을 공경하다 → 尊敬老人 노인을 보살피다 → 照顾老人

中级 **어른** 【名】大人，成年人

아이가 자라 어른이 다 되네요.

孩子快长大成人了。

同义词 성인 成人 성년 成年

★ 어른的相关词：

어른 뺨 치다 → 后生可畏（字面义：不亚于大人） 어른 없는 데서 자라났다 → 没有教养

初级 **아이** 【名】小孩

그 아이가 아주 귀엽다.

那个孩子非常可爱。

同义词 어린이 小朋友 아기 孩子

★ 与아이相关：

아이是指年龄小的孩子，可以不分年龄，指自己的孩子，也可以指没出生或刚出生的孩子。아기是指还在吃奶阶段的孩子，婆婆用새아이来称呼儿媳妇。

中级 **젊은이** 【名】年轻人

그 젊은이가 진짜 버릇이 없어.

那个年轻人真没教养。

同义词 청년 青年

★ 与젊은이相关：

젊은이中的젊是젊다（年轻）的词干，类似的单词还有늙은이（老人），어린이（小孩）。

初级 **사람** 【名】人

사람 셋 명이 있어요.

有三个人。

同义词 인간 人，人类

★ 사람的相关词：

중국 사람 → 中国人 외국 사람 → 外国人 사람 두 명 → 两个人 사람 됨됨이 → 为人，做人

中级 **남** 【名】别人

남에게 알려주지 마세요.

不要告诉别人。

同义词 타인 他人 다른 사람 别的人

★ 남的相关词：

남의 등을 쳐 먹다 → 敲骨吸髓 남의 말을 하다 → 背着说人是非

中级 **상대방** 【名】对方

상대방은 만만치 않아 보여요.

对方看起来不简单。

同义词 상대편 对方

★ 상대방的相关词：

상대 → 对手 상대자 → 对象 데이트 상대자 → 约会对象

中级 **짝꿍** 【名】同桌；朋友

짝꿍이랑 싸웠어요.

我和同桌吵架了。

同义词 단짝 挚友

★ 与짝꿍相关：

짝是“两个，成双，双”的意思，짝꿍可以指同桌，也可以指关系亲密的好朋友。

初级 **아가씨** 【名】姑娘，小姐

이 젊은 아가씨가 누구시죠？

这位年轻的姑娘是谁啊？

同义词 소녀 少女，姑娘 레이디（lady） 小姐

★ 与아가씨相关：

아가씨是对未婚年轻女子的称呼。在韩语中，아가씨也是女子对丈夫的妹妹的称呼，即小姑子。

中级 **신사** 【名】绅士，先生

여자가 거의 신사를 좋아한다.

女人们都喜欢绅士。

同义词 젠틀맨（gentleman） 绅士

★ 신사的相关词：

신사협정 → 君子协定 신사시계 → 绅士表 신사 숙녀 → 绅士与淑女

中级 **숙녀** 【名】淑女，女士

신사 숙녀 여러분，안녕합시니까？

各位先生，各位女士，大家好。

同义词 가인 佳人

★ 숙녀的相关词：

가인숙녀 → 佳人淑女 기남숙녀 → 郎才女貌 숙녀답다 → 淑女风范

初级 **어머니** 【名】母亲，妈妈

나는 어머니와 닮았어요.

我和妈妈长得很像。

同义词 엄마 妈妈 어머님 母亲，妈妈 모친 母亲

★ 어머니的相关词：

어머니날 → 母亲节 생모 → 生母 양부모 → 养父母 실패는 성공의 어머니이다 → 失败是成功之母

初级 **아버지** 【名】父亲，爸爸

제 아버지는 회사일을 해요.

我爸爸在公司上班。

同义词 아빠 爸爸 아버님 父亲，爸爸 부친 父亲

★ 아버지的相关词：

어버이날 → 双亲节 음악의 아버지 → 音乐之父 아버지가 되다 → 当父亲 부성애 → 父爱

初级 **할아버지** 【名】爷爷，祖父

할아버지는 아직 건강하신 편이에요.

爷爷现在还很健康。

同义词 조부 爷爷，祖父

★ 与할아버지相关：

할아버지除了指爷爷或祖父外，也可用于称呼不相识的老爷爷。“外公，姥爷”则是외할아버지。

初级 **할머니** 【名】奶奶，祖母

할머니는 아주 자상해요.

奶奶非常慈祥。

同义词 조모 奶奶，祖母

★ 与할머니相关：

할머니除了指奶奶或祖母外，也可用于称呼不相识的老奶奶。“外婆，姥姥”则是외할머니。

初级 **남편** 【名】丈夫

그녀 남편은 돈 잘 벌어요.

她丈夫很会赚钱。

同义词 부군 夫君

★ 남편的相关词：

전남편→前夫 남편 덕을 못 보면 자식 덕도 못 본다 → 丈夫靠不得，子女也靠不了

初级 **아내** 【名】妻子

아내는 내 중학교 동창였어요.

妻子是我的中学同学。

同义词 와이프（wife） 妻子 집사람 内人（谦称）

★ 与아내相关：

아내表示“妻子”，用在一般的句子中。 집사람是对别人提起自己的妻子时用的，表示谦虚。

中级 **배우자（配偶者）**【名】配偶

저는 아직 배우자가 없습니다.

我现在还没有结婚。

同形异义 배우자（配偶子）生殖细胞（指精子或卵细胞）

☆배우자的相关词：

배우자를 고르다 → 选择配偶　이상적인 배우자 → 理想的配偶

初级 **딸**【名】女儿

그의 어머니는 딸를 선호해요.

他妈妈更喜欢女儿。

同义词 여식　女儿　　따님　千金（尊称别人的女儿）

☆딸的相关词：

딸을 시집보내다 → 嫁女儿　큰딸 → 大女儿　영애 → 令媛

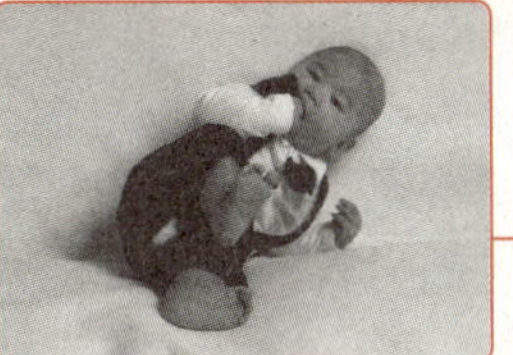

初级 **아들**【名】儿子

그집 아들이 아주 못난 사람이다.

那家的儿子很不争气。

同义词 아들아이　儿子　아드님　令郎（尊称别人的儿子）

☆아들的相关词：

남아 선호 → 重男轻女　영랑 → 令郎

中级 **손자**【名】孙子

그 할아버지의 손자가 올해 이미 열 살이 되었어요.

那个爷爷的孙子今年已经十岁了。

反义词 손녀　孙女

☆손자的相关词：

손자 잃은 영감 → 比喻失去了很重要的东西的人　증손자 → 曾孙

初级 **오빠**【名】哥哥（女性称呼男性）

나는 오빠가 있는 사람이 부럽다.

我羡慕有哥哥的人。

同义词 형　哥哥（男性称呼男性）

☆与오빠相关：

오빠用在女性称呼比自己年长的男子，可以是亲哥哥，也可以是认识的关系好的男子。

初级 **동생**【名】妹妹，弟弟

동생이 진짜 말 안 들어요.

弟弟很不听话。

同义词 여동생　妹妹　　남동생　弟弟

☆동생的相关词：

이복동생 → 同父异母弟弟（妹妹）　동생 죽음이 거름이라 → 幸灾乐祸

初级 **언니** 【名】 姐姐（女性称呼女性）

언니는 자라면 자랄수록 예뻐졌어요.

姐姐越长越漂亮了。

同义词 누나 姐姐（男性称呼女性）

★ 언니的相关词：

언니（오빠）부대→追星族 큰언니→大姐 둘째 언니→二姐

初级 **가족** 【名】 家族，家人

가족들과 함께 여행 갔어요.

和家人一起去旅游了。

近义词 식구 家人　　집 家

★ 가족的相关词：

온 가족 → 全家人 핵가족 → 小家庭，核心家庭（只有父母和子女的家庭） 가족 회사 → 家族企业

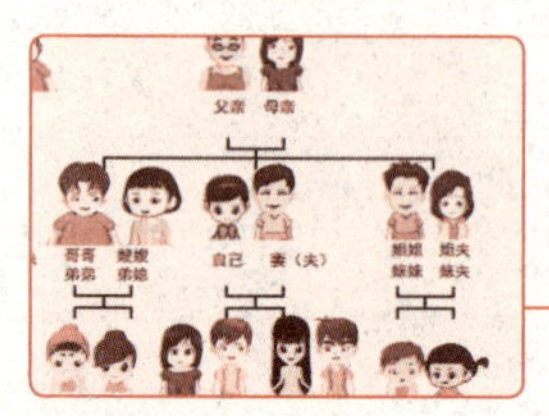

中级 **친척** 【名】 亲戚，亲人

가까운 남이 먼 친척보다 낫다.

远亲不如近邻。

同义词 친족 亲人，亲戚

★ 친척的相关词：

먼 친척 → 远亲 가까운 친척 → 近亲 일가친척 → 家人亲戚

初级 **삼촌** 【名】 叔父，叔叔，伯

나는 한번도 삼촌을 못 봤어요.

我一次也没见过伯父。

同义词 큰아버지 伯父（爸爸的兄长）　　작은아버지 叔叔（爸爸的弟弟）

★ 与삼촌相关：

삼촌是指爸爸的兄弟，妈妈的兄弟叫“외삼촌”，即舅舅。不仅有“삼（三）촌”，还有“사（四）촌”，表示堂兄弟姐妹，表兄弟姐妹则是“외사촌”。

初级 **조카** 【名】 侄子，侄女

우리 조카가 정말 사랑스럽네.

侄女真是惹人喜爱呀。

同义词 질자 侄子

★ 与조카相关：

조카指堂兄弟姐妹或表兄弟姐妹的子女。用表示亲戚远近关系的词촌（寸）来表示侄子的话，侄子属于오（五）촌。

中级 형수 【名】 嫂子（弟弟称呼哥哥的妻子）

형수님이 정말 예뻐요.

嫂子好漂亮。

近义词 올케 언니 嫂子（妹妹称呼哥哥的妻子，通常省去올케）

형님 嫂子（弟弟的妻子称呼哥哥的妻子）

与형수相关：

형수既可以是男子哥哥的妻子，也可是男子的男性朋友的妻子。实际生活中使用时表示尊敬可加님，称其형수님。

中级 시누이 【名】 姑子

시누이가 아직 결혼 안 했어요.

小姑子还没结婚。

同义词 손위 시누이 大姑子 손아래 시누이 小姑子

시누이的相关词：

시누이는 고추보다 맵다 →小姑子比辣椒还辣 시누이와 올케 → 姑嫂

中级 장남 【名】 长子，大儿子

장남보다 둘째 아들이 먼저 결혼했다.

二儿子比大儿子先结婚。

同义词 큰아들 大儿子 맏아들 大儿子，长子

장남的相关词：

장녀→长女，大女儿 장남하다 →长大成人，成熟 장남 책임→长子的责任

中级 막내 【名】 小儿子，小女儿

막내 아들이 대학교 다니고 있어요.

我的小儿子在上大学。

反义词 맏이 老大

막내相关词：

막내 며느리 → 小儿媳 막내 딸 →小女儿 막내 삼촌 → 小叔叔

中级 사위 【名】 女婿

그집 사위가 부자라고 들었는데요.

听说那家人的女婿是个有钱人。

同义词 반자 女婿

사위的相关词：

사위를 맞다 → 招女婿 사위를 보다 → 招女婿 사위도 반자식 → 女婿也是半个儿子（比喻丈人对女婿的喜爱不亚于亲儿子）

2 家人亲戚

高级 **장모** 【名】丈母，岳母

그의 장모가 아주 젊어 보여요.

那家丈母看起来可年轻了。

同义词 처모 丈母　　장모님 岳母（女婿称呼丈母）

어머님 妈妈（女婿称呼丈母）

★ **장모的相关词：**

장인 → 丈人　장인어른 → 岳父大人（女婿称呼丈人）

高级 **시어머니** 【名】婆婆

그집 시어머니와 며느리 관계가 안 좋더라.

说那家婆媳关系不好。

近义词 어머님 妈妈（儿媳妇称呼婆婆）　시모 婆婆

★ **시어머니的相关词：**

시어머니에게 역정 나서 개 배때기 찬다 → 城门失火，殃及池鱼　쓰니 시어머니 → 婆婆折磨儿媳妇

시아버지 → 公公

高级 **며느리** 【名】儿媳妇

며느리가 임심했어요.

儿媳妇怀孕了。

同义词 며느님 儿媳（对别人儿媳的尊称）　식부 媳妇

★ **与며느리相关：**

自己称呼自己的儿媳妇时可以用새아기或아기，表示亲昵。

高级 **신부** 【名】新娘

신부과 신랑는 평생을 서로 아끼고 사랑하겠는가?

新娘和新郎愿意永远相互珍惜吗？

反义词 신랑 新郎

★ **신부的相关词：**

예비 신부 → 准新娘　신붓감 → 预备新娘

高级 **이웃** 【名】邻居

이웃과 친하게 지내고 있어요.

和邻居和睦相处着。

近义词 선린 善邻　　옆집 邻居，邻家

★ **이웃的相关词：**

이웃 사람 → 邻居（人）　이웃이 사촌보다 낫다 → 远亲不如近邻　이웃집 → 邻家

初级 **아저씨** 【名】 大叔

아저씨가 맨날 술만 먹어요 .

大叔每天就知道喝酒。

反义词 아주머니 阿姨（称呼中年妇女，较礼貌）

아줌마 大妈（称呼中年妇女，较自由）

★ 与아저씨相关：

아저씨可以用于称呼自己的亲叔叔。韩国人在日常生活中经常对中年男子称아저씨，即使对方是不认识的陌生人。

中级 **커플** 【名】 恋人，情侣

그 커플들이 어울려 보여요 .

那对恋人看起来很般配。

近义词 연인 恋人 애인 爱人

★ 커플的相关词：

커플是外来语，英语为 couple，在韩语里一般指情侣，不指夫妻。 커플링→情侣戒指 커플 문신→情侣文身

中级 **부부** 【名】 夫妇，夫妻

부부 사이가 잘 지내는 방법을 알아야 합니다 .

夫妻之间要懂得好好相处的方法。

同义词 내외 夫妻

★ 부부的相关词：

맞벌이 부부→双职工夫妇 부부 싸움→ 夫妻吵架

中级 **쌍둥이** 【名】 双胞胎

쌍둥이 정말 신기하네요 .

双胞胎真的太神奇了。

同义词 쌍생아 双胞胎，双生子

★ 삼둥이的相关词：

삼둥이 → 三胞胎 네 쌍둥이 → 四胞胎 쌍둥이를 낳다 → 生了双胞胎

初级 **안녕** 【名】 安宁，好

안녕하세요？

您好。

近义词 무사 顺利，无事　평안 平安

★안녕的相关词：

안녕히 → 好好地，平安地　안녕히 가세요 → 您慢走　안녕 → 你好；再见（平辈之间，或长辈对晚辈）

初级 **오다** 【动】 来，到来

이리 와봐.

你过来一下。

反义词 가다 去，走

★오다的相关词：

집에 오다 → 到家　집에 가다 → 回家　올 것이 오다 → 该来的（坏事）还是来了

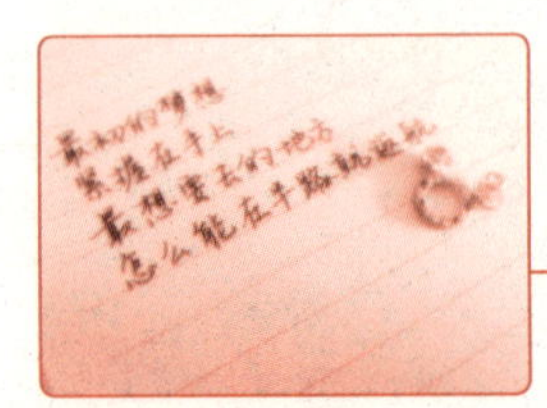

初级 **처음** 【副】 最初，初次，第一次

처음 뵈겠습니다.

初次见面。

反义词 마지막 最后

★처음的相关词：

처음부터 → 开始　처음 오다 → 初来乍到　맨 처음 → 最开始，最初　처음 만나다 → 第一次见面

初级 **이다** 【助】 是

저는 학생입니다.

我是学生。

反义词 아니다 不是

★이다 / 아니다的用法：

이다前面直接加名词，表示“是……”，比如“是中国人”就是“중국 사람이다”。아니다表示“不是……”时，还需要在名词前面加主格助词“이/가”，比如“不是学生”就是“학생이 아니다”，“不是真的”为“진짜가 아니다”。

初级 **이름** 【名】 名字，姓名

이름이 뭐예요？

您的名字是什么？

同义词 성함 姓名，贵姓（尊称）

★이름的相关词：

이름 나다 → 出名　이름 널리다 → 名声远扬　이름을 짓다 → 取名字

初级 **나이** 【名】 年龄

나이가 어때요？

多大年纪？

同义词 연세 贵庚（敬语） 연령 年龄

★ 나이的相关词：

나이가 많다 → 年纪大 나이가 적다 → 年纪小 나이는 못 속인다 → 掩藏不住真实年龄 나이가 들다 → 上年纪

初级 **일** 【名】 工作，事情

부모님께서는 무슨 일을 하세요？

你父母是干什么工作的？

近义词 직업 职业

★ 与일相关：

일不仅指一般的事情，还指工作、问题等，跟汉语里的“事”用法一样。

初级 **어떻게** 【副】 怎么

어떻게 해야 좋을까요？

怎么办才好呢？

同义词 어찌 怎么

★ 어떻게的用法：

어떻게可以放在句首，表示疑问、反问。如어떻게 이럴 수 있나？怎么可以这样？어떻게 집에 가요？怎么回家？

初级 **언제** 【副】 什么时候

언제 다시 만나요？

我们什么时候能再见面呢？

同义词 어느 때 什么时候

★ 언제的相关词：

언제나 → 不管什么时候 언제인가 → 什么时候 언제든지 → 随时，不管什么时候

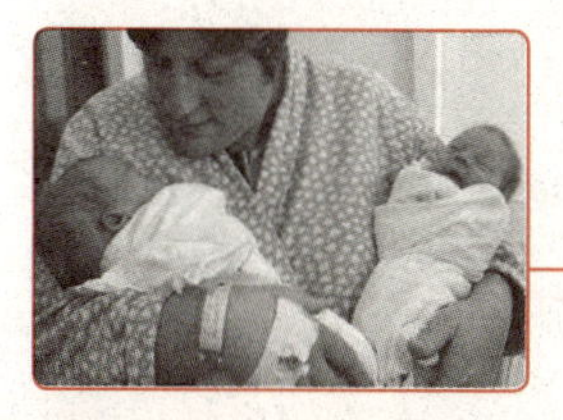

中级 **태어나다** 【动】 出生

언제 태어났어요？

你什么时候出生的？

同义词 출생하다 出生

★ 태어나다的相关词：

생년월일 → 出生年月日 2 월에 태어나다 → 出生在二月 아이가 태어나다 → 孩子出生

初级 **있다** 【形】 有，在

여동생이 있습니다.

我有一个妹妹。

反义词 없다 没有

★ 与있다相关：

있다为形容词时，表示“有（某物）”，如질문이 있다有问题，능력이 있다有能力。있다做动词时，表示“在，待”，如집에 있다在家，일주일 있다待一周。있다作为动词“在”时的敬语为계시다，表示“有”时的敬语为있으시다。

初级 **인사** 【名】 问候，问候语

서로 인사하죠.

互相问候一下吧。

同义词 인사치레 客套

★ 인사的相关词：

인사말 → 问候语 인사를 붙이다 → 相互打招呼（尤指初次见面的多人之间） 인사하다 → 问候

初级 **알다** 【动】 认识，知道

그 사람을 알아요?

你认识那个人吗？

反义词 모르다 不知道

★ 알다的相关词：

알디기도 모르디 → 只知其一，不知其二 알이듣디 → 听懂 알이보디 → 看懂，了解到

中级 **몇** 【副】 几

올해 몇 살이에요?

今年几岁？

★ 与몇相关：

몇是“几”的意思，跟汉语里表达疑问时含义一样。使用时在몇后面加名词就可以。比如，사람 몇명이 있어요？有几个人？몇개 남았어？还剩几个？

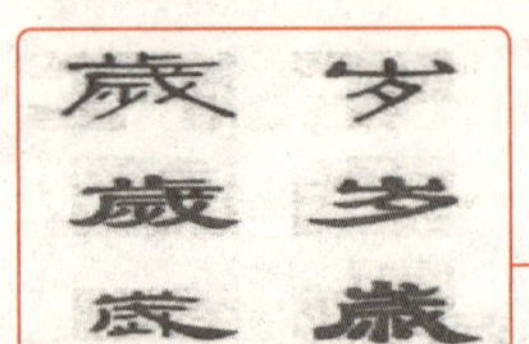

初级 **살** 【量】 岁

올해 스무 살이에요.

今年二十岁。

同义词 세 岁

★ 与살相关：

살之前的数词要使用固有数词：한，두，세，네，다섯……而세之前要使用汉字数词：일，이，삼，사，오……

初级 **누구** 【名】 谁

누구시죠？

您是谁?

★与누구相关：

누구为主语，与主格助词가连用时，以누가的形式出现。比如，누가 왔어요？谁来了？

初级 **앞으로** 【名】 今后，以后

앞으로 많이 연락해 주세요.

今后请多多联系我。

同义词 나중에 以后

★与앞으로相关：

앞으로是由表示“前”的앞和表示方向性的助词으로组成的，表示“今后，以后”。앞으로也有“向前”的意思。如，앞으로 오세요 请到前面来。

中级 **연락** 【名】 联络，联系

아들한테서 연락이 왔어요.

儿子来了消息。

近义词 소식 消息，联络

★연락的相关词：

연락처 → 联络方式 연락하다 → 联系，联络

初级 **많다** 【形】 多，大

오늘은 사람이 많아요.

今天人很多。

反义词 적다 少

★与많다相关：

많다的副词形式为많이，意思是“多多地，经常，很”。如，비가 많이 오다 雨下得很大，많이 보다 经常看见，많이 늙었다 老了很多。

初级 **전화번호** 【名】 电话号码

전화번호가 몇 번이에요？.

电话号码是多少？

同义词 핸드폰번호 电话号码

★전화번호的相关词：

전화를 걸다→打电话 전화번호를 외우다→记电话号码 전화번호를 찾다→找电话号码

初级 **듣다** 【动】 听，听见

말씀 많이 들었습니다.

久仰大名。

使动词 들리다 被听见

★듣다的相关词：

소리를 듣다 → 听见声音 소리가 들리다 → 声音被听见 말을 듣다 → 听话

中级 **감사** 【名】 谢谢

누구한테 감사 편지를 썼어요？

你给谁写了感谢信？

同义词 고마움 谢谢

★감사的相关词：

감사 편지 → 感谢信 감사의 뜻을 표하다 → 表达谢意 감사를 올리다 → 致谢 감사의 마음을 전하다 → 转达感谢之情

中级 **감사만만** 【名】 感激不尽

전 정말 감사만만입니다.

我真是感激不尽啊。

同义词 감사천만 万分感谢

★与감사만만相关：

감사만만对应的中文是“感谢万分”，就是“感激不尽”的意思。一般在감사만만后加이다使用。

初级 **고맙다** 【动】 感谢，谢谢

도와줘서 고마워요.

谢谢你帮我。

同义词 감사하다 感谢，谢谢

★고맙다的相关词：

고맙게 여기다→心怀感激（主语为第三人称） 고마운 일→值得感激的事 고마움→感激（名词）

初级 **고마워하다** 【动】 心怀感激，感谢

차은상은 정말 김탄에게 고마워하고 있다.

车恩尚真的对金叹心怀感激。

同义词 고맙게 여기다 心怀感激，感谢

★与고마워하다相关：

고마워하다的主语只能是第三人称，表示间接引用。第一人称表达对他人的感谢用고맙다，감사하다。

初级 **너무** 【副】 太，非常

친구야，너무 고맙다.

朋友，太感谢你了。

同音词 아주 很，非常 되게 特别，很

★与너무相关：

너무既可以表示程度非常深，也可以表示程度深到不好的情况。比如너무 해太过分了，又如너무 예뻐太漂亮了。有时候有点反语的感觉。因此要慎用。

中级 **대단히** 【副】 非常，特别

끝까지 자리를 함께 해 주신 여러분께 **대단히** 감사합니다.

特别感谢和我们一起坐到最后的各位。

同义词 굉장히 非常，特别

대단히的相关词：

대단하다 → 了不起 대단찮다 → 没什么大不了，没什么了不起 대단스럽다 → 看起来很了不起

中级 **진심** 【形】 衷心的，真心的

여러분께 **진심**으로 감사드립니다.

对各位表示衷心的感谢。

反义词 가심 假心，假意

与진심相关：

진심与动词连用时一般以진심으로的形式使用。如진심으로 환영하다衷心欢迎，진심으로 축하하다衷心祝愿。

高级 **은혜** 【名】 恩惠

저에 대한 **은혜**를 잊지 않겠습니다.

我不会忘记你对我的恩惠。

同义词 혜은 惠恩

은혜的相关词：

은혜를 원수로 갚는다 → 以怨报德，忘恩负义 은혜를 받다 → 受恩惠 은혜롭다 → 充满恩惠的

初级 **돕다** 【动】 帮助

어려움이 있는 사람에게 도와야 합니다.

应该帮助有困难的人。

同义词 도와주다 帮助

与돕다相关：

하늘은 스스로 돕는 사람을 돕는다 → 天助自助者 서로 돕다 → 互相帮助

初级 **선물** 【名】 礼物

설물을 줘서 고맙다.

感谢你送我礼物。

同义词 서례 谢礼，礼物，表示感谢的礼仪

선물的相关词：

생일 선물 → 生日礼物 선물을 보내다 → 送礼物 선물을 주다 → 送礼

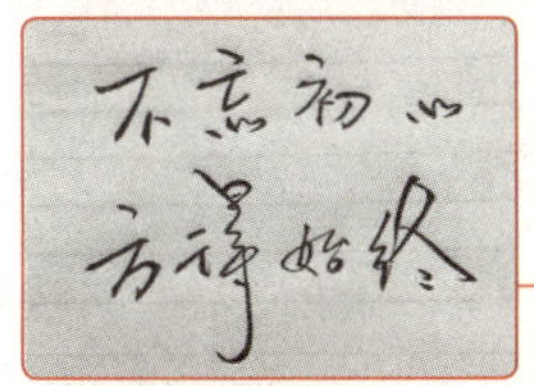

中级 **명심하다** 【动】 不忘，铭记

은혜를 **명심하**겠습니다.

我不会忘记您的恩惠。

反义词 각심하다 各怀心思

与명심하다相关：

명심하다 表示“会牢记在心，不会忘记”，用来表示说话人的意志。如명심하겠습니다 我会记在心里的。或者对别人的叮嘱，如명심해라 记住了啊。

中级 **천만** 【名】客气，没关系

천만에요.

哪里 / 小事情。

近义词 별말씀 哪里的话

★천만에요的相关词：

별말씀을요 → 哪里的话（表示谦虚，辞让） 감사할 것 없습니다 → 不用谢 뭘요 → 没什么

中级 **수고** 【名】苦，难

수고하셨습니다.

您辛苦了。

同形异义 수고 手稿 수고 树高

★수고的相关词：

수고가 많다 → 辛苦 수고하다 → 受苦

中级 **과찬** 【动】过奖

선생님께서 과찬이십니다.

老师过奖了。

★과찬的相关词：

과찬하다 → 过奖

中级 **사례금** 【名】谢礼，酬金

사례금을 받았다.

收到了酬金。

同义词 예금 存款

★사례금的相关词：

사례금을 보내다 → 送礼金 사례금을 거절하다 → 拒收谢礼

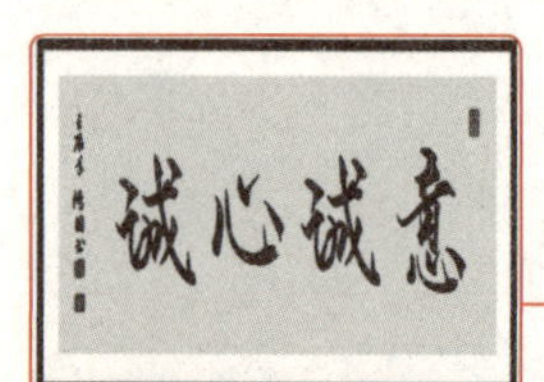

中级 **성의** 【名】诚意

약소하지만 제 성의를 받아 주세요.

一点儿小意思，请笑纳。

近义词 성심 诚心

★성의的相关词：

성의껏 → 真诚地，诚心地 성의가 없다 → 没有诚意 성의를 보이다 → 表现出诚意

中级 **사양하다** 【动】 推辞，客气

성의에 제가 더 이상 사양하지 않겠습니다.

既然是诚意，我就不拒绝了。

近义词 양보하다 礼让　거절하다 拒绝

★ **与사양하다相关：**

사양对应的中文是“辞让”。

高级 **변변찮다** 【形】 微不足道的，不足的，不周到的

손님 대접이 영 변변찮네요.

待客不周。

近义词 보잘것없다 没什么，微不足道

★ **변변찮다的相关词：**

변변찮은 음식 → 粗茶淡饭　집안이 변변찮다 → 家境贫寒

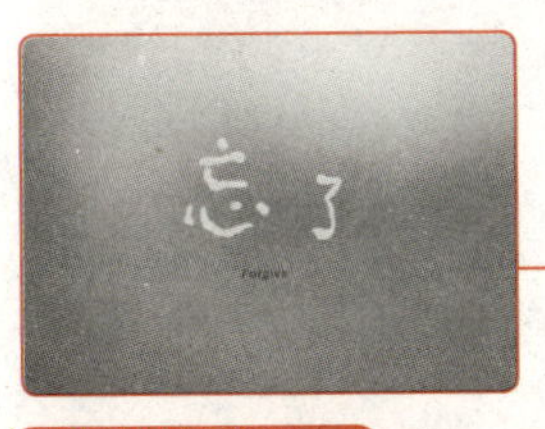

中级 **잊다** 【动】 忘记，遗忘

저에 대한 은혜를 잊지 않겠습니다.

我不会忘记您对我的大恩。

近义词 까먹다 忘记

★ **잊다的相关词：**

잊히다 → 被忘记　잊어버리다 → 忘掉

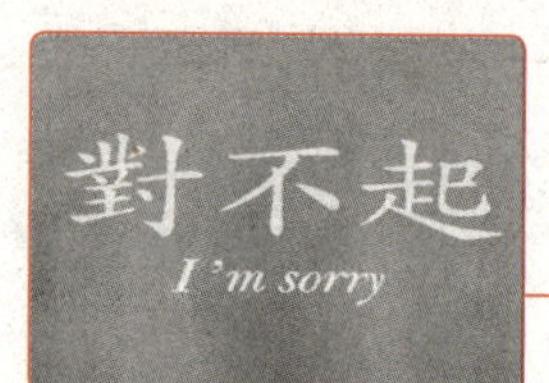

中级 **죄송하다** 【形】 对不起，抱歉

죄송합니다.

对不起。

近义词 미안하다 对不起

★与죄송하다相关：

죄송하다是动词，미안하다是形容词，都表示对不起。죄송하다一般是说话人犯了错请求对方原谅，미안하다则是向对方表示自己现在的心情是歉疚、内疚，相当于汉语中的“不好意思，抱歉”。朋友之间一般用미안하다。

初级 **미안** 【名】 抱歉，内疚

미안한데 나 좀 늦게 갈 거야.

抱歉，我可能会晚到。

同形异义 미안 美颜

★미안的相关词：

미안을 느끼다 → 感到内疚，感到对不起

初级 **미안하다** 【形】 抱歉，不好意思，内疚

친구에게 미안하다.

对朋友感到抱歉。

近义词 죄송하다 对不起，抱歉

★与미안하다相关：

미안하다是中文，对应的汉字是“未安”，就是“心里过意不去”的意思。

初级 **늦다** 【动/形】 晚，迟到

늦게 와서 죄송합니다.

对不起，我迟到了。

反义词 빠르다 快，早　이르다 早

★늦다的相关词：

늦도록 책을 읽다 → 看书到很晚　늦은 가을 → 深秋，晚秋　학교에 늦다 → 上学迟到　지각하다 → 迟到

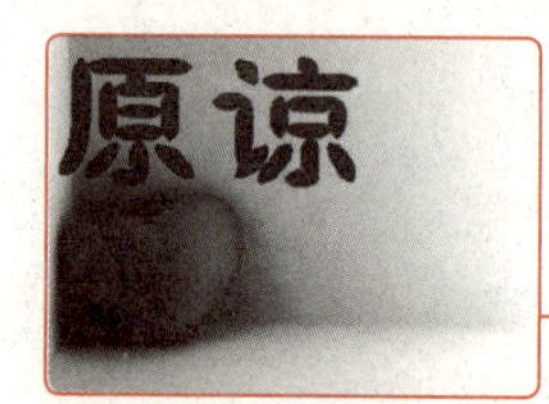

中级 **용서하다** 【动】 原谅

용서해주세요.

请原谅我

反义词 용서 없다 → 不可原谅

★용서하다的相关词：

용서를 빌다 → 乞求原谅　용서 받다 → 获得原谅

中级 **끼치다** 【动】添，给

폐를 끼쳐서 죄송합니다.

对不起，给您添麻烦了。

同义词 가하다 施加 미치다 留下（影响）

★끼치다的相关词：

폐를 끼치다 → 造成麻烦，妨碍 해를 끼치다 → 造成伤害 소름이 끼치다 → 起鸡皮疙瘩 걱정을 끼치다 → 让担心，使担心 영향을 끼치다 → 留下影响，影响

中级 **방해** 【动】妨碍，打搅

방해를 끼치지 않았으면 좋겠습니다.

希望没有打扰到您。

同义词 방애 妨碍

★与방해的相关词：

방해를 끼치다 → 打扰 방해를 주다 → 打扰 방해하다 → 妨碍，打扰

初级 **실수** 【名】失礼，犯错

그의 실수에 절대 용서하지 않겠어.

我绝不原谅他的错误。

同义词 실례 失礼

★실수的相关词：

사소한 실수 → 小错误，小失礼 실수 없는 말 → 得体的话 실수를 범하다 → 犯错

初级 **잘못** 【名】 失误，错误

잘못했습니다.

我做错了。

近义词 실수 失误，错误 과실 过失

★与잘못相关：

잘못做副词时经常和잘 못混淆。잘못连在一起做副词时，表示“错了”，比如잘못 듣다表示“听错了”。而分开写的“잘 못”则表示“没能做好某件事情”，或者“做得不够”。如잘 못 듣다 表示“没听清楚或没怎么听过”。

初级 **괜찮다** 【形】好，没事

괜찮습니다.

我没事。

同义词 좋다 好 낫다 好，痊愈

★괜찮다的相关词：

괜찮아지다 → 好起来，变好 몸이 괜찮다 → 身体好 솜씨가 괜찮다 → 手艺好

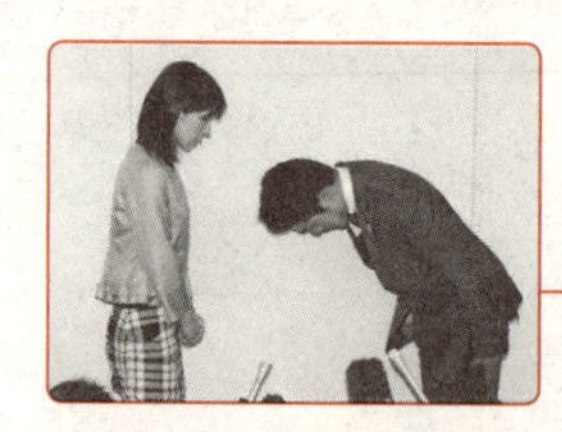

中级 **사과** 【名】道歉

진심으로 사과 드리겠습니다.

由衷地表示歉意。

同义词 사죄 道歉，谢罪

사과的相关词：

사과의 편지 → 致歉意的信　사과드리다 → 道歉，表示歉意

中级 **실례** 【名】失礼

실례하지만 먼저 떠나야겠습니다.

虽然很失礼，但必须要先走了。

同形异义 실례 实例

실례的相关词：

실례하다 → 失礼（动词）　실례지만 → 很失礼（但是……）　실례되다 → 失礼

中级 **화나다** 【动】发火

사과드릴 거니 화나지 마세요.

我向你道歉，别生气了。

近义词 짜증나다 烦，恼

화나다的相关词：

화내다 → 发火，发脾气　성질을 내다 → 发横，发火　성질을 부리다 → 闹性了，耍脾气

初级 **걱정하다** 【动】担心

걱정하게 해줘서 미안하다.

对不起，让你担心了。

近义词 근심하다 担心，担忧

걱정하다的相关词：

걱정되다 → 使人担心　걱정을 끼치다 → 让人担心　걱정을 없애다 → 解除焦虑

中级 **사죄** 【动】谢罪，道歉

사죄드리겠습니다.

给您赔不是。

近义词 사과 谢过，道歉

사죄的相关词：

사죄드리다 → 谢罪　고두사죄 → 叩头谢罪

中级 **변명** 【名】辩解，说辞

너의 변명이 소용없더라.

你的借口没用。

同义词 핑계 借口　　구실 借口

与변명相关：

자기변명 → 自我辩解　변명하다 → 辩解　변명의 여지가 없다 → 没有辩解的余地

中级 **상관없다** 【形】没关系，没有影响

한국어 몰라도 상관없어요.

不会韩语也没关系。

近义词 관계없다 无妨，没关系　무방하다 没关系

与상관없다 相关：

상관없다指"没有关联，没有联系"，或者是"不受什么影响"。口语里经常会说"跟你没有关系"就是너랑 상관없어。

Chapter 2

各色人物

初级 **학생** 【名】 学生

학생은 공부를 열심히 해야 합니다.

学生应该努力学习。

近义词 학도 学徒　　제자 弟子

★学생的相关词:

여학생 → 女学生　남학생 → 男学生　학생회 → 学生会　대학생 → 大学生　초등학생 → 小学生　중학생 → 中学生　고등학생 →高中生　학생증 →学生证

初级 **선생** 【名】 老师

선생이 되는 것을 제 꿈입니다.

我的梦想是成为一名老师。

近义词 교육자 教育者，老师　　교수 教授

★선생的相关词:

선생님 → 老师（称呼时使用） 미술 선생 → 美术老师　국어 선생 → 语文老师　김 선생 → 金老师　유치원 선생 → 幼儿园老师　교수님 → 教授（称呼时使用）　담임 교사 → 班主任

初级 **의사** 【名】 医生

제 부모님은 다 의사입니다.

我的父母都是医生。

同义词 닥터（doctor） 医生

★与의사相关:

去医院看病称呼医生时，一般使用 의사 선생님。

의사에게 보이나 → 看医生　의사를 부르다 → 请医生

初级 **공무원** 【名】 公务员

중국에서 공무원은 요즘 인기가 많아요.

公务员最近在中国很有人气。

近义词 공직자 公职者，公务员

★공무원的相关词:

경찰공무원 → 警察公务员　교육공무원 → 教育公务员　국가공무원 → 国家公务员　고위공무원 → 高位公务员　공무원으로 일하다 → 职业是公务员　공무원 채용 시험에 합격하다 → 考取公务员　말단 공무원 → 基层公务员

初级 **요리사** 【名】 厨师，料理师

제 오빠가 유명한 요리사입니다.

我哥哥是一位有名的厨师。

近义词 조리사 料理师，厨师

★与요리사相关:

对应的汉字是“料理师”，即“厨师”。요리即对应“料理，菜”。

일본 요리 → 日本料理　중국 요리 → 中国料理　요리를 잘 하다 → 厨艺好

初级 **경찰** 【名】 警察

경찰은 나쁜 사람을 잡아야 합니다.

警察抓坏人。

近义词 경찰관 警察官

★ 경찰的相关词：

교통경찰 → 交通警察 경찰청 → 警察厅 전투경찰 → 战警 결찰에 신고하다→报警

初级 **기사** 【名】 司机

기사가 운전을 잘해야 승객의 안전을 보장할 수 있다.

司机的驾驶技术好，乘客的安全才有保障。

近义词 운전사 司机

★ 기사的相关词：

택시 기사 → 出租车司机 버스 기사 → 公交车司机 운전사로 고용하다 → 雇用司机

初级 **기자** 【名】 记者

그는 일선 기자이다.

他是个一线记者。

近义词 보도원 记者 리포터 记者 저널리스트 记者

★ 기자的相关词：

특약 기자 → 特约记者 종군 기자 → 战地记者 신문 기자 → 新闻记者 사진기자 → 摄影记者 기자회견 → 记者会

初级 **배우** 【名】 演员

그녀는 우수한 여자 배우이다.

她是个优秀的女演员。

近义词 스타 明星 연기자 演员 출연자 出演者 연예인 艺人

★ 배우的相关词：

여자 배우 → 女演员 남자 배우 → 男演员 명배우 → 名演员 신인 배우 → 新演员 일류 연기자 → 一流演员 전문 배우 → 专业演员

初级 **가수** 【名】 歌手

내가 제일 좋아하는 가수는 권지용입니다.

我最喜欢的歌手是权志龙。

近义词 스타 明星

★ 가수的相关词：

아이돌 그룹 → 偶像组合 유명 가수 → 名歌手 신인 가수 → 新歌手 솔리스트 → 独唱歌手

初级 **모델**【名】 模特

그 모델의 몸매는 흠잡을 데가 없다.

那个模特的身材没有一点儿瑕疵。

近义词 마네킹 人体模型，模特

模델的相关词：

슈퍼 모델 → 超级模特 패션 모델 → 服装模特 누드 모델 → 裸体模特 슈퍼 모델 대회 → 超级模特大赛

初级 **감독**【名】 导演

새 감독이지만 그의 작품은 높은 평가를 받았다.

虽然是个新生导演，但是他的作品受到的评价很高。

近义词 연출가 导演

감독的相关词：

영화 감독 → 电影导演 신예 감독 → 新锐导演 조감독 → 副导演 드라마연출가 → 电视剧导演

初级 **진행자**【名】 主持人

그는 경험이 많은 예능 진행자다.

他是个资深的娱乐节目主持人。

近义词 사회자 主持人

与진행자相关：

对应的中文为“进行者”，即让事情进行下去的人。实际生活中，韩语中称节目主持人常用英语“MC”。

프로그램 진행자 → 节目主持人 쇼핑 호스트 → 电视导购

初级 **아나운서**【名】 （新闻等的）播音员

그는 MBC 아나운서이다.

他是 MBC 电视台的播音员。

近义词 방송원 播音员

아나운서的相关词：

뉴스아나운서 → 新闻播报员 현장아나운서 → 现场转播员 링아나운서 → 实况转播员

初级 **화가**【名】 画家

그는 천재 화가이다.

他是个天才画家。

近义词 화백 画伯（老画家的敬称）

화가的相关词：

천재 화가 → 天才画家 풍경 화가 → 风景画家 서양 화가 → 西洋画家

初级 **촬영가** 【名】 摄影师

촬영가의 시각이 매우 독특하다.

摄影师的视角很独特。

近义词 사진사 摄影师 카메라맨 摄影师 촬영 기사 摄影师

★촬영가 的相关词:

포토그래퍼→广告摄影师 전문 사진작가→专业摄影师

初级 **작가** 【名】 作家

그 작가의 책은 늘 베스트셀러이다.

那个作家的书一直都是畅销书。

近义词 문필가 作家

★작가的相关词:

전형적인 작가→经典作家 당대 작가→当代作家 청년 작가→青年作家 산문작가→散文作家

初级 **학자** 【名】 学者

그는 중국고대문화 분야의 유명한 학자이다.

他是中国古代文学方面的知名学者。

近义词 연구자 研究者

★학자的相关词:

법학자→法学者 유학자→儒学者 방문 학자→访问学者 어용 학자→御用学者 학자의 풍도→学者的风度

初级 **무용가** 【名】 舞蹈家

그는 유명한 무용가되길 꿈꾸고 있다.

她的梦想是成为一名优秀的舞蹈家。

近义词 무용배우 舞蹈演员

★무용가的相关词:

고전무용→古典舞 민족무용→民族舞 무용예술→舞蹈艺术

初级 **변호사** 【名】 律师

내 아버지는 정직한 변호사이다.

我爸爸是一名正直的律师。

近义词 심판사 审判师

★변호사的相关词:

원고 측 변호사→原告律师 고문 변호사→顾问律师 변호사 출신→律师出身 변호사 수임료→律师费 개업변호사→执业律师

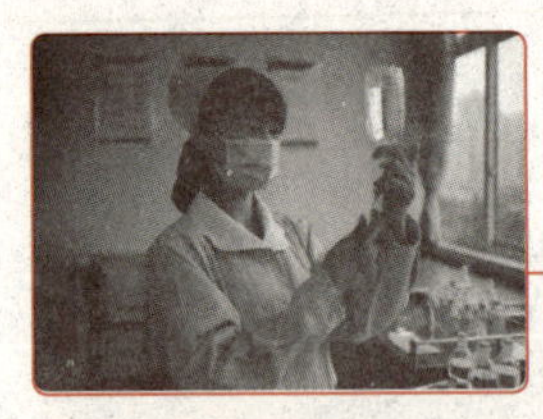

初级 **간호사** 【名】 护士

간호사 (아가씨가) 되게 친절하다 .

护士小姐非常亲切。

近义词 의사 医生

★ 간호사的相关词:

간호장→护士长 간호사를 파출하다→派遣护士 간호 학교→护校

初级 **농부** 【名】 农夫

농부가 농작을 한다 .

农夫务农。

近义词 농민 农民 어민 渔民 농사꾼 农民

★ 농부的相关词:

농민 전쟁 → 农民战争 농민 봉기 → 农民起义 경험 많은 농부 → 经验丰富的农民

初级 **안내원** 【名】 导游

그녀는 안내원으로 박물관에서 일합니다 .

她在一个博物馆当导游。

近义词 가이드 导游 해설자 解说员

★ 안내원的相关词:

관광 안내원 → 导游 안내를 하다 → 做向导 商场里的导购也可以称之为인내원 .

初级 **스튜어디스** (stewardess) 【名】 空姐

일반적으로 스튜어디스는 예쁘게 생긴 겁니다 .

空姐一般都长得很漂亮。

近义词 승무원 乘务员 스튜어드 空少

★ 스튜어디스的相关词:

스튜어디스를 뽑다 → 选拔空姐 스튜어디스를 꿈꾸다 → 梦想成为空姐 스튜어디스를 부르다 → 呼叫空姐

初级 **기업가** 【名】 企业家

그는 노력해서 유명한 기업가가 되었다 .

他通过努力成了一位有名的企业家。

近义词 기업자 企业人 산업가 产业家 실업가 实业家 기업인 企业家

★ 기업가的相关词:

중소기업가 → 中小企业家 기업 → 企业 기업가 정신 → 企业家精神 재벌 → 财阀

初级 사원 【名】 公司职员

오빠가 보통 회사사원 뿐입니다.

我哥哥只是一个普通的公司职员。

近义词 회사원 公司员工 직원 员工

★사원的相关词：

신입 사원 → 新进职员 여사원 → 女职员 외판 사원 → 推销员

现实生活中직원用的相对较多一些。公司人称除了最底层的员工之外还有대표님、부장님、사장님、회장님等。

初级 판매원 【名】 售货员

어머니는 그녀가 판매원과의 결혼을 반대합니다.

她妈妈反对她和那个售货员结婚。

近义词 점원 店员

★판매원的相关词：

매장 판매원 → 卖场售货员 차표 판매원 → 售票员 보험 판매원 → 保险销售人员 상점 → 商店 판매 → 贩卖 매출 → 销售 매출량 → 销售量 영업 → 营业

初级 운동선수 【名】 运动员

그 운동선수는 이번 인천아시아게임에서 금메달을 땄어요.

那名运动员在这次仁川亚运会上获得了金牌。

近义词 스포츠맨 运动员

★운동선수的相关词：

국가 대표 선수 → 国家代表选手 야구 선수 → 棒球选手 직업 선수 → 职业选手 등산가 → 登山运动员 단거리 선수 → 短跑运动员 만능 선수 → 万能选手 스키어 → 滑雪运动员 아마추어 운동선수 → 业余运动员 프로 선수 → 专业运动员

初级 디자이너 【名】 设计师

동생은 최고의 디자이너가 되기 위해 노력하고 있다.

弟弟正在为了成为一名顶级的服装设计师努力。

近义词 설계자 设计师 스타일리스트 形象设计师

★디자이너的相关词：

패션 디자이너 → （服装的）时尚设计师 헤어 디자이너 → 发型设计师 의상 디자이너 → 服装设计师 세계적인 디자이너 → 世界级的设计师

这里설계자通常指图画设计师。

初级 가정주부 【名】 家庭主妇

요즘 아르바이트를 찾는 가정주부는 많아지고 있어요.

最近越来越多的家庭主妇开始找兼职。

近义词 안주인 家庭主妇 주부 主妇 가모 家庭主妇

★가정주부的相关词：

맞벌이 부부 → 双职工夫妇 전업 주부 → 专职主妇

初级 **가다** 【动】 去

나는 학교에 간다.

我去学校。

反义词 오다 来

가다的相关词：

1. 以가다为词根的词汇 나가다 →出去 들어가다 →进去 걸어가다 →前行 올라가다 →上去 내려가다 →下去 건너가다 →穿越 지나가다 →经过
2. 가다与名词结合的合成词 출장가다→出差 시집가다→出嫁 여행가다→去旅游 도망가다→逃跑 놀러가다→去玩 유학가다→去留学 소풍가다→去兜风

初级 **들다** 【动】 举

문제 있으면 손을 들어보세요.

有问题的话请举手示意。

近义词 위로 받치다 往上举 위로 펼치다 往上举

与들다相关：

들다除了有“举”的意思之外还有“染”“中意”“上（年纪）”“锋利”“懂（事）”“入（睡）”“产生（感情）”等多种意思。

相关词汇：예를 들다 → 举例子 발을 들다 → 抬脚 붓을 들다 → 执笔 손을 들다 → 举手

初级 **먹다** 【动】 吃

밥 먹으러 가자.

去吃饭吧。

近义词 식사하다 吃饭 드시다 是먹다的敬语

与먹다相关：

약을 먹다 → 吃药 물을 먹다 → 喝水 밥을 먹다 → 吃饭 안 먹다 → 不吃 못 먹다 → 吃不了

먹다除了表示吃的意思外，与其他多种词汇一起用表达多种多样的意思。

욕을 먹다 → 挨骂 더위（를）먹다 → 中暑 겁을 먹다 → 害怕

初级 **버리다** 【动】 扔

쓰레기를 욱여싸서 버리다.

把垃圾归拢包起来扔掉。

近义词 포기하다 抛弃 망치다 弄坏

与버리다相关：

除了表示扔的动作，버리다常常作为词尾表示动作的完成，如：꺼버리다（关掉），떼버리다（取下对等）。버리다还有“弄坏，毁坏”的意思，아기를 버리다是“毁掉孩子”的意思。

初级 **벗다** 【动】 脱掉

그는 상의를 벗고 일했다.

他脱掉上衣干活。

近义词 벗어나다 脱离 이탈하다 脱离 빠지다 掉，拖 벗어지다 掉，拖

与벗다相关：

발을 벗다→拖鞋，脱袜子 탈을 벗다→去掉假面具，还本来面目 굴레를 벗다→摘掉笼头 허물을 벗다→脱皮，平反昭雪

벗다还有“推卸责任”的意思，如책임을 벗다意为“推卸责任”。 벗다的反义词：입다（穿）。

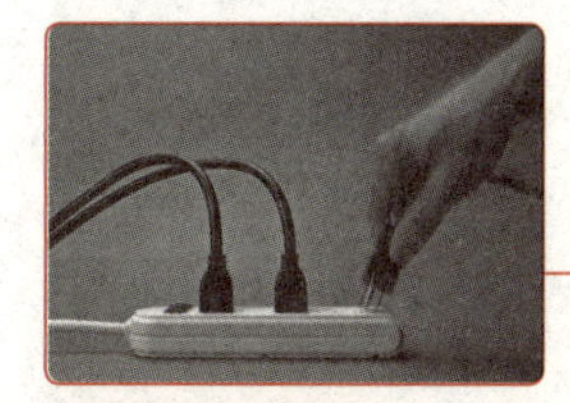

中级 **빼다** 【动】 拔，去掉

그는 발을 빼려고 애쓴다.

他使劲想把脚拔出来。

近义词 뽑다 拔　선발하다 选拔

与빼다相关：

이를 빼다 → 拔牙　못을 빼다 → 拔钉子　칼을 빼다 → 拔刀　반지를 빼다 → 拔戒指

빼다还可表示“减”，如살을 빼다为“减肥”的意思。

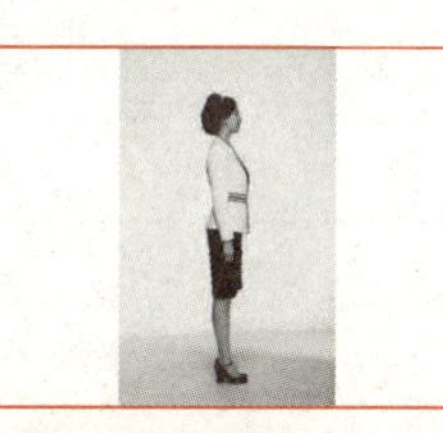

初级 **서다** 【动】 站

신랑 신부가 상대하여 서다.

新郎新娘面对面站着。

近义词 멈추다 停住　정지하다 静止

서다的相关词：

줄을 서다 → 排队　단에 서다 → 站在讲台上　똑바로 서다 → 站得挺直　뒷줄에 서다 → 站后排　앞장서다 → 抢先　세상에 서다 → 在社会上立脚　입초를 서다 → 站岗

初级 **안다** 【动】 抱

아이를 살며시 안다.

轻轻抱起孩子。

近义词 껴안다 抱　포옹하다 拥抱　둘러싸다 环绕

与안다相关：

품에 안다 → 抱在怀里　무릎을 안다 → 抱膝　아이를 안다 → 抱孩子

안다除了“抱”的意思以外，在其他的词汇组合中还可以表示“其他”的意思。如：손해를 안다（受损）。

初级 **쓰다** 【动】 使用

돈을 아껴 써야 한다.

应省着钱用。

近义词 사용하다 使用　고용하다 雇佣　임용하다 任用

与쓰다相关：

돈을 쓰다 → 用钱　골을 쓰다 → 动脑子　꾀를 쓰다 → 耍心机　휴지를 쓰다 → 用纸

쓰다除了“用”的意思外，还有很多种意思，如：

1. 苦：약이 쓰다 药苦
2. 写：편지를 쓰다 写信
3. 戴：모자를 쓰다 戴帽子
4. 费：애를 쓰다 费心
5. 请：한턱을 쓰다 请客

初级 **웃다** 【动】 笑

아이는 수줍게 웃었다.

小孩儿腼腆地笑了。

近义词 웃음을 짓다 笑　웃기다 搞笑　미소하다 微笑　미소짓다 微笑　비웃다 嘲笑

★웃다的相关词：

허리를 쥐고 웃다 → 捧腹大笑　살짝 웃다→微微一笑　활짝 웃다 → 开颜一笑　환하게 웃다 → 展眉破颜

웃다的反义词：울다（哭）。

初级 **자다** 【动】 睡觉

제가 먼저 자겠습니다.

我先去睡了。

近义词 눕다 躺　졸다 困

★자다的相关词：

잠자다→睡觉　일찍 자다→早睡　낮잠을 자다→睡午觉　아침 일찍 일어나고 밤늦게 자다→起早贪黑

中级 **치다** 【动】 打，拍打

계란으로 바위를 치다.

将鸡蛋碰石头。

近义词 때리다 打　두드리다 敲　공격하다 攻击

★与치다相关：

박수치다 → 拍手　종을 치다 → 敲钟　공을 치다 → 打球　북을 치다 → 击鼓

치다除了“敲打”的意思外，还有“多种多样”的意思。

如，시험을 치다 → 考试、점치다 → 算命、파노시나 → 起波浪、

初级 **묻다** 【动】 问

그렇게 추근추근 묻지 마라.

不要那样纠缠不休地问。

近义词 질문하다 提问　문의하다 询问　알아보다 询问

★与묻다相关：

길을 묻다 → 问路　차례로 묻다 → 按顺序问　안부를 묻다 → 问候　책임을 묻다 → 问责

묻다除了“问”的意思外，还有“埋葬，沾”的意思。

初级 **부르다** 【动】 叫

어머니는 “아들아!” 하고 부르셨다.

母亲叫了一声：“儿啊！”

近义词 외치다 叫喊　지르다 叫喊　소리치다 叫喊

★부르다的相关词：

구호를 부르다 → 喊口号　명단을 부르다 → 点名　부르자마자 달려오다 → 随喊随到

부르다还可以表示其他的意思，如：

노래를 부르다 → 唱歌　의사를 부르다 → 请医生　배가 부르다 → 吃饱

初级 **쉬다** 【动】 呼吸

한 콧구멍으로 숨을 쉬다.

一个鼻孔出气。

近义词 들이마시다 吸气 내쉬다 呼气

★ 쉬다的相关词：

숨쉬다 → 呼吸 코로 숨쉬다 → 用鼻子呼吸 숨을 크게 쉬다 → 深呼吸 한숨을 쉬다 → 长出了一口气

쉬다还可以表示其他意思，如：

쉬다 → 休息 목쉬다 → 嗓子哑

初级 **맡다** 【动】 闻

휘발유 냄새만 맡아도 메스껍다.

闻见汽油味儿就恶心。

★ 맡다的相关词：

냄새(를) 맡다 → 闻 악취를 맡다 → 闻到一股臭味

맡다除了有“闻”的意思以外，还有如下意思：

책임을 맡다 → 担负责任 역을 맡다 → 扮演角色

初级 **잡다** 【动】 抓

상대방의 손을 꽉 잡다.

紧抓对方的手。

近义词 붙잡다 抓住 쥐다 抓 붙들다 抓

★ 잡다的相关词：

손잡다 → 握手 빌미 잡다 → 抓把柄 날(을) 잡다 → 定日期 도둑을 잡다 → 抓小偷 인질을 잡다 → 挟持人质

中级 **끌다** 【动】 拉

이 놈을 이리 끌고 오너라.

把那家伙拉过来。

近义词 끌어당기다 拉过来 끌리다 被拉

★ 끌다的相关词：

눈을 끌다 → 引人注目 마음(을) 끌다 → 撩人心 차를 끌다 → 拉车 말을 끌다 → 赶马 시간을 끌다 → 延长时间

끌다的反义词是밀다，意为“推”。

中级 **줍다** 【动】 捡

허리를 구부려서 물건을 줍다.

弯腰捡东西。

反义词 버리다 丢

★ 与줍다相关：

꽁초를 줍다 → 捡烟头 벼이삭을 줍다 → 捡稻穗 돈을 줍다 → 捡钱 조가비를 줍다 → 捡贝壳 재물을 주워도 가지지 않는다 → 拾金不昧

줍다和词尾连接时要发生形变，即ㅂ去掉。

中级 누르다 【动】 按，压

버튼을 누르면 우산이 저절로 펴진다.

一摁按钮雨伞自动张开。

近义词 압박하다 压迫

누르다的相关词：

벨을 누르다 → 按铃　꾹꾹 누르다 → 使劲压　버튼을 누르다 → 摁住按钮　셔터를 누르다 → 按快门　욕망을 누르다 → 抑制（自己的）欲望

中级 만지다 【动】 摸

턱을 만지면서 웃었다.

摸着下巴，笑了一笑。

近义词 건드리다 碰　더듬다 触摸　닿다 接触　부딪치다 碰

만지다的相关词：

손가락으로 만지다 → 用手摸　머리를 만지다 → 摸头　얼굴을 만지다 → 摸脸

中级 뻗다 【动】 伸展

그녀는 두 팔을 뻗었다.

她伸开了双臂。

近义词 늘이다 伸展　펼치다 伸展　펴다 伸展　벋다 伸展

뻗다的相关词：

발을 뻗다 → 伸腿　가지가 뻗다 → 树枝伸展开来　친선의 손길을 뻗다 → 伸出友谊之手　두 팔을 수평으로 뻗다 → 双臂平伸

初级 업다 【动】 背

누나는 어린 동생을 업고 있다.

姐姐背着小弟弟。

近义词 업히다 被背　지다 背　메다 背　걸머지다 背

업다的相关词：

애를 업다 → 背孩子　업어 가도 모를 만큼 자다 → 形容睡得死

中级 끄덕이다 【动】 点头

머리를 끄덕여 동의를 표시하다.

点头示意。

近义词 머리를 꾸벅이다 点头　주억거리다 点头　까댁거리다 频频微微点头

끄덕이다的相关词：

고개를 끄덕이다 → 点头　머리를 끄덕이다 → 点头　머리를 젓다 → 摇头

中级 **밟다** 【动】 踩

나는 브레이크를 **밟으려고** 했지만 그럴 수가 없었다.

我试着去踩脚刹，但够不着。

近义词 딛다 踩　디디다 踩　짓밟다 踩

★ 밟다的相关词：

뒤를 밟다 → 跟踪　자국（을）밟다 → 踩着（他人的）足迹　눈을 밟다 → 用脚踩雪

初级 **뛰다** 【动】 跳

나는 너무 기뻐서 **뛰었다**.

我高兴得跳了起来。

近义词 도약하다 跳跃　깡충 뛰다 蹦跶

★ 与뛰다相关：

뛰다有“跑”，“物价、股市上涨”等意思，如：그네 뛰다 → 打秋千　냅다 뛰다 → 拼命跑　주가가 뛰다 → 股市上涨

中级 **쫓다** 【动】 追，追赶

어머니는 아들을 **쫓**아 방에 들어갔다.

妈妈追着儿子进了房间。

近义词 추격하다 追赶　추구하다 追求　따르다 追随

★ 쫓다的相关词：

파리를 쫓다 → 赶苍蝇　귀신을 쫓다 → 驱鬼　명리를 쫓다 → 追逐名利

初级 **보다** 【动】 看

잘 **보**세요.

请好好看。

近义词 구경하다 观看　살피다 观望

★ 与보다相关：

보다的词义非常丰富，用法也很广，是重点单词。除了基本意思外，其他含义如下：

拿，相，见：기회를 봐서 벗어나다. 见了台阶就下。

见，见面：매향은 나와 함께 어머니를 보러 가자. 梅香跟我去见了母亲。

诊察，看：병을 보다 看病。

尝，尝鲜：이 음식을 맛 좀 보세요. 您尝这个菜。

担当，担任：사무를 보다 担当事务。

照顾，照看：아이를 보다 照看孩子。

考（试）：다음 주에 시험 볼 것이다. 下礼拜要考试了。

抱，娶：며느리를 보다 娶儿媳妇。

摆，上：술자리를 보다 摆上酒席。

受，获：이익을 보다 受益，获利。

以보면，보니까 的形式用

据，依，依照：보도를 보면 据报道。

比，比较，与其：오늘은 어제보다 덥다. 今天比昨天热。

初级 **울다** 【动】 哭

아이가 울기 시작했다.

小孩开始哭了。

近义词 곡하다 哭

★ **울다的相关词：**

反义词：웃다 笑

初级 **주다** 【动】 给

무엇을 주면 좋을까?

送什么好呢？

近义词 공급하다 供给

★ **与주다相关：**

돈을 주다 → 给钱 권한을 주다 → 赋予权力 명령을 주다 → 下达命令 상처를 주다 → 使受伤

- 아/어 주다 接在动词词干后，表示要求或请求对方为自己做某事。

主要形式有“- 아/어 주세요” “- 아/어 주시겠어요?”；

以“- 아/어 주다”结尾的陈述句表示为某人做某事。敬语语体时用“- 아/어 드리다”。

中级 **황인종** 【名】 黄种人

백인, 흑인, 황인종 할 것 없이 모든 사람은 인간으로서의 존엄성과 권리를 지닌다.

不论是白人、黑人、黄种人都具有作为人的尊严。

近义词 황색인 黄色人种 몽골인종 蒙古人种

与황인종相关:

황인종韩国人不常使用。

中级 **백인** 【名】 白人

흑인과 백인과 라틴 아메리카인을 모두 한자리로 불러 모은 것이 학교였다.

让黑人、白种人和西班牙裔人走到了一起的是学校。

近义词 백인종 白种人 백색인종 白色人种

与백인相关:

韩国人不常使用백인，但经常用서양인（西洋人）。

中级 **흑인** 【名】 黑人

흑인에게 차별 대우하면 안된다.

不能差别对待黑人。

近义词 흑인종 黑种人

흑인的相关词:

흑인음악 → 黑人音乐 흑인가수 → 黑人歌手 흑인배우 → 黑人演员

中级 **문외한** 【名】 外行人

단지 '심장마비'라고 말만 해도 문외한들은 당장 죽게 되겠구나 하고 받아들일 수도 있다.

一提到"心力衰竭"几个字，外行人就会想到立即死亡。

近义词 비전문가 非专业人士 풋내기 生手

与문외한相关:

문외한对应的中文是"门外汉"。 법률 문외한 → 法盲

中级 **전문가** 【名】 内行人，专家

문외한은 구경만 하고, 전문가는 기술요령을 본다.

外行看热闹，内行瞧门道。

近义词 숙련가 行家 베테랑 老手 전문 인재 专门人才 대가 大家

전문가的相关词:

광고전문가 → 广告专家 능률전문가 → 效率专家 재정전문가 → 财政专家

中级 **인재** 【名】 人才

인재를 추천해 주세요.

请给我推荐人才。

近义词 인물 能人 재능 있는 사람 有才能的人 재사 才士

인재的相关词:

전문 인재 → 专业人才 훌륭한 인재 → 良才 인재 발췌 → 抽选人才 인재로 양성되다 → 培养成才 인재를 발굴하다 → 发掘人才 인재가 부족하다 → 人才告缺

3 身份类别

中级 **국민** 【名】 国民

국민의 뜻을 준중해야 한다.

要尊重民意。

近义词 공민 公民　　본국인 本国人　　백성 百姓

★与국민相关：

국민也就是中国人常说的人民（인민），在韩国一般不用인민，국민更为常见。

국민의회 → 国民议会　국민경제 → 国民经济　국민 대회 → 国民大会　국민 소득 → 国民收入

中级 **상사** 【名】 上司

그는 상사와 반목했다.

他和上司关系不和。

近义词 상급자 上级　　상관 长官　　장자 长者　　윗분 长辈　　윗사람 上司

★与상사相关

韩国公司职位：이사장 董事长，회장 会长，사장 总经理，부장 部长，과장 科长，주임 主任，조장 组长，동료 同事，직원 职员，비서 秘书。

훌륭한 상사 → 好上司　직속 상관 → 顶头上司　상사에게 대들다 → 顶撞上司

中级 **직원** 【名】 职员

나는 회사 직원이다.

我是一名公司职员。

近义词 사무원 办事员

★직원的相关词：

창구직원 → 窗口职员　사무직원 → 办事员　화이트칼라 → 白领　접객직원 → 柜员

中级 **거지** 【名】 乞丐

그는 거지나 다름없다.

他如同乞丐。

近义词 비렁뱅이 叫花子　　동냥아치 讨饭人　　양아치 乞丐

★与거지相关：

거지가 밥술이나 뜨게 되니 거지 밥 한 술 안 준다 → 讨饭的吃上饭，不给讨饭的一勺饭。/ 丢掉讨饭棍，忘了叫街时。/ 好了伤疤忘了疼。

묵은 거지보다 햇거지가 더 어렵다 → 新乞丐比老乞丐更难。/ 姜还是老的辣。

거지도 부지런하면 더운 밥 얻어먹는다 → 不怕贫，就怕懒

初级 **고아** 【名】 孤儿

그는 고아들을 구박했다.

他虐待孤儿。

近义词 유자녀 烈士子女

★고아的相关词：

고아원 → 孤儿院　떠돌이 고아 → 流浪孤儿　전쟁 고아 → 战争孤儿

中级 **귀족** 【名】 贵族

그는 귀족의 후예이다.

他是贵族的后裔。

近义词 파트리키 贵族（古罗马）

귀족的相关词：

귀족원（일본）→ 贵族院 귀족제 → 贵族制 독신 귀족 / 화려한 싱글 → 单身贵族 지적인 귀족 → 精神贵族 몰락한 귀족 → 没落贵族 세습 귀족 → 世袭贵族

中级 **빈민** 【名】 贫民

목지를 빈민에게 하사하다.

以牧地赐贫民。

近义词 영세민 贫民

빈민的相关词：

빈민굴, 슬럼(slum) →贫民窟 빈민가(slum) → 贫民区 푸어하우스[(옛날의) 사설 구빈원, 극빈자 수용소, poorhouse] 贫民所 도시 빈민 → 城市贫民 빈민촌 → 贫民村 빈민을 구제하다 → 救济贫民

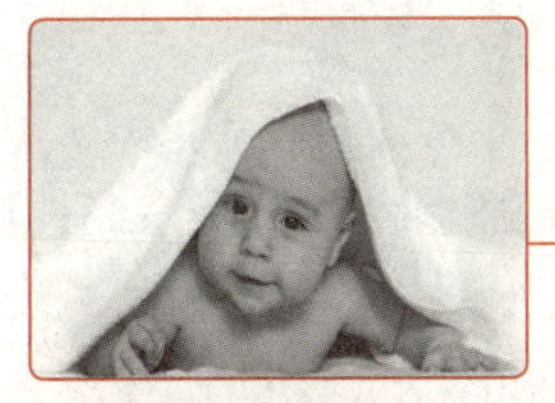

初级 **영아** 【名】 婴儿

영아를 먹여 키우는 것은 쉬운 일이 아니다.

喂养婴儿不是件容易的事。

近义词 젖먹이 乳儿 갓난아기 产儿 유아 幼儿 신생아 新生儿 베이비 婴儿

与영아相关：

处于哺乳期一般叫作영아。

남자 영아 → 男婴 영아 용품 → 婴儿用品 영아침대 → 婴儿床

初级 **미성년** 【名】 未成年人

미성년은 술을 마시지 않는 게 좋다.

未成年人不宜饮酒。

近义词 미성년자 未成年人 미성인 未成年人 연소자 年少者

미성년的相关词：

미성년자 관람 불가 → 未成年人不可观看 미성년 자녀 → 未成年子女

初级 **성년** 【名】 成年人

이런 약은 성년만 복용할 수 있다.

这种药只限于成年人服用。

近义词 성인 成人 어른 大人

성년的相关词：

법정성년연령 → 法定成年人年龄

初级 **장년** 【名】 壮年

장년이란 장년들은 거의 다 집을 떠나 버렸다.

可称得上壮年的人都离家出走了。

近义词 장골 [壯骨] 壮年人

장년的相关词:

막 장년기에 접어들다 → 适值壮年 바야흐로 장년인 시절이다 → 正当壮年 한창 장년이다 → 正值盛年 장년 의원 → 壮年议员 장년 남자 → 壮年男子

中级 **외계인** 【名】 外星人

나는 외계인이 있다고 생각한다.

我相信外星人的存在。

近义词 우주인 宇宙人

与외계인相关:

공상 과학 소설 따위에서 지구 이외의 천체에 존재한다고 생각되는 지적인 생명체 科幻小说里地球之外的天体上存在的有智力的生命体。

中级 **좋은 사람** 【名】 好人

좋은 사람을 만나고 잘 살아.

遇到一个好人好好地生活。

近义词 호인 好人 착한 사람 善良的人 앞선 사람 先进的人 품행이 단정한 사람 品行良好的人 특지가 [特志家] 有志之士

좋은 사람的相关词:

함부로 좋은 사람에게 죄를 씌우다 → 乱咬好人 좋은 사람에게 누명을 씌우다 → 冤枉好人 좋은 사람을 참언으로 해치다 → 谗害好人 좋은 사람과 좋은 일 → 好人好事 좋은 사람이 되기 쉽지 않다 → 好人难当 좋은 사람을 무함하다 → 诬陷好人

中级 **나쁜 사람** 【名】 坏人

우리는 나쁜 사람과 맞서 싸워야 한다.

我们要与坏人做斗争。

近义词 불량배 不良辈，流氓 건달 痞子 불한당 坏分子 불량분자 不良分子 악인 恶人 나쁜 놈 坏蛋

与나쁜 사람相关:

나쁜 놈是나쁜 사람的近义词，但나쁜 놈时常是朋友、恋人间的戏谑语。

初级 **바보** 【名】 傻子

나를 바보로 여기느냐?

你以为我是傻瓜?

近义词 천치 白痴 백치 白痴 저능아 低能儿 멍청이 笨蛋 숙맥 大傻瓜

与바보相关:

바보是骂人的话，需慎用。若朋友、熟人之间使用表示开玩笑。

바보스럽다 → 憨头憨脑 바보에겐 바보의 복이 있다 → 傻人有傻福 바보만도 못하다 → 连傻子都不如

中级 **예쁘다** 【形】 漂亮的

그여자가 예쁘게 생겼다.

那个女孩长得很漂亮。

近义词 아름답다 美丽的 곱다 标致的 아리땁다 很美 미려하다 美丽的

与예쁘다相关:

예쁘다一般形容女生或很小的孩子，不形容男生。

얼굴이 예쁘다 → 面目姣好 목소리가 예쁘다 → 嗓音美 / 嗓音很棒 / 嗓音很圆润 글씨의 체가 예쁘다 → 字体美

中级 **아름답다** 【形】 美丽的

시어가 아름답다.

诗中语言很美。

近义词 예쁘다 漂亮的 곱다 标致的

아름답다相关:

아름답다不仅可以修饰人，还可以修饰风景、山水等。

산수가 아름답다 → 山清明水秀 자태가 아름답다 → 体态娉婷 경치가 아름답다 → 风光韶丽

初级 **귀엽다** 【形】 可爱的

인형이 매우 귀엽다.

洋娃娃真可爱。

近义词 사랑스럽다 可爱的

귀엽다的相关词:

귀여운 손녀 → 可爱的孙女 귀여운 아가 → 可爱的小宝贝儿 귀여운 강아지 → 讨人喜欢的小狗 귀여운 사내아이 → 漂亮的男孩儿 귀여운 수캉아지 → 可爱的小公狗 귀여운 어린 천사 → 可爱的小天使

中级 **못 생기다** 【形】 丑的

사람이 못 생겼지만 성품이 착하다.

人长得不怎么好看但秉性善良。

近义词 보기 싫다 寒碜的 흉하다 难看的 꼴사납다 不像样儿 초라하다 猥琐的

与못 생기다相关:

못 생기다只有过去时态"- 못 생겼다"，表示"长相出生时就注定了的"。못 생기다只能形容人的长相。同等表达有생기지 못하다。

中级 **잘 생기다** 【形】 长得帅

젊은이가 참 잘 생겼다.

小伙子长得很帅。

近义词 멋지다 帅气的 영준하다 英俊的 스마트하다 帅的

与잘 생기다相关:

잘 생기다形容长相时主要用于男生。和못 생기다一样，只有过去形式 - 잘 생겼다。잘 생기다还有"经常生长出来"的意思。

外貌长相

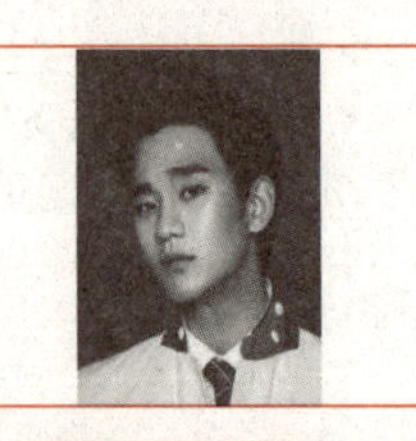

中级 **멋있다** 【形】 帅气的

나는 투수의 역투 모습이 가장 멋있다.

我认为投球手用力投球的姿势最带劲。

近义词 멋지다 帅气

멋있다的相关词:

멋있는 표현 精彩的表演 멋있는 인생 光彩的人生 멋있는 결말 精彩的结尾 멋있게 생기다 长得很帅 멋있고 소탈하다 风致洒脱

中级 **평범하다** 【形】 平凡的

용모가 평범하다.

相貌平常。

近义词 보통이다 普通的 일반적이다 一般的

평범하다的相关词:

업적이 평범하다 →业绩平平 작품은 평범하다 → 作品不怎么样 연기는 평범하다 → 演技一般

中级 **뚱뚱하다** 【形】 胖的

이 아이는 정말 뚱뚱하다.

这孩子真胖。

近义词 비만하다 肥胖的

뚱뚱하다的相关词:

뚱뚱해 보이다 → 看起来很胖 뚱뚱한 남자 → 肥胖的男子

中级 **날씬하다** 【形】 苗条的

그 여자는 몸매가 날씬하다.

她身材苗条。

近义词 호리호리하다 修长的，细高的

날씬하다的相关词:

몸매가 날씬하다 → 身段苗条

高级 **섹시하다** 【形】 性感的

이 옷차림은 섹시하다.

这身衣服真气派。

近义词 야하다 性感的 성적인 매력이 있다 性感的

与섹시하다相关:

섹시하다源于英文 sexy，是个音译词。

섹시의류 → 性感服装 섹시한 여자 → 性感的女子

初级 **몸** 【名】 身体

운동은 몸에 좋다.

运动对身体有利。

近义词 신체 身体

★与몸相关：

当询问对方身体状况如何时，用몸은 어떻세요？也常用건강은 어떻세요？건강하십니까？

初级 **머리** 【名】 头，头发

감기 때문에 머리가 아프다.

因为感冒头疼。

近义词 뇌 脑 두 头

★머리的相关词：

머리핀 → 发卡 머리를 끄덕이다 → 点头 머리가 어지럽다 → 头晕 머리를 염색하다 → 染（头）发

初级 **얼굴** 【名】 脸

여동생의 얼굴이 곱다.

妹妹的脸蛋好看。

近义词 낯 脸 안 颜 검 脸 안면 颜面

★얼굴的相关词：

웃는 얼굴 → 一副笑脸 얼굴 표정 → 面部表情 기쁜 얼굴 → 快活的面孔 둥근 얼굴 → 圆圆的脸

高级 **머리카락** 【名】 头发

흰 머리카락을 뽑아 주세요.

帮我拔白头发。

近义词 머리 头发

★머리카락的相关词：

머리카락 뒤에서 숨박꼭질한다 → 自欺欺人，掩耳盗铃 머리카락에 홈 파겠다 →（字面义：头发丝儿上挖槽）小气，小心眼儿，（做事情）细 머리카락 끝 → 头发梢

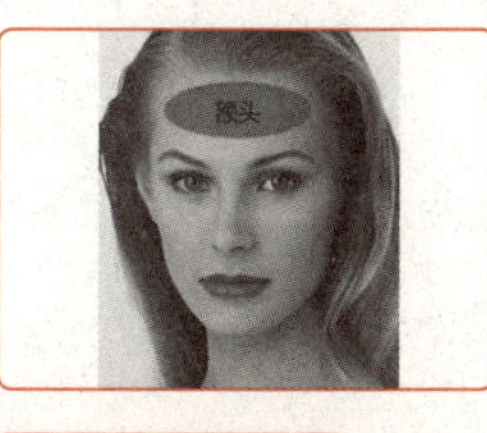

初级 **이마** 【名】 额头

이마에 땀이 솟는다.

额头上渗出了汗珠。

近义词 액 额

★이마的相关词：

넓은 이마 → 广额 벗어진 이마 → 秃顶，谢顶 이마가 넓다 → 额头宽 그녀의 이마선 →她前额上的皱纹

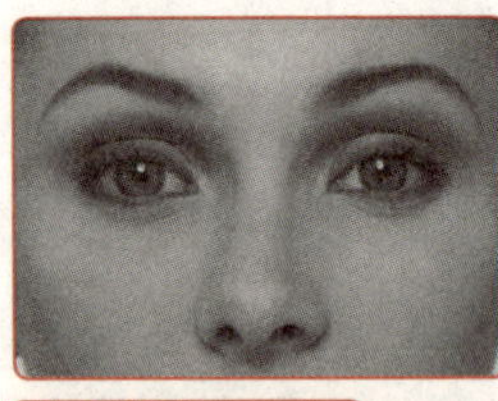

初级 눈【名】 眼睛

어머니의 모습이 눈 (에) 어린다 .

妈妈的形象浮现在眼前。

近义词 안정 眼睛

与눈相关：

눈 除了“眼睛”，还有“胚芽” “雪”的意思。

눈 (에) 어리다 → 浮现在眼前 눈을 감다 → 闭上眼睛 눈 뜨고 도둑 맞는다 → 睁着眼被盗 오목눈 → 深邃的目光

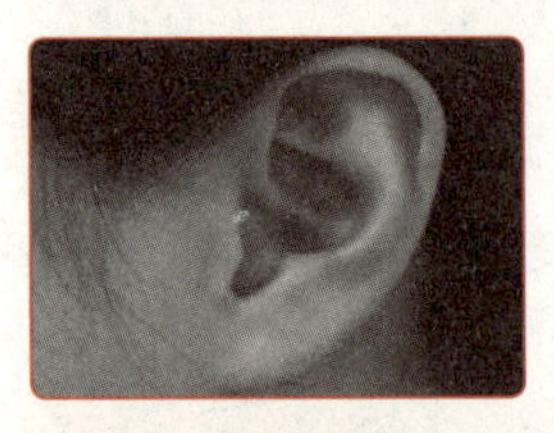

初级 귀【名】 耳朵

토끼가 귀를 쫑그린다 .

兔子竖起了耳朵。

与귀相关：

귀除了“耳朵”，还有“贵重” “归来”的意思。

귀에 익다 → 耳熟 귀를 막다 → 捂住耳朵 귀를 꼬집다 → 拧耳朵 귀에 들리다 → 耳朵听见了 귀를 후비다 → 掏耳朵 쇠귀에 경 읽기 → 对牛弹琴

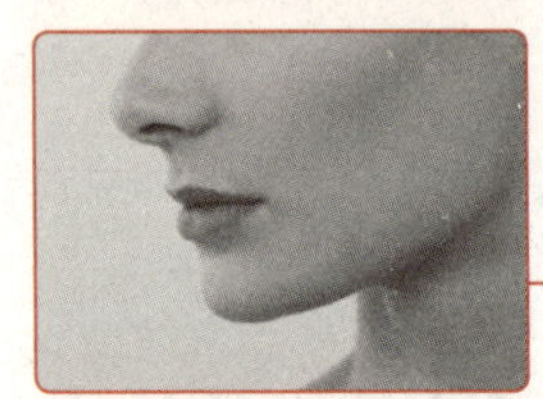

中级 볼【名】 脸颊

그는 볼을 붉혀졌다 .

他脸红了。

近义词 뺨 面颊

볼的相关词：

볼을 붉히다 → 红了脸 볼이 통통하다 → 脸蛋圆乎乎的

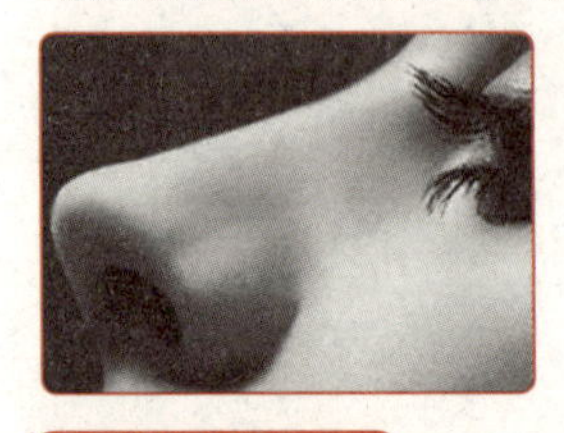

初级 코【名】 鼻子

코가 막힙니다 .

我鼻子不通气。

코的相关词：

돼지코 → 猪鼻子 코밑 → 鼻子底下 코를 골다 → 打呼噜 코를 풀다 → 擤鼻涕 코가 센 사람 → 不见棺材不落泪的人

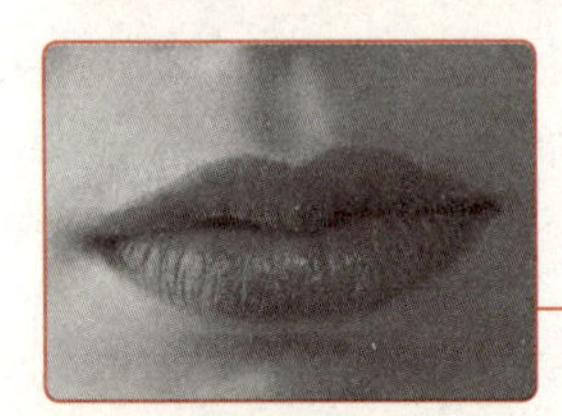

初级 입【名】 嘴

입을 벌리고 먹다 .

张着嘴吃。

近义词 합 颌 주둥이 嘴巴

입的相关词：

입닥쳐 → 闭嘴 입 후보 → 在册候选人 입 두 개 → 两张嘴 입이 짧다 → 嘴刁 입이 가볍다 → 快嘴快舌 입이 빠른 사람 → 嘴快的人

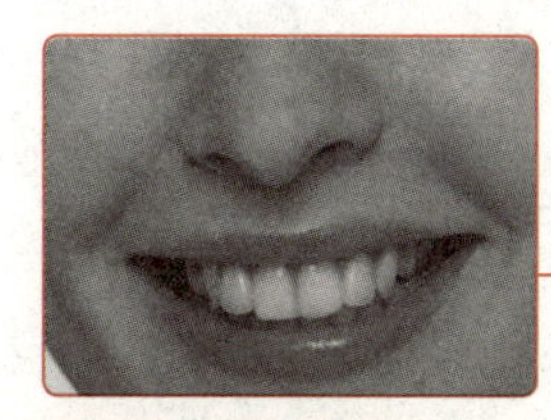

初级 **이** 【名】 牙齿

이의 손상을 모면하다.

避免牙齿损伤。

近义词 치아 牙齿 이빨是이的俗称

★与이相关:

이 的其他意思：虱子；利益；利息；这，此；第二，2；姓氏李

初级 **혀** 【名】 舌头

개가 혀를 빼물었다.

狗耷拉着舌头。

★혀的相关词:

혀뿌리 → 舌根(儿) 혀가 맵다 → 辣舌头 혀가 짧다 → 短舌头 혀를 차다 → 咂嘴 혀를 내밀다 → 吐舌头 혀가 아리다 → 舌头发麻

中级 **턱** 【名】 下巴

턱을 만지면서 웃었다.

摸着下巴，笑了一笑。

近义词 하악 下颚

★与턱相关:

턱其他含义：[副]释然；[副]一下子，猛地；[副]大大方方，稳如泰山；[名]饭局，请客。

아래턱 → 下颚 도로턱 → 马路牙子 이중 턱 → 双下巴 마루턱 → 地板棱儿

中级 **피부** 【名】 皮肤

완단은 피부가 백설 같다.

王丹的皮肤白如雪。

近义词 살갗 皮肤

★피부的相关词:

지성 피부 → 油性皮肤 거친 피부 → 粗糙的肌肤 안면 피부 → 面部皮肤 갈색 피부 → 棕色皮肤

中级 **목** 【名】 脖子

그녀는 목이 아팠다.

她喉咙痛。

近义词 항 项

★목的相关词:

목이 쉬다 → 嗓子发哑 목이 마르다 → 嗓子干渴 목이 달아나다 → 命丢了

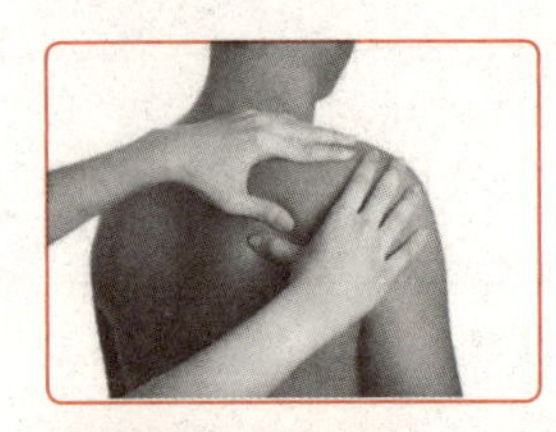

中级 어깨 【名】 肩膀

아이가 어깨를 들먹들먹하며 울다.

孩子肩膀一动一动地哭。

★어깨的相关词:

넓은 어깨 → 宽肩膀　새의 어깨 → 鸟儿的肩胛　어깨 부위 → 肩部　두툼한 어깨 → 厚实的肩膀　어깨를 겯다 → 肩并肩　어깨동무 → 手拉手长大的伙伴

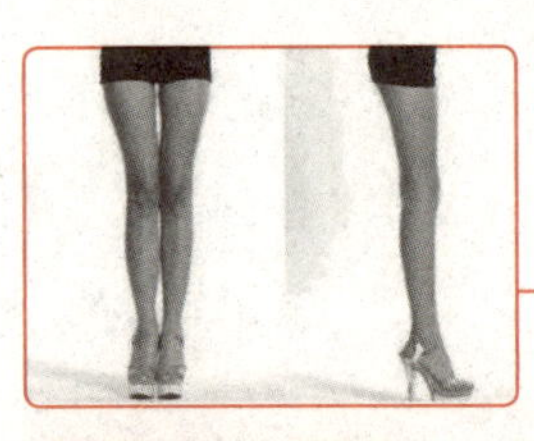

初级 다리 【名】 腿

토끼의 다리가 밭다.

兔子的腿短。

同形异义　다리　桥

★다리的相关词:

다리를 절단하다 → 打断腿　다리를 벌리다 → 叉开腿　침대 다리 → 床腿

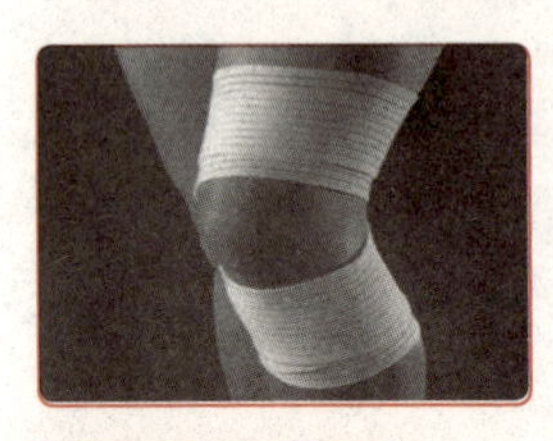

中级 무릎 【名】 膝盖

무릎을 꿇고 용서를 빌다.

跪下求饶。

★무릎的相关词:

무릎뼈 → 膝骨　무릎 관절 →膝关节　무릎 꿇어 → 跪下

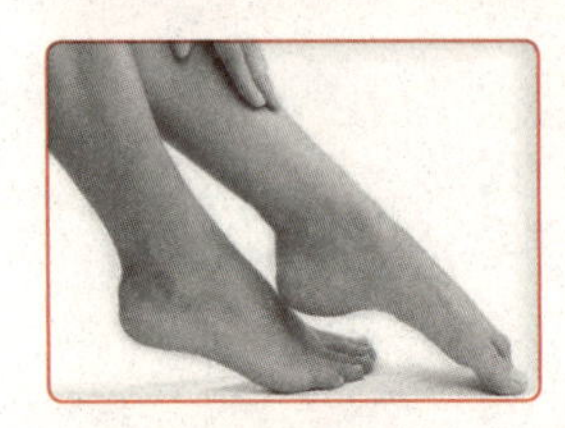

中级 발 【名】 脚

아이의 발이 앙증하다.

小孩的脚很小巧。

★발的相关词:

손과 발 → 手和脚　책상의 발 → 桌子脚　발로 차다 → 用脚踢　발을 베다 → 脚崴了　발을 뻗다 → 伸腿　발이 맞다 → 步调一致

中级 관절 【名】 关节

관절들이 쑤십니다.

我的关节开始疼了。

★관절的相关词:

관절염 → 关节炎　관절신경통 → 关节神经痛

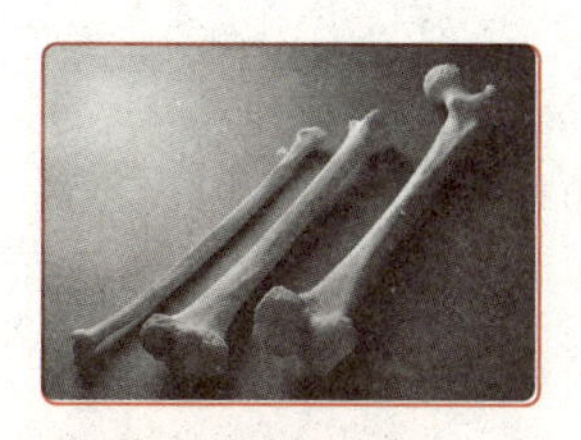

中级 **뼈** 【名】 骨头

날씨가 너무 추워 뼈 속까지 시리다.

天太冷了，简直冷到骨子里去了。

뼈的相关词：

소 뼈 → 牛骨 손목뼈 → 手腕骨 갈비뼈 → 肋骨

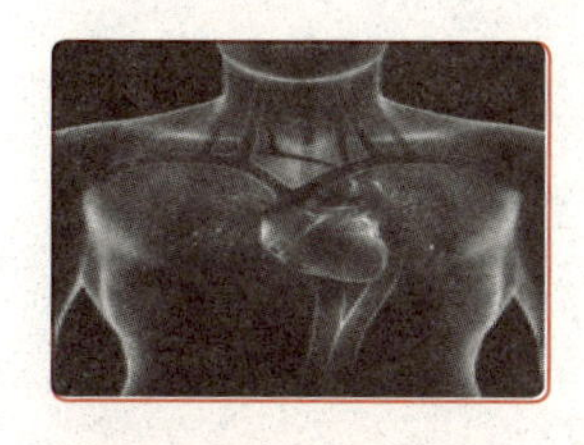

中级 **심장** 【名】 心脏

서울은 한국의 심장이다.

首尔是韩国的心脏。

심장的相关词：

심장병 → 心脏病 심장박동기 →（心脏）起搏器 심장 수술 → 心脏手术 인공 심장 → 人造心脏

中级 **간** 【名】 肝

이 처방은 간암에 특효가 있다.

这个处方对肝癌特别有效 。

与간相关：

간암 → 肝癌 간 기능 → 肝功能 간화 → 肝火 간장 → 肝脏

간有“之间”的含义：부부간 夫妻关系。

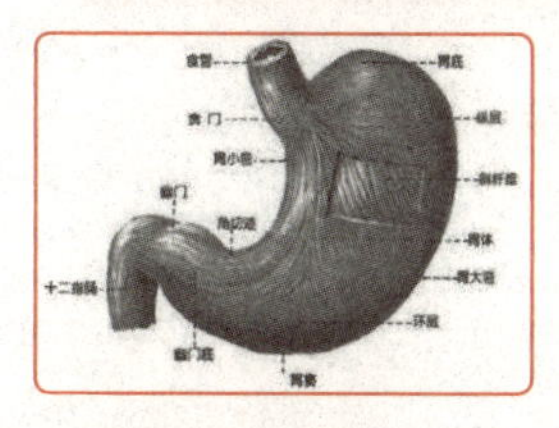

中级 **위** 【名】 胃

그녀는 위가 좋지 않아 따로 죽을 끓여 주었다.

她胃不舒服，特地给她熬了粥。

위的相关词：

위출혈 → 胃出血 위궤양 → 胃溃疡 위내시경 검사 → 胃镜检查

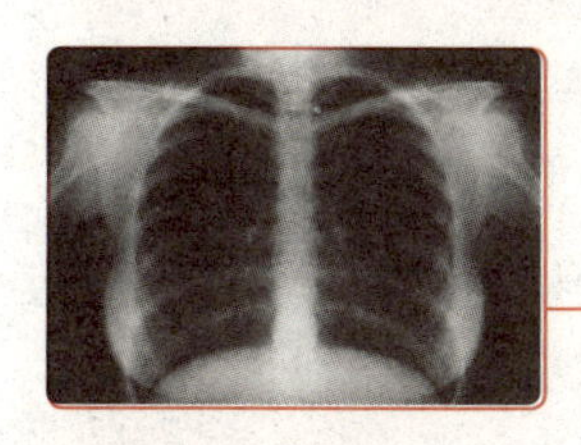

初级 **폐** 【名】 肺

그 환자가 폐암으로 사망했다.

那位患者死于肺癌。

近义词 허파 肺

폐的相关词：

폐결핵 → 肺结核 폐암 → 肺癌

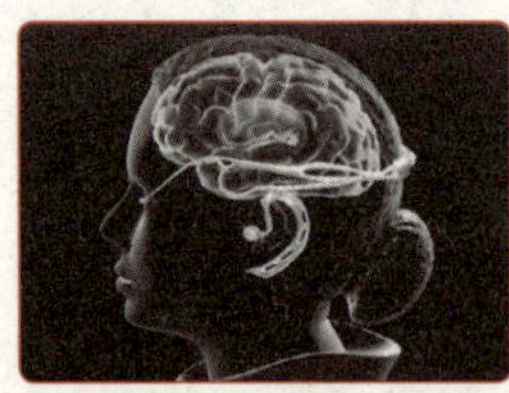

初级 **뇌**【名】 脑

그녀의 아버지는 뇌종양으로 사망했다.

她的父亲死于脑瘤。

近义词 머리 头

★뇌的相关词:

뇌빈혈 → 脑贫血　뇌출혈 → 脑出血　뇌경색 → 脑梗死

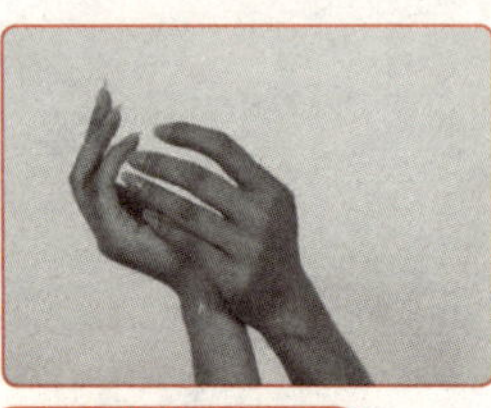

初级 **손**【名】 手

손을 들어 주세요.

请举起手来。

近义词 핸드 手

★与손相关:

손을 쓰다 → 着手处理　손을 씻다 → 洗手不干，金盆洗手　손에 익다 → 得心应手

손을 보다: 修缮，修理；拾掇，整治。

손【名】 损害，损，亏（汉字：損）；【名词】 客人，顾客；【名词】 后生；【名词】 人手；

【名】 光，帮扶，帮衬。例如，네 손을 좀 빌리자. 借一下你的光。

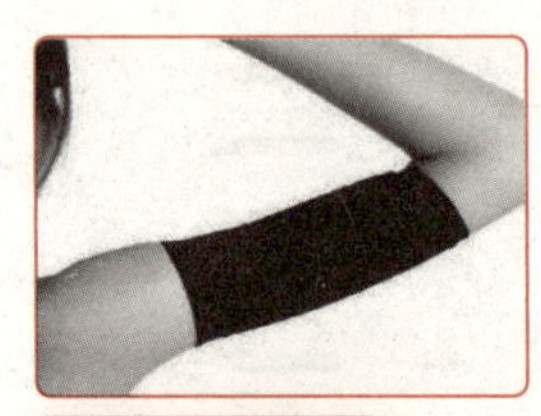

初级 **팔**【名】 胳膊

팔은 넓적다리를 분지를 수 없다.

胳膊扭不过大腿。

★팔的相关词:

팔을 휘두르다 → 挥臂　팔의 힘 → 臂力　팔을 걷어부치다 → 捋胳膊　팔　八（汉字：八）

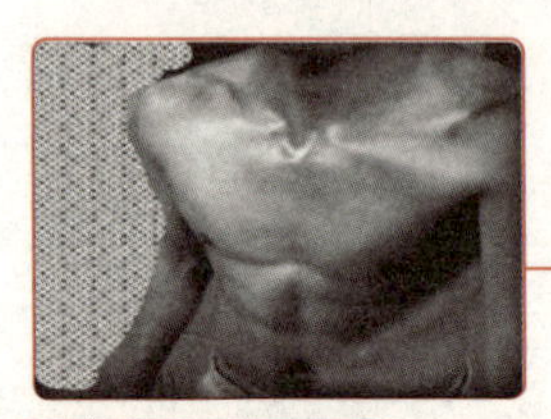

初级 **가슴**【名】 胸

내가 그 남자를 볼 때 가슴이 두근거린다.

我看见他时怦然心动

近义词 흉부 胸部

★몸的相关词:

가슴둘레 → 胸围　가슴앓이 → 烧心（胃灼热）　가슴 아픈 추억 → 令人痛苦的回忆　（가슴속의）생각 → 胸臆　가슴이 답답하다 → 胸中憋闷

初级 **등**【名】 背

내 등이 아프다.

我的后背疼。

★등的相关词:

등이 굽다 → 驼背　등（을）대다 → 依靠，依仗，依赖。

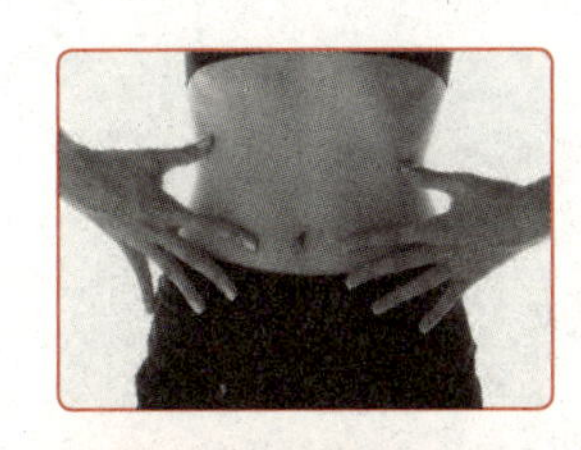

初级 **허리** 【名】 腰

허리를 굽혀 사의를 표하다 .

鞠躬道谢。

★ 허리的相关词：

산허리 → 半山腰　버들 같은 허리 → 水蛇腰（像柳枝一样的腰）　허리둘레（의 길이）→ 腰围　허리띠 → 腰带

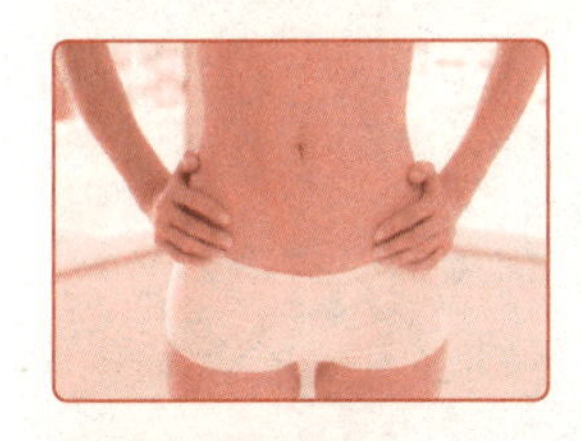

初级 **배** 【名】 肚子

배가 고프다 .

肚子饿了。

★ 与배相关：

배【名词】窝，胎。한 배에 고양이 새끼 다섯 마리를 낳았다 . 一窝下了五只小猫。

배【名词】船，돛단배 帆船。

배【名词】梨，배의 속 梨核。

배 4【名词】倍，加倍。9 는 3 의 3 배이다 9 是 3 的 3 倍。

배 【名词】裴（姓）。

Chapter 3

数字相关

0

初级 **영** 【数】 零

일 빼기 일은 영 .

一减一等于零。

同义词 공 零

★ 与영相关：

공多用在电话号码当中，例如 0-1-0 读作 공 - 일 - 공。

0.5 读作 영점오。

영有多种意思：法令，灵魂，灵（姓氏），监营（朝鲜李朝时期观察使办公的衙门），永远。

1

初级 **일** 【数】 一

일 곱하기 일은 일 .

1 乘 1 等于 1。

同义词 하나 一

★ 与일相关：

일是中文，하나是固有词。하나和量词结合，变为한。例如：한 명 → 一名；한 달 → 一个月 일번 → 第一号 일회전 → 第一轮比赛

2

初级 **이** 【数】 二

홈팀은 3（삼）: 2（이）로 이겼다 .

主队以三比二胜出。

同义词 둘 二

★ 与이相关：

이是中文，둘是固有词。둘和量词结合，变为두。例如두 명 两名；두 달 两个月。

3 더하기 2 는 5 三加二得五（写的时候常用阿拉伯数字，发音为이，非둘）。

2 박자 二拍子（写的时候常用阿拉伯数字，发音为이，非둘）。

3

初级 **삼** 【数】 三

벌써 삼 년이 자났다 .

忽已三载。

同义词 셋 三

★ 与삼相关：

삼是中文，셋是固有词。셋和量词结合，变为세。例如세 명 三名；세 달 三个月；삼 년 → 三年；삼월 → 三月份；삼층 → 三层。

初级 **사** 【数】 四

저는 대학 사학년 학생입니다.

我是大四的学生。

同义词 넷 四

与사相关：

사是中文，넷是固有词。넷和量词结合，变为네。例如네 명 四名；네 달 四个月；사 년 → 四年；사월 → 四月份；사층 → 四层。

初级 **오** 【数】 五

우리 이곳에는 매년 오월절에는 항상 용선 경주하는 풍속이 있다.

我们这里每年五月节都有赛龙舟的习俗。

同义词 다섯 五

与오相关：

오是中文，다섯是固有词。

오년 → 五年 다섯 명 → 五名 오월 → 五月份 다섯 달 → 五个月 오층 → 五层 다섯 개 → 五个

初级 **육** 【数】 六

이 삼은 육.

二三得六。

同义词 여섯 六

与육相关：

육是中文，여섯是固有词。

육 년 → 六年 여섯 명 → 六名 유 월 → 六月份 여섯 달 → 六个月 육층 → 六层 여섯 개 → 六个

初级 **칠** 【数】 七

칠월 칠석이라 견우직녀 만나는 좋은 날이네.

七月七，牛郎织女会佳期。

同义词 일곱 七

与칠相关：

칠是中文，일곱是固有词。

칠 년 → 七年 일곱 명 → 七名 칠월 → 七月份 일곱 달 → 七个月 칠층 → 七层 일곱 개 → 七个

初级 **팔** 【数】 八

사면팔방

四面八方

同义词 여덟 八

与팔相关：

팔是中文，여덟是固有词。

팔 년 → 八年 여덟 명 → 八名 팔월 → 八月份 여덟 달 → 八个月 팔층 → 八层 여덟 개 → 八个

1 基本数字

初级 **구** 【数】 九

구구단을 알아？

你知道九九歌吗？

同义词 아홉 九

★与구相关：

구是中文，아홉是固有词。

구년 → 九年 아홉 명 → 九名 구월 → 九月份 아홉 달 → 九个月 구층 → 九层 아홉 개 → 九个

初级 **십** 【数】 十

토론회를 10 분간 연장한다.

讨论会延长十分钟。

同义词 열 十

★与십相关：

십是中文，열是固有词。

십 년 → 十年 열 명 → 十名 시월 → 十月份 열 달 → 十个月 십층 → 十层 열 개 → 十个

初级 **백** 【数】 百

백 원은 돈이 아닐까？

（难道）一百韩元不是钱吗？

★백的相关词：

백 년 → 100 年 백 점 → 100 分 백 일 → 100 天 백 개 → 100 个

初级 **천** 【数】 千

하루에 천 리를 가다.

日行千里。

★천的相关词：

천 원 → 一千元 천 년 전에 → 1000 年以前 천 리 → 千里

初级 **만** 【数】 万

이 스포츠카는 20 만 위안으로는 살 수 없다.

这辆跑车 20 万买不下来。

★만的相关词：

수천수만 → 成千累万 만 원 → 万元 백 만 → 百万

初级 **억** 【数】 亿

중국 텔레비전 시청자는 억으로 헤아린다.

中国电视媒体的受众以亿计。

억的相关词：

억만 → 亿万 십억 → 十亿

初级 **조** 【数】 兆

올해 수출액은 2 조 2,100 억 달러를 넘었다.

今年的输出额达超过了 2 兆 2100 亿美元。

同义词 만억 万亿

与조相关：

1 조 =1,000,000,000,000=1000 억

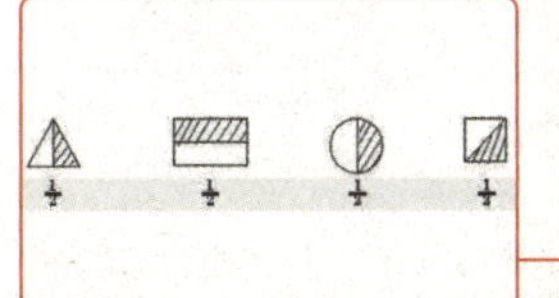

初级 **이 분의 일** 【数】 二分之一

이 분의 일의 학생 지각했다.

今天二分之一的学生迟到了。

同义词 50 퍼센트 50%

与이 분의 일相关：

相比이 분의 일，반和절반更常用。

初级 **퍼센트** 【数】 百分之

각 은행이 타 은행에게 자사 주가의 19.9 퍼센트에 옵션을 부여했다.

每家银行都把自己股份的 19.9% 的期权给予另一家银行。

与퍼센트相关：

商场打折时经常可以看到。

20 퍼센트 → 20% （可以读为이십프로） 50 퍼센트 → 50% 70 퍼센트 → 70%

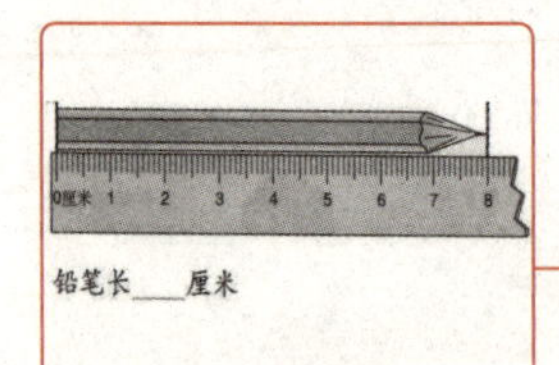

初级 **길이** 【名】长度

이 다리의 길이 얼마예요 ?

这桥有多长 ?

同义词 치수 사이즈 (size) 尺数，尺码

★ 길이的相关词：

길이를 재다 → 量长度 길이를 측정하다 → 测长度 참고 길이 → 参考长度 문자 길이 → 字符长度

初级 **높이** 【名】高度

연이 하늘로 높이높이 날아오르다 .

风筝高高地飞向天空。

同义词 고도 高度

★ 높이的相关词：

산의 높이 → 山的高度 높이 뛰다 → 跳得高 높이 앉다 → 居高位

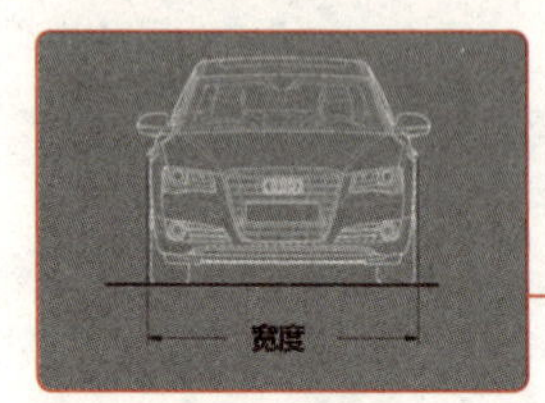

初级 **너비** 【名】宽度

길이는 너비의 두 배다 .

长是宽的两倍。

同义词 폭 宽度

★ 너비的相关词：

강의 너비 → 江的宽度 큰 너비 → 双幅 쌍폭 → 双幅 작은 너비 → 单幅 단폭 → 单幅 너비가 좁다 → 宽度太窄

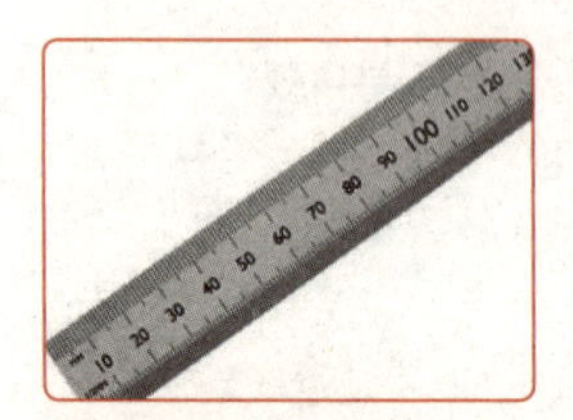

初级 **미터** 【量】米

한라산의 높이는 해발 1950 미터이다 .

汉拿山海拔约 1950 米。

★ 미터的相关词：

밀리미터 → 毫米 입방미터 → 立方米

初级 **킬로미터** 【量】千米

차이담 분지는 22 만 평방킬로미터에 달하는 면적을 갖고 있다 .

柴达木盆地面积约 22 万平方公里。

★ 킬로미터的相关词：

제곱킬로미터 → 平方公里 평방킬로미터→ 平方公里 킬로미터표지 → 公里标

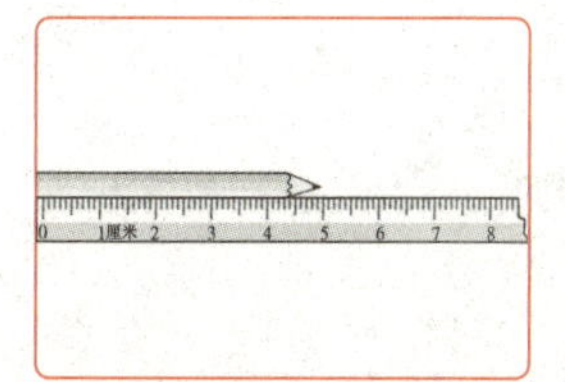

初级 **센티미터** 【量】 厘米

신장이 1 미터 73 (센티미터) 이다 .

身高一米七三。

★ 센티미터的相关词：

제곱센티미터 → 平方厘米　입방 센티미터 → 立方厘米

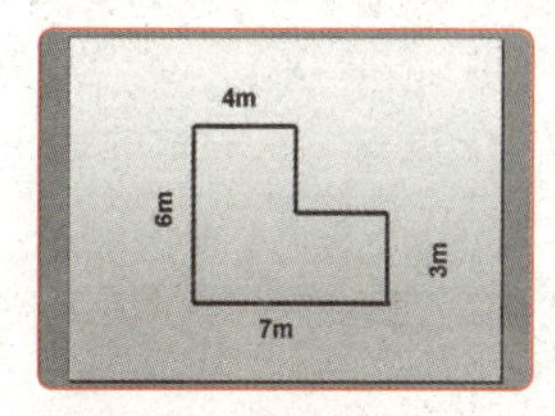

初级 **면적** 【名】 面积

우리 나라 국토 면적이 넓다 .

我们国家国土面积幅员辽阔。

★ 면적的相关词：

건축면적 → 建筑面积　경지면적 → 耕地面积　횡단면적 → 横断面积　토지면적 → 土地面积

初级 **속도** 【名】 速度

제한 속도를 지켜야 한다 .

你必须遵守限速的规定。

★ 속도的相关词：

증식속도 → 繁衍速度　처음속도 → 初始速度　비행속도 → 飞行速度　최고속도 → 最高速度

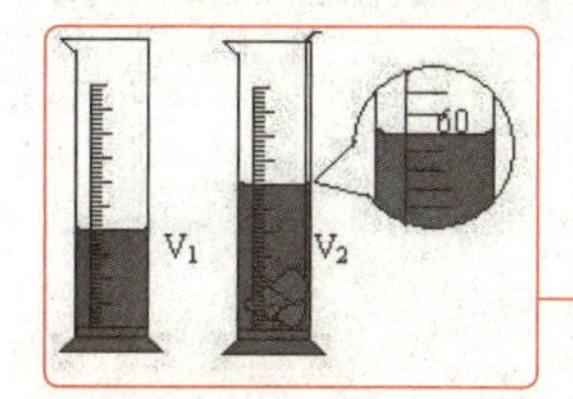

初级 **용적** 【名】 体积

이 상자의 용적은 1 세제곱미터이다 .

这个箱子的体积是 1 立方米。

同义词　체적　体积

★ 용적的相关词：

기통 용적 → 汽缸容积　용적 비율 → 容积比

初级 **무게** 【名】 重量

무게가 얼마나 될까요 ?

有多重 ?

同义词　중량　重量　　분량　分量

★ 与무게相关：

무게既可以指具体的重量，也可以表示抽象概念，指“有分量”。例如：

그의 말은 무게가 있다 . 他的话有分量。

걸음걸이가 무게가 있다 . 步履沉实。

初级 **킬로그램** 【量】 千克

파운드를 킬로그램으로 환산하다.

用公斤换算英镑。

与킬로그램相关:

킬로그램书写时常用符号 kg 表示。

킬로그램 매 세제곱미터 → 千克每立方米

初级 **톤** 【量】 吨

약 180,000 톤에 이르는 구호 식품이 필요하다.

大约需要十八万吨的食品援助。

同义词 둔 吨

톤的相关词:

총 톤 → 总吨位 선박 톤 수 → 船舶吨位数

初级 **송이** 【量】 束，朵

문단에 나타난 한 송이 진기한 꽃.

文坛上的一朵奇葩。

송이的相关词:

한 송이 → 一朵 포도 송이 → 葡萄串儿 딸기 송이 → 草莓骨朵儿

初级 **마리** 【量】 头，只

매년, 수백 마리의 동물이 이런 식으로 도살된다.

每年，数百只动物就是这样被杀死的。

마리的相关词:

다섯 마리의 고양이 → 5 只小猫 닭 두 마리 → 两只鸡

初级 **개** 【量】 个

사과 한 개 주세요.

请给我一个苹果。

与개相关:

개做名词时表示“狗”：개 한 마리 一条狗。개是万能量词，当不知道名词对应什么量词时，就用개。

初级 **분** 【量】 位

몇 분이세요 ?

请问您几位 ?

同义词 명 名

☆ 与분相关:

몇 분 → 几位 두 분 → 两位 表示尊敬时，用분，而不用명。

初级 **장** 【量】 张

그 음반은 현재까지 약 2 백만 장 팔렸다 .

该唱片目前已卖出了大约两百万张。

同义词 페이지 页

☆ 종이的相关词:

종이 한 장 → 一张纸 여섯 장 → 六张

初级 **권** 【量】 本

선생님께서 나에게 책 두 권을 주셨다 .

老师送我两本书。

☆ 권的相关词:

각 권 → 每一册 책 두권 → 两本书 여섯 권 → 六本

初级 **층** 【量】 层

우리 집은 저 아파트 이층이다 .

我家在那个公寓的二楼。

☆ 층的相关词:

일층 → 一层 이층 → 二层 이층 버스 → 双层公共汽车 이층 열차 → 双层列车 이층 양옥 → 两层洋房 이층 건물 → 两层建筑物 이층에 오르다 → 上二楼

初级 **세트** 【量】 套

이 소파 세트는 따로 팔지 않는다 .

这套沙发不拆卖。

☆ 세트的相关词:

체스 세트 → 一副国际象棋 오픈세트 → 露天摄影装置 커피 세트 → 套装咖啡 다기 한 세트 → 一套茶具

Chapter 4

时间节日

初级 **봄** 【名】 春

봄이 되자 날씨가 따뜻해졌다.

开了春，天气就暖和起来了。

同义词 춘계 春

与봄相关：

韩国选秀史上第一个花美男唱将冠军 Roy Kim 的《BOM BOM BOM》《春春春》，一经公开风靡整个韩国，是春天到来必定播放的歌曲。

봄 죽순 → 春笋 봄보리 → 春大麦 봄처럼 따뜻하다 → 温暖如春 봄철에 들어서다 → 入春

初级 **여름** 【名】 夏

여름이 왔어요.

夏天到了。

同义词 하계 夏

여름的相关词：

여름 학기 → 夏季学期 여름 캠프 → 夏令营 여름 방학 → 暑假

初级 **가을** 【名】 秋

벌써 가을입니다.

已经是秋天了。

同义词 추계 秋天

가을的相关词：

가을걷이 → 秋收 가을옷 → 秋装 가을작물 → 秋季作物 깊은 가을 → 深秋

初级 **겨울** 【名】 冬

겨울이 된다.

冬天到了。

同义词 동계 冬

与겨울相关：

《그 겨울，바람이 분다》《那年冬天，风在吹》是 2013 年由赵寅成、宋慧乔、金范、郑恩地主演的爱情电视剧。

겨울바람 → 冬风，寒风 겨울 밤 → 冬夜 겨울 방학 → 寒假 겨울 수영 → 冬泳

初级 **3・1 절** 【名】 3・1 节

그는 3・1 절에 사면되었다.

他在 3·1 节时被赦免。

★与 3·1 절相关：

3·1 节是 3 月 1 日，设立于 1946 年，为纪念著名历史事件“三一运动”。在这一天，政府会举行仪式来追悼曾经为国捐躯的革命先烈，街边和著名的地点都会悬挂韩国国旗。

初级 **광복절** 【名】 光复节

광복절을 맞이하여 일부분 범죄자를 사면한다.

为迎接光复节赦免一批犯人。

★与광복절相关：

光复节是 8 月 15 日，为纪念 1945 年作为第二次世界大战的战胜国，摆脱了日本殖民，朝鲜半岛得到解放，重现光明而设立。同时也为纪念大韩民国政府成立。这一天，韩国的家家户户都会在门前挂起国旗，包括公共交通、公园、博物馆等公共设施都会免费开放。

初级 **개천절** 【名】 开天节

개천절은 우리나라의 중요한 명절이다.

开天节是我们国家重要的节日。

★与개천절相关：

开天节是 10 月 3 日。在韩国的开国神话“谭君神话”中，谭君正是在这一天建立了古朝鲜。还有一种传说是谭君如我国的“盘古”一样，在这一天劈开了天，长白山的水开始流淌，是韩国历史开始的日子。开天节同样要悬挂国旗。据说自朝鲜时代，人们就开始在这一天以击鼓、起舞等形式举行庆典，因此这恐怕是韩国历史最悠久的节日了。

初级 **신정** 【名】 元旦

신정 (新正) 에 하루 쉰다.

元旦放假一天。

同义词 원단 元旦

★与신정相关：

元旦在韩国叫作신정 (新正) 或者阳历新年。直至 1989 年，韩国元旦都是 3 天连休，而在 1990 年和 2000 年各减少一天，现在只休一天。

初级 **설날** 【名】 春节

설날을 즐겁게 지낸다.

欢度春节。

同义词 설 春节

与설날相关：

农历1月1日，是韩国节日中最隆重的一个。在韩国，新年早上祭祀（向祖先贡献饮食行大礼）祖先，意味着新一年的开始。祭祀结束后孩子们向大人拜年，大人还礼祝愿。春节那一天吃年糕。这有过了年长一岁的意思。家属和亲戚们聚在一起玩掷骰游戏（用4个木块儿玩的韩国传统游戏）、跳跳板（姑娘站在长木板两端轮流地跳的游戏）等游戏，并把有“装福”意思的福笊篱（过滤用的汤勺模样的工具）送给别人或挂在家里。

初级 **추석** 【名】 中秋节

추석 맛이 난다.

有中秋节的味道。

同义词 한가위 中秋　중추 仲秋　중추절가 中秋节

与추석相关：

韩国中秋节是阴历八月十五日。而法定的假期为中秋节当天加上其前后的两天，共3天。与中国不同的是，韩国的中秋节意义在于，这是一个拿当年新收上来的作物祭祀祖先的日子。传统的食品是一种叫作송편的年糕。值得一提的是，由于中秋节是与家人团聚的日子，中秋长假是全国高速公路最拥堵、车票最紧张的几天。所以在韩的留学生选择中秋出行游玩实为下策。

初级 **크리스마스** 【名】 圣诞节

나는 크리스마스 날에 태어났다.

我出生在圣诞节。

同义词 성탄절 圣诞节

与크리스마스相关：

12月25日圣诞节是大家再熟悉不过的了，作为基督教每年最大的节日，以及韩国唯一一个源自西方的法定节假日，大街上自然少不了华丽的圣诞树和分发礼物的圣诞老人。

初级 **현충일** 【名】 显忠日

오늘은 현충일이다.

今天是显忠日。

与현충일相关：

6月6日显忠日，顾名思义，是为纪念革命先烈的日子。与三一节相似，显忠日是向为国捐躯的革命烈士祈祷默哀的日子。旅游景点、民间团体等都要降半旗以示哀悼。自1970年开始，显忠日作为韩国的公休日实施至今。

初级 **대보름** 【名】 元宵节

대보름날 등불 야회는 완전히 인산인해를 이루었다！

元宵节灯会上人可嗨啦！

同义词 원소절 元宵节 대보름날 元宵节

与대보름相关：

农历 1 月 15 日元宵节。新年伊始，迎接第一次圆月，祈求一年的丰裕和平安。正月 15 日早上祈求无病吃“钚饪”（祈求避疮吃花生、栗子、核桃等坚硬的饮食），喝“耳明酒”（为了一年里两耳能很好地听东西而喝的酒）。早餐吃五谷饭（用大米、江米、小豆、大豆、高粱做的饭）和野菜（用能吃的草和树叶做的菜）并且叫对方的名字，对方答复就说“你买我的热呀”，这有一年中夏天不要中暑的寓思。正月十五的游戏有两种：一是放风筝，有消灭一年的灾难的寓思；二是放鼠火，有驱逐妖魔鬼怪和害虫的寓思。据说，正月十五日晚上，向圆月许三个愿都会实现。

初级 **단오** 【名】 端午节

단오 명절에 사흘간 휴가를 준다.

端午节休假三天。

同义词 단오절 端午节

与단오相关：

农历 5 月 5 日端午节是插秧结束后祈求丰年的日子。端午节妇女们用菖蒲（用菖蒲叶洗头头发光泽）洗头，玩儿荡秋千。男人摔跤，还做像车轮一样的车轮饼吃，还把端午节称为车轮节。

初级 **어린이날** 【名】 儿童节

육일 국제아동절은 어린이들의 축제일이다.

六一国际儿童节是小朋友们的节日。

同义词 육일절 六一节

与어린이날相关：

韩国虽然只设立儿童节为法定假日，却是全国放假。韩国儿童节的渊源同样可以追溯到“三一运动”，为向少年儿童传播革命爱国思想，在五月的第一个周日进行宣传活动。而自 1975 年起，将五一劳动节与儿童节合并于 5 月 5 日，放假一天。

初级 **어버이날** 【名】 父母节

올 어버이날에는 우리 모두 특별한 행사를 준비하고 있다.

我们正在准备着父母节的特别活动。

与어버이날相关：

어버이날是韩国特有的法定节日。原意是为了感恩父母，是韩国一年中为了特别感谢父母而设下的节日。早在 1956 年 5 月 8 日就形成了过父母节的习惯。后来到了 1973 年，“父母节”这个节日正式进入韩国的法定节日，每年的农历 5 月 8 日这一天，韩国人无论多忙，都会买上鲜花和礼物拜访父母。

初级 **화이트데이** 【名】 白色情人节

화이트데이 한국에서 아주 유행하다.

白色情人节在韩国特别火。

★与화이트데이相关：

每年的 3 月 14 日是白色情人节 (White Day)，一般认为是对于 2 月 14 日西方情人节的延续，流行于韩国、日本和中国台湾地区。通常韩国男生在白色情人节这天会准备糖果等礼物向心仪的女生告白。

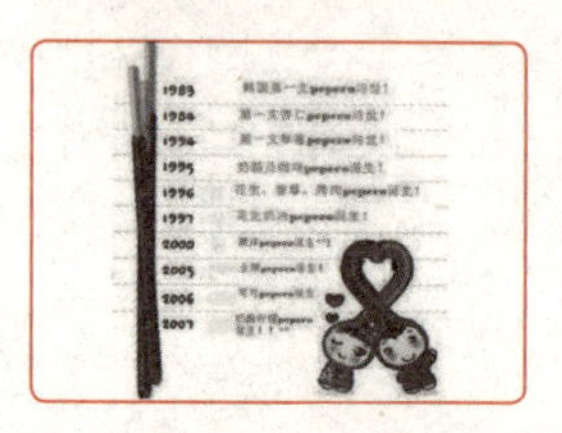

初级 **빼빼로데이** 【名】 巧克力棒节

나는 빼빼로데이에 왕단에게 고백하고 싶어.

我想在光棍节向王丹告白。

★与빼빼로데이相关：

11 月 11 日，中国有光棍节，韩国有 Pepero Day，直译为“巧克力棒节”，是韩国的光棍节。在这一天送빼빼로 (Pepero) 给好友，单身男女借此向心仪对象表白。现已成为韩国大人、小孩共同的一种时尚，也使得 Pepero Day 的人气直逼情人节。

初级 **월요일** 【名】 星期一

월요일에 수학 시험이 있다.

星期一有数学考试。

与월요일相关：

월요일对应的汉字是“月曜日”。

初级 **화요일** 【名】 星期二

화요일 밤에 출발한다.

星期二晚上出发。

与화요일相关：

화요일对应的汉字是“火曜日”。

슈퍼 화요일 → 超级星期二

初级 **수요일** 【名】 星期三

매주 수요일은 정기 휴일입니다.

每周星期三定期休息。

与수요일相关：

수요일对应的汉字是“水曜日”。

검은 수요일 → 黑色星期三

初级 **목요일** 【名】 星期四

목요일에 우리는 당일 여행을 떠났다.

周四我们出去旅行了一天。

与목요일相关：

목요일对应的中文是“木曜日”。

목요일마다 → 每个星期四

初级 **금요일** 【名】 星期五

우리 금요일에 봅시다.

我们星期五见。

与금요일相关：

금요일对应的中文是“金曜日”。

금요일만기 → 星期五到期 금요일효과 → 星期五效应

初级 **토요일** 【名】 星期六

토요일에 낚시나 좀 갈까?

星期六去钓鱼吧?

与토요일相关:

토요일对应的中文是"土曜日"。

토요일 정책 → 星期六政策 토요일마다 → 每星期六 토요일 휴무 → 周六休息

初级 **일요일** 【名】 星期日

나는 일요일마다 등산 간다.

我每周日去登山。

与일요일相关:

일요일对应的汉字是"日曜日"。

즐거운 일요일 → 快乐的星期天 일요일제외 → 不含周日

初级 **일월** 【名】 一月

새로운 조례는 내년 1 월 1 일부터 시행된다.

新条例从明年一月一日起施行。

与일월相关：

일월효과 一月效应　음력 1 월 → 阴历一月

韩国一月份的情人节：1 月 14 日，다이어리데이 (Diary Day) 日记情人节。

初级 **이월** 【名】 二月

회의를 내년 2 월로 미룬다.

会议推到明年二月。

与이월相关：

2 월 하순 → 二月下旬　음력 2 월 → 阴历二月

韩国二月份的情人节：2 月 14 日，밸런타인데이 (Valentine's Day) 传统情人节。

初级 **삼월** 【名】 三月

그해 3 월에 봄눈이 한바탕 내렸다.

那年三月下了一场桃花雪。

与삼월相关：

3 월 상순 → 三月上旬　음력 3 월 → 阴历三月　양력 3 월 → 阳历三月

韩国三月份的情人节：3 月 14 日，화이트데이 (White Day) 白色情人节。

初级 **사월** 【名】 四月

강남의 사월은 어디에나 봄빛이 넘친다.

江南四月，春意无所不在。

与사월相关：

4 월 이야기 → 四月物语

韩国四月份的情人节：4 月 14 日，블랙데이 (Black Day) 黑色情人节。

初级 **오월** 【名】 五月

5 월 1 일은 근로자의 날이다.

五月一日是国际劳动节。

与오월相关：

음력 5 월 → 阴历五月　양력 5 월 → 阳历五月

韩国五月份的情人节：5 月 14 日，로즈데이 (Rose Day) 玫瑰情人节。

初级 **유월** 【名】 六月

6 월의 날씨는 변한다는 말이 떨어지기가 무섭게 변한다.

六月的天气，说变就变。

与유월相关：

유월 말 → 六月末　유월 초이틀 → 六月初二

韩国六月份的情人节：6 月 14 日，키스데이 (Kiss Day) 亲吻情人节。

初级 **칠월** 【名】 七月

제 생일은 7 월 12 일입니다.

我的生日是七月十二日。

与칠월相关：

7 월 왕정 → 七月王朝　음력 7 월 → 阴历七月　양력 7 월 → 阳历七月

韩国七月份的情人节：7 月 14 日，실버데이 (Silver Day) 银色情人节。

初级 **팔월** 【名】 八月

나는 8 월에 서울을 떠났다.

我是八月离开首尔的。

与팔월相关：

팔월 한가위 → 八月中秋

韩国八月份的情人节：8 月 14 日，그린데이 (Green Day) 绿色情人节。

初级 **구월** 【名】 九月

운동회를 9 월로 앞당겨 개최하다.

运动会提到九月召开。

与구월相关：

음력 9 월 → 阴历 9 月　양력 9 월 → 阳历 9 月

韩国九月份的情人节：9 月 14 日，포토데이 (Photo Day) 相片情人节。

初级 **시월** 【名】 十月

10 월 1 일은 신중국의 탄생일이다.

十月一日是新中国的生日。

与시월相关：

시월혁명 → 十月革命

韩国十月份的情人节：10 月 14 日，와인데이 (Wine Day) 葡萄酒情人节。

初级 **십일월** 【名】 十一月

이 회의는 11 월에 개최하는 것이 적합하다.

此会宜于十一月召开。

与십일월相关：

韩国十一月份的情人节：11 月 14 日，무비데이 (Movie Day) 电影情人节。

初级 **십이월** 【名】 十二月

벌써 십이월이 다 지났다.

十二月都已经过去了。

与십이월相关：

韩国十二月份的情人节：12 月 14 日，허그데이 (Hug Day) 拥抱情人节。

Chapter 5
闲谈话题

初级 **취미** 【名】兴趣

취미가 뭐예요?
你的兴趣是什么？

同义词 흥미 兴趣

취미的相关词：
취미가 다양하다 → 兴趣丰富 고급 취미 → 高级趣味 저속한 취미 → 低俗趣味

初级 **운동** 【名】运动

운동은 건강에 좋다.
运动有益于身体健康。

운동的相关词：
준비 운동 → 热身运动 운동 선수 → 运动员 운동 경기 → 运动竞技 목운동 → 颈部运动 링운동 → 吊环运动
가속도 운동 → 加速运动

初级 **선호** 【动】偏爱

나는 매운 음식을 선호합니다.
我偏好辣的食物。

선호的相关词：
시간 선호 → 时间偏好 남아 선호 → 重男思想 외제를 선호하다 → 偏爱外国品牌

初级 **독서** 【名】读书

언니의 취미는 독서이다.
姐姐的兴趣是读书。

독서的相关词：
독서서클 → 读书社团 독서의 낙 → 读书的乐趣 독후감 → 读后感

初级 **게임** 【名】游戏

남동생의 취미는 게임을 하는 것이다.
弟弟的兴趣是打游戏。

게임的相关词：
게임是外来语，英语为 game。
게임을 하다 → 打游戏

初级 **여행** 【名】 旅行

우리 온 가족은 매년에 한번 씩 해외 여행을 다니곤 한다.
我们全家每年都会去国外旅游一次。

★ 여행的相关词:

여행을 다니다 → 旅行 여행을 가다 → 去旅行

初级 **애완동물** 【名】 宠物

그녀가 고양이를 애완동물로 분양한다.
她养了一只宠物猫。

★ 애완동물的相关词:

애완동물을 키우다 → 养宠物 애완동물 가게 → 宠物商店 애완동물 출입금지 → 宠物禁止入内

初级 **음악** 【名】 音乐

음악은 그의 여유 생활의 전부이다.
音乐是他业余生活的全部。

★ 음악的相关词:

음악을 듣다 → 听音乐 배경 음악 → 背景音乐 종교 음악 → 宗教音乐 음악 대학 → 音乐大学
고전 음악 → 古典音乐

初级 **영화** 【名】 电影

주말마다 남친이랑 영화 보러 갈 것이다.
每个周末都和男朋友一起去看电影。

★ 영화的相关词:

영화를 보다 → 看电影 영화평론 → 影评 영화 감독 → 电影导演

初级 **쇼핑** 【名】 购物

즐거운 쇼핑이 되시기가 바랍니다.
希望您购物愉快。

同义词 구매 购物

★ 与쇼핑相关:

쇼핑센터 → 购物广场 쇼핑안내 → 购物指南 온라인 쇼핑 → 网上购物
若是去首尔购物，您一定要去这几个地方：明洞（명동）、东大门（동대문의류시장）
狎鸥亭·清潭洞（압구정·청담동）、新沙洞林荫路（가로수길）、新村·梨大（신촌·이대）、百货商店、免税店、仁寺洞，保证您满载而归。

初级 **노래** 【名】歌

그녀는 노래를 아주 잘 부른다.
她很会唱歌。

同义词 창가 唱歌

★与노래相关：

노래를 못하다 → 不会唱歌 노래를 가르치다 → 教唱歌

韩国流行音乐（英语：K-POP，朝鲜语：가요）是指源自韩国的流行音乐，包括舞曲、现代节奏蓝调、流行电音、嘻哈音乐，兴起于20世纪90年代，21世纪初开始随韩流一起风靡亚洲和世界。

初级 **춤** 【名】舞蹈

우리 춤 출까요？
我们跳舞吧？

同义词 댄스 跳舞

★춤的相关词：

댄서 → 跳舞者 춤추기 시작하다 → 开始跳舞 댄스에 뛰어난 사람 → 跳舞能手

高级 **촬영** 【名】摄影

촬영을 잘 하십니까？
你擅长摄影吗？

同义词 사진을 찍기 摄影

★촬영的相关词：

촬영하다 → 摄影 촬영사 → 摄影师 사진전→ 摄影展 촬영 기자재 → 摄影器材 사진 작가 → 摄影作家

中级 **서예** 【名】书法

이 서예 작품은 평범하다.
这幅书法不怎么样。

同义词 서법 书法 서도 书法

★서예的相关词：

서예에 뛰어나다 →擅长书法 서예의 대가 → 书法大家

中级 **그림 그리기** 【名】画画

어렸을 때 내 취미는 그림 그리기였다.
小时候我的兴趣是画画。

同义词 페인팅 画画

★그림 그리기的相关词：

그림쟁이 → 画画的，画匠 그림 → 画儿 그리다 → 画（动词）

中级 **화장하다** 【动】 化妆

화장대 앞에 앉아 화장한다.
坐在梳妆台前化妆。

同义词 메이크업하다 化妆

★화장하다的相关词：

분장 용품 → 化妆用品 화장이 질다 → 化妆浓 화장을 지우다 → 卸妆 메이크업을 지우다 → 卸妆

初级 **날씨** 【名】天气

오늘 날씨가 참 좋습니다.

今天的天气特别好。

同义词 일기 天气

★날씨的相关词：

좋은 날씨 → 好天气 맑은 날씨 → 晴天 추운 날씨 → 寒冷的天气 나쁜 날씨 → 坏天气

일기 예보 → 天气预报（固定搭配，不能写成날씨예보）

初级 **맑다** 【形】晴

오늘 날씨가 맑습니다.

今天天气晴朗。

★맑다的相关词：

눈이 맑다 眼睛亮 달빛이 맑다 月光澄莹 정신이 맑다 神志清明

初级 **흐리다** 【形】阴

구름이 많다가 흐리다.

多云转阴。

★흐리다的相关词：

하늘이 흐리다 → 天色朦胧 달빛이 흐리다 → 月色朦胧

除了形容天气，还可以形容水、眼睛等，如：

물이 흐리다 → 水浑浊 눈이 흐리다 → 眼睛模糊，眼睛花

初级 **비** 【名】雨

하루 종일 비가 내린다.

整天下雨。

★비的相关词：

비가 오다 → 下雨 비가 내리다 → 下雨 비가 그쳤다 → 雨停了 땀이 비 오듯 쏟아지다 → 汗如雨下

初级 **눈** 【名】雪

밤새 눈이 내린다.

夜间下了雪。

同义词 설（中文）雪

★눈的相关词：

눈을 밟다 → 踏雪 눈이 멎었다 → 雪停了 설상가상 → 雪上加霜

初级 **춥다** 【形】 冷

올해 겨울은 꽤 춥다.
今年冬天挺冷。

同义词 차다 冷

★ 춥다的相关词:

약간 춥다 → 有点儿冷 아주 춥다 → 很冷 매우 춥다 → 相当冷

初级 **따뜻하다** 【形】 暖

곤명의 날씨는 베이징보다 훨씬 따뜻하다.
昆明的天气比北京暖和多了。

同义词 온난하다 温暖

★ 따뜻하다的相关词:

따뜻한 손 → 温暖的手 따뜻한 물 → 温热的水 따뜻한 봄 → 温暖的春天

初级 **덥다** 【形】 热

오늘 날씨가 그다지 덥지 않다.
今天天气不怎么热。

同义词 뜨겁다 烫，热

★ 덥다的相关词:

몹시 덥다 → 相当热 너무 덥다 → 太热

初级 **답답하다** 【形】 闷

이 방은 통풍이 잘 안 되어 아주 답답하다.
这屋子不通风，闷得很。

同义词 갑갑하다 透不过气来

★ 답답하다的相关词:

숨이 답답하다 → 呼吸困难 가슴이 답답하다 → 胸口发闷 공기가 답답하다 → 空气窒闷

初级 **기온** 【名】 气温

기온이 해마다 올라간다.
气温逐年升高。

★ 기온的相关词:

기온이 낮다 → 气温低 최고기온 → 最高气温 최저기온 → 最低气温

初级 **습하다** 【形】 潮湿的

오늘은 덥고 습합니다 .
今天又热又潮湿。

同义词 축축하다 潮湿的 눅눅하다 潮湿的

★ 습하다的相关词：

날씨가 습하다 → 天气潮湿 습한 공기 → 潮湿的空气

初级 **구름** 【名】 云

달은 구름에 가려졌다 .
月亮被云彩遮住了。

★ 구름的相关词：

흰 구름 → 白云 먹구름 → 乌云 구름뭉치 → 云团 흰구름 한 송이 → 一朵白云

初级 **바람** 【名】 风

바람이 강합니다 .
风好大啊。

同义词 풍 风（中文）

★ 与바람相关：

육지바람 → 陆风

바람有“希望”的含义。

高级 **폭풍** 【名】 暴风

폭풍 경보 해제 .
解除暴风警报。

★ 폭풍的相关词：

폭풍경보 → 暴风警报 바다폭풍 → 海上风暴 폭풍취우 → 暴风骤雨 거센 폭풍 → 猛烈的风暴

高级 **서리** 【名】 霜

간밤에 서리가 내려왔다 .
昨晚下了霜。

★ 서리的相关词：

찬 서리 → 冷霜 서리가 내리다 → 下霜 서리를 맞았다 → 遭霜打，遭殃

中级 **폭우** 【名】 暴雨

폭우가 줄곧 그치지 않았다.
暴雨一直没有停歇。

同义词 호우 豪雨　　소나기 雷阵雨

폭우的相关词：
질풍과 폭우 → 疾风暴雨

中级 **대설** 【名】 大雪，二十四节气之一

수도권 일대에 대설 주의보가 내렸다.
首都圈一带发布了大雪警报。

同义词 큰 눈 大雪　　강설 大雪

대설的相关词：
함박눈 → 鹅毛大雪
日常生活中常用큰 눈、많은 눈表示大雪。

初级 **가뭄** 【名】 干旱

가뭄 현상이 심각하다.
干旱现象严重。

同义词 가물 干旱　　한재 旱灾

가뭄的相关词：
심한 가뭄 → 亢旱之灾 가뭄의 해 → 大旱之年 극심한 가뭄 →极其干旱 혹독한 가뭄 →大旱

中级 **한파** 【名】 寒流

한파가 지나간 후 한 차례 큰 눈이 내리게 된다.
寒流过后将下一场大雪。

同义词 한류 寒流

한파的相关词：
한파가 들다 → 寒流来了 한파 경보 → 寒流警报

中级 **태풍** 【名】 台风

태풍의 위세가 점점 약해진다.
台风的威势逐渐减弱。

태풍的相关词：
태풍의 눈 → 台风眼 태풍 경보 → 台风警报 태풍이 북상하다 → 台风北上

中级 **황사** 【名】 黄沙

이곳은 봄에 황사 현상이 매우 심하다.

这里春天风沙很大。

同义词 큰 모래바람 沙尘暴

☆황사的相关词:

황사 현상 → 黄沙现象 황사를 정복하다 → 征服沙尘暴 황사를 다스리다 → 治理沙尘暴

高级 **번개** 【名】 闪电

하늘에서 갑자기 번개가 치기 시작했다.

天空突然打起闪电来。

☆번개的相关词:

번개처럼 오다 → 来如迅电 천둥번개가 치다 → 电闪雷鸣

中级 **천둥** 【名】 雷

천둥이 칠 것 같습니다.

好像要打雷。

☆천둥的相关词:

마른천둥 → 干打雷 천둥소리 → 雷声

中级 **안개** 【名】 雾

오늘 안개가 가득 덮였다.

今天大雾弥漫 。

☆안개的相关词:

골안개 → 谷雾，山雾 밤안개 → 夜雾 비안개 → 雨雾 안개가 짙다 → 雾大

中级 **홍수** 【名】 洪水

홍수가 좀 준 것 같다.

洪水好像退了些。

同义词 시위 洪水

☆홍수的相关词:

홍수가 나다 → 发洪水 대홍수 → 大洪水 홍수를 막다 → 拦截洪水 홍수와 맹수 → 洪水猛兽

高级 **할리우드 (Hollywood)** 【名】 好莱坞

그는 활동 기간 대부분을 할리우드에서 보냈다.
他职业生涯中的大部分时间是在好莱坞度过的。

与할리우드相关：

할리우드 영화 → 好莱坞电影　할리우드 배우 → 好莱坞演员

好莱坞不仅是全球时尚的发源地，也是全球音乐电影产业的中心地带，拥有世界顶级的娱乐产业和奢侈品牌，引领并代表着全球时尚的最高水平。

中级 **우상** 【名】 偶像

위인을 우상으로 숭배해서는 안 된다.
不要把伟人当作偶像来崇拜。

우상的相关词：

우상 숭배 → 偶像崇拜　우상적인 인물 → 偶像人物

高级 **팬** 【名】 粉丝

그녀는 여전히 자신의 팬들에 대한 의무는 있다.
她对粉丝很负责任。

与팬相关：

스타와 팬 → 明星与粉丝　팬 사인회 → 粉丝签名会　영화 팬 → 电影迷　축구팬 → 球迷

粉丝小知识：

散粉——谁都支持。（没目标）

粉丝——固定地支持某位明星。（一般的那种支持）

铁粉——固定并且忠实地支持。（非常强悍）

高级 **액션 영화** 【名】 动作片

액션 영화를 좋아하나요？
喜欢看动作片吗？

同义词 액션물　动作片

与액션 영화相关：

动作片（Action Films）又称为惊险动作片（Action-Adventure Films），是以强烈紧张的惊险动作和视听张力为核心的影片类型。具备巨大的冲击力、持续的高效动能、一系列外在惊险动作和事件，常常涉及追逐（徒步或交通工具）、营救、战斗、毁灭性灾难（洪水、爆炸、大火或自然灾害等）、搏斗、逃亡、持续的运动、惊人的节奏速度和历险的角色。

3 娱乐八卦

高级 **오락 프로그램** 【名】 娱乐节目

오락 프로그램을 좋아해요?
喜欢娱乐节目吗?

★与오락 프로그램相关:
韩国著名的娱乐节目有:《running man》《爸爸去哪儿》《我们结婚了》《无限挑战》。

中级 **남자 주인공** 【名】 男主人公

이 드라마의 남자 주인공은 실연한 청년이다.
这个电视剧的男主人公是一位失恋青年。

同义词　히어로　小说、戏剧中的男主人公

★与남자 주인공相关:
여자 주인공 → 女主人公

中级 **여자 주인공** 【名】 女主人公

여자 주인공이 아주 예쁘다.
女主很漂亮。

同义词　여주인공　女主人公

★与여자 주인공相关:
남자 주인공 → 男主人公

高级 **개봉하다** 【名】 首映

이 영화는 월말에 개봉 상영한다.
这部影片将在月底首映。

同义词　프리미어　首映(杂志)　　오프닝나이트　首映

★개봉하다的相关词:
개봉박두 → 首映迫近　영화 개봉 → 电影首映

高级 **베스트 셀러** 【名】 畅销书

그의 소설이 베스트셀러로 떠올랐다.
他的小说成为畅销书。

★与베스트 셀러相关:
베스트 셀러是外来语，英语为 best seller。

高级 **매체** 【名】媒体

보도 매체를 이용하여 홍보한다.
利用新闻媒体进行宣传。

同义词 미디어 媒体

★ **与매체相关：**

매스 미디어 → 大众媒体 영상 매체 → 影像媒体

最近新媒体兴起，它(New Media)是一个相对的概念，是报刊、广播、电视等传统媒体以后发展的新的媒体形态，包括网络媒体、手机媒体、数字电视等。

中级 **애정영화** 【名】爱情片

이 영화는 애정영화이다.
这部电影是爱情电影。

★ **与애정영화相关：**

经典韩国爱情电影推荐：《我脑海中的橡皮擦》《假如爱有天意》《我的野蛮女友》。

中级 **주간** 【名】周刊

그는 주간지 기자로 일하고 있다.
他是周刊杂志记者。

★주간的相关词：

뉴스 위크지 (News Week) → 新闻周刊　비즈니스위크 (Business Week) → 商业周刊　주간 잡지 → 周刊杂志
타임 (Time) → 时代周刊

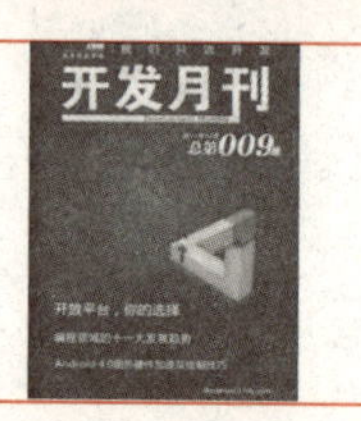

中级 **월간** 【名】月刊

"소설월간" 에 나의 소설을 게재하였다.
《小说月刊》刊载了我的小说。

同义词 월간물　月刊

★월간的相关词：

월간 잡지 → 月刊杂志

中级 **계간** 【名】季刊

계간 종류가 몇이나 됩니까?
季刊有几种？

同义词 계보　季刊

★계간的相关词：

계간지 → 季刊杂志

中级 **호외** 【名】号外

호외로 보도한다.
用号外报道。

★与호외相关：

号外是报社在遇有重大突发事件，欲向大众做迅速报道，所临时印发的报纸。因不在每日报纸的出版编号之内，故称号外。

中级 **독자** 【名】读者

저 소설가는 고정적인 독자만 해도 십만명 이 넘어요.
这个小说家固定的读者就超过 10 万名。

★독자的相关词：

독자층 → 读者层　독자 수 →读者数　독자 편지 → 读者来信

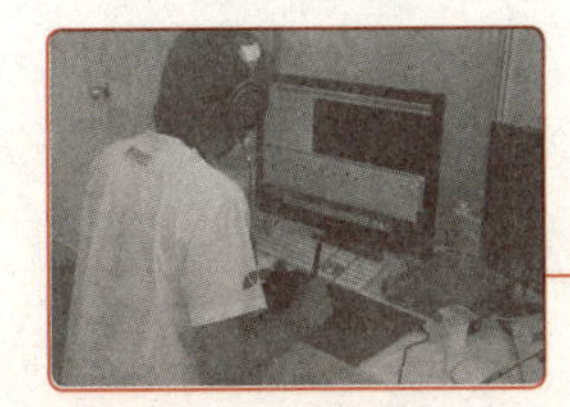

中级 **편집하다** 【动】 编辑

새로운 책을 편집한다.
编辑新书。

同义词 에디트 编辑 (edit)

★ **편집하다的相关词:**

편집실 → 编辑室 편집부 → 编辑部 편집하고 교정하다 → 编辑校对 책임 편집 → 责任编辑

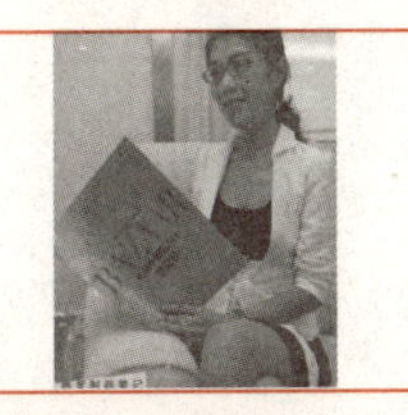

中级 **편집장** 【名】 主编

그는 이 신문의 편집장이다.
他是这家报纸的主编。

同义词 편집 주간 主编

★ **편집장的相关词:**

편집을 주관하다 → 主编（动词）

中级 **인터뷰하다** 【动】 采访

기자가 외교부 관원을 인터뷰한다.
记者采访外交部官员。

同义词 탐방하다 采访 취재하다 采访

★ **인터뷰하다的相关词:**

취재를 나가다 → 去采访 취재를 나오다 → 来采访 그룹 인터뷰 (Group Interviews) → 集体采访
카메라 취재 → 摄影采访

中级 **보도** 【名】 报道

보도가 사실과 부합하지 않다.
报道失实。

★ **보도的相关词:**

보도문학 → 报告文学 보도에 따르면 → 据报道 통신 보도 → 通讯报道 시리즈 보도 → 系列报道

中级 **조간 신문** 【名】 晨报

조간 신문 사이에 광고 삐라가 끼워져 있었다.
晨报中间夹着小广告。

同义词 아침 신문 晨报

★ **与조간 신문相关:**

석간 신문 晚报

4 报纸杂志

中级 **석간 신문** 【名】 晚报

우리 집은 석간 신문을 구독한다.
我家订阅晚报。

同义词 석간지 晚报

★与석간신문相关:

조간 신문 晨报

中级 **사설** 【名】 社论

이 사설은 당신께서 주필을 감당하십시오.
这篇社论由你主笔。

同义词 논평 评论

★사설的相关词:

신문 사설 → 报纸社论 사설란 → 社论专栏

中级 **단평** 【名】 短评

제 작품에 대해 단평을 부탁드립니다.
希望您能给我的作品写个短评。

同义词 촌평 短评 코멘트 短评

★단평的相关词:

시사 단평 → 时事短评 문예 단평 → 文艺短评 국제 형세 촌평 → 国际形势短评

中级 **출판사** 【名】 出版社

출판사의 일은 어때요?
出版社的工作怎么样?

★출판사的相关词:

펭귄 출판사 (Penguin Books) → 企鹅出版社 음반과 영상물 출판사 → 音像出版社

中级 **신문사** 【名】 报社

신문사 주필을 역임한다.
曾任报社总编。

★신문사的相关词:

신문사를 폐쇄하다 → 关停报社 신문 기자 → 报社记者

中级 **신문** 【名】报纸

중국어 신문 한장 주세요.
请给我一份中文报纸。

신문的相关词:

세계신문 → 世界报纸　지하신문 → 非法报纸　신문을 보다 → 看报纸　신문광고 → 报纸广告

中级 **잡지** 【名】杂志

잡지사에 투고한다.
向杂志社投稿。

잡지的相关词:

잡지에 싣다 → 上杂志　잡지를 내다 → 出杂志　잡지(사)를 운영하다 → 办杂志(社)

中级 **혈액형** 【名】 血型

자녀의 혈액형이 맞지 않아 결혼에 문제가 생긴다.
孩子血型不对引起婚变。

☆혈액형的相关词：

혈액형을 검사하다 → 核验血型 혈액형을 분석하다 → 化验血型 혈액형 성격설 → 血型性格学说

高级 **별자리** 【名】 星座

나는 별자리에 관심이 많습니다.
我对星座很感兴趣。

同义词 성좌 星座

☆与별자리相关：

在西方占星学上，黄道 12 星座是宇宙方位的代名词。一个人出生时，各星体落入黄道上的位置，说明了一个人的先天性格及天赋。黄道 12 星座象征心理层面，反映出一个人行为的表现方式。

高级 **물병자리** 【名】 水瓶座

물병자리는 염소자리와 물고기자리 사이에 있는 별자리이다.
水瓶座位于摩羯座和双鱼座之间。

☆与물병자리相关：

守护星：天王星；星座花：待雪草、梅花；花语：忠诚、智慧、理性、美德。

高级 **백양자리** 【名】 白羊座

내 별자리는 백양자리입니다.
我的星座是白羊座。

☆与백양자리相关：

守护星：火星；星座花：星辰花、雏菊；花语：惊奇不变的心、担心你的爱。

高级 **게자리** 【名】 巨蟹座

내 별자리는 게자리입니다.
我的星座是巨蟹座。

☆与게자리相关：

守护星：月亮；星座花：洋桔梗、百合；花语：纯洁的心、幸福、美好、高雅。

高级 **물고기자리** 【名】双鱼座

내 별자리는 물고기자리입니다.
我的星座是双鱼座。

与물고기자리相关：

守护星：海王星；星座花：野玫瑰、水仙；花语：自恋、自我陶醉、浪漫、艺术感受力。

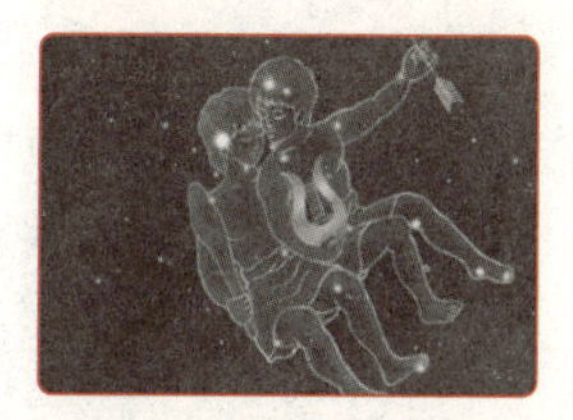

高级 **쌍둥이자리** 【名】双子座

내 별자리는 쌍둥이자리입니다.
我的星座是双子座。

与쌍둥이자리相关：

守护星：水星，是使者之神；星座花：铃兰、柑橘、风信子、紫玫瑰；花语：神秘、愉悦、永远的怀念、清香。

高级 **황소자리** 【名】金牛座

내 별자리는 황소자리입니다.
我的星座是金牛座。

与황소자리相关：

守护星：金星；星座花：海竽、康乃馨；花语：宏大之美、洁净、母爱、热恋、爱与美。

高级 **사자자리** 【名】狮子座

내 별자리는 사자자리입니다.
我的星座是狮子座。

与사자자리相关：

守护星：太阳；星座花：向日葵、火鹤花；花语：爱慕、高傲、悲伤、不凡、热情。

高级 **천칭자리** 【名】天秤座

내 별자리는 천칭자리입니다.
我的星座是天秤座。

与천칭자리相关：

守护星：金星；星座花：牵牛花、海芋、菊花、波斯菊；花语：清洁、高洁、初恋、自由、爽朗。

高级 처녀자리 【名】 处女座

내 별자리는 처녀자리입니다.
我的星座是处女座。

★与처녀자리相关：
守护星：水星；星座花：扶桑花、大理花；花语：少女的心、脱俗、洁净、微妙的美。

高级 사수자리 【名】 射手座

내 별자리는 사수자리입니다.
我的星座是射手座。

★与사수자리相关：
守护星：木星；星座花：蝴蝶兰、天堂鸟花；花语：真实、活泼、开朗、不变的爱。

高级 전갈자리 【名】 天蝎座

내 별자리는 전갈자리입니다.
我的星座是天蝎座。

★与전갈자리相关：
守护星：冥王星；星座花：桂花、文竹；花语：高傲、非凡、神秘。

高级 염소자리 【名】 摩羯座

내 별자리는 염소자리입니다.
我的星座是摩羯座。

★与염소자리相关：
守护星：土星；星座花：水仙、满天星；花语：纯洁的心、高洁、坚强、积极、爱的快乐。

Chapter 6

美食诱惑

初级 **요리** 【名】料理，菜

한국요리는 담백합니다.

韩国料理很清淡。

同义词 반찬 盘餐，（泡菜等）小菜

与요리相关：

요리对应的汉字为料理，就是中文里“菜”的意思。想要表达哪个国家的料理，直接在요리前面加上相应国家即可。例如，韩国料理就可以表达为“한국요리”，日本料理是“일본요리”，中国料理是“중국요리”。

初级 **김치찌개** 【名】泡菜汤

김치찌개는 매워요.

泡菜汤很辣。

与김치찌개相关：

김치찌개由김치和찌개复合而成，即由泡菜和汤复合而成。这里的찌개指的是将肉、菜、豆腐等一起放在小锅里煮出来的菜。在韩国类似的食物还有：

부대찌개 → 部队汤 된장찌개 → 大酱汤 비지찌개 → 豆渣火锅 두부찌개 → 豆腐汤

初级 **떡볶이** 【名】炒年糕

떡볶이는 매워야 맛있다.

炒年糕要辣才好吃。

떡볶이的相关词：

국물떡볶이 → 汤式炒年糕 계란 떡볶이 → 鸡蛋炒年糕 쌀떡볶이 → 炒年糕

初级 **미역국** 【名】海带汤

미역국은 생일날에 꼭 먹어야 하는 음식이다.

海带汤是生日时必吃的食物。

与미역국相关：

미역국是韩国人在生日时必吃的，被认为是很有营养的汤。但是因为海带汤是滑滑的，所以不能给有考试的人，或者刚出门工作的人吃。

初级 **불고기** 【名】炒牛肉

불고기를 별로 안 좋아해요.

我不太喜欢炒牛肉。

与불고기相关：

불고기之前被很多人误认为是烤肉，但其实它是一道炒牛肉菜。

初级 **삼겹살** 【名】烤肉

삼겹살 먹으러 갑시다.

让我们一起去吃烤肉吧。

★与삼겹살相关：

삼겹살是“五花肉”的意思，但是在韩国一般说到삼겹살就是指烤肉。

初级 **짜장면** 【名】炸酱面

짜장면은 중화요리의 하나이다.

炸酱面是中华料理之一。

同义词 자장면 炸酱面

★与짜장면相关：

짜장면之前被认为是错误的拼写法，正确的为자장면，后来规定两者都是正确的写法。

初级 **감자탕** 【名】脊骨土豆汤

감자탕 속에 돼지 뼈가 있어요.

脊骨土豆汤里有骨头。

★감자탕的相关词：

해물 감자탕 → 海鲜脊骨土豆汤 묵은지 감자탕 → 酸菜脊骨土豆汤 뚝배기 감자탕 → 砂锅脊骨土豆汤

初级 **김밥** 【名】紫菜包饭

김밥을 싸는 법을 압니다.

我知道怎么做紫菜包饭。

★与김밥相关：

김밥由김和밥两个词复合而成。김是“紫菜”的意思。

初级 **치킨** 【名】炸鸡

치킨은 맥주랑 같이 먹으면 더 맛있어요.

炸鸡和啤酒一起吃更美味。

★与치킨相关：

치킨是外来语，在英语中不专指炸鸡，但是在韩语里，치킨专指炸鸡。

初级 **닭갈비** 【名】铁板鸡

춘천 닭갈비는 전국적으로 유명하다.

春川铁板鸡排全国闻名。

★与닭갈비相关：

韩国的铁板鸡要数春川的最有名。

初级 **돈가스** 【名】炸猪排

돈가스는 너무 많이 먹어서 토할 것 같아요.

吃了太多的炸猪排，感觉要吐了。

★与돈가스相关：

돈가스是日语来的外来语。

初级 **튀김** 【名】油炸类

살 질까봐 튀김 잘 안 먹어요.

担心长胖，所以不怎么吃油炸的东西。

★与튀김相关：

튀김是动词 튀기다（炸）的名词化形式。

初级 **우동면** 【名】乌冬面

우동면은 일본의 대표 음식의 하나이다.

乌冬面是日本的代表饮食之一。

★与우동면相关：

우동면是日本料理之一。

初级 **비빔밥** 【名】拌饭

한국 전주 비빔밥은 가장 유명하다.

韩国全州拌饭最出名。

★与비빔밥相关：

비비다（搅拌）的名词化形式비빔加밥（饭），就构成了“拌饭”。

中级 **콜라** 【名】可乐

콜라는 탄산음료수이다.

可乐是碳酸饮料。

与콜라相关

콜라是外来语，英语为 cola。

中级 **햄버거** 【名】汉堡包

햄버거는 여러 가지 맛이 있다.

汉堡有很多种口味。

与햄버거相关：

햄버거是外来语，英语为 hamburger。

中级 **피자** 【名】比萨

나는 소고기 피자를 제일 좋아요.

我最喜欢牛肉比萨。

与피자相关：

피자是外来语，英语为 pizza。

中级 **스파게티** 【名】意大利面

스파게티는 전혀 배부르지 않다.

意大利面不容易吃饱。

与스파게티相关：

스파게티是外来语，意大利语 spaghetti。

中级 **샐러드** 【名】沙拉

나는 과일 샐러드만 좋다.

我只喜欢水果沙拉。

与샐러드相关：

샐러드是外来语，英语为 salad。

中级 **스테이크** 【名】牛排

스테이크를 미디엄으로 익혀 주세요.

我要五分熟的牛排。

与스테이크相关:

스테이크为外来语，英语为 steak。

中级 **양꼬치** 【名】羊肉串

난 한번에 양꼬치를 열 개 먹을 수 있다.

我一次可以吃 10 串羊肉串。

与양꼬치相关:

양꼬치是合成词，양(羊，羊肉)+ 꼬치(串)。

中级 **샤부샤부** 【名】火锅

매운 샤부샤부를 좋아합니다.

我喜欢辣的火锅。

与샤부샤부相关:

샤부샤부听起来跟中国的“呷哺呷哺”谐音，但其实샤부샤부是由日语来的，是一道日本菜。当我们要说火锅时，可以用샤부샤부来表示。

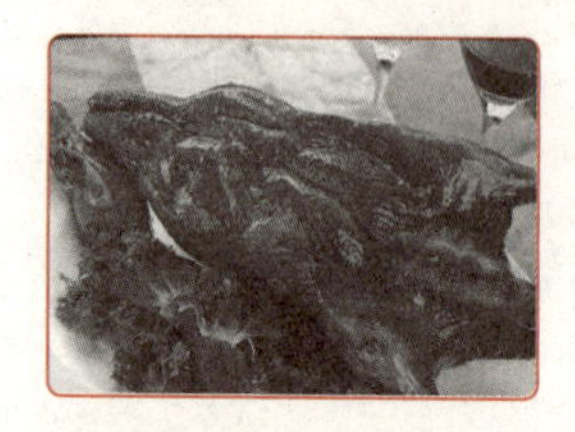

中级 **북경오리** 【名】北京烤鸭

북경오리는 식기 전에 먹어야 맛있다.

北京烤鸭要趁热吃才好吃。

与북경오리相关:

북경오리是把북경(北京)和오리(鸭子)两个单词的合成词。

中级 **카레라이스** 【名】咖喱饭

카레라이스는 인도 음식이다.

咖喱饭是印度食物。

与카레라이스相关:

与카레라이스 是外来语，英语为 curried rice。

初级 **쌀** 【名】大米

한국 사람들의 주식은 쌀입니다.

韩国人的主食为大米。

★ 쌀的相关词：

쌀국수 → 米粉，米线　쌀가루 → 米面儿，米粉　찹쌀 → 糯米

中级 **국수** 【名】面条

중국 북쪽은 국수를 주식으로 합니다.

中国北方把面条作为主食。

★ 국수的相关词：

국수 한 접시 → 一碗面　국수 가락 → 面条儿　국수를 먹다 → 吃喜酒（比喻举行结婚仪式）

初级 **만두** 【名】馒头，饺子，包子

만두는 속이 있어야 맛있어요.

有馅儿的饺子才好吃。

★ 与만두相关：

만두在韩语里泛指一切类似馒头、包子、饺子的面食。包子在韩语里有专门的说法찐빵，但是馒头和饺子基本都用만두。

初级 **빵** 【名】面包

빵은 보통 아침에 먹는 음식이다.

面包通常是早上吃。

同形异意 빵 啪（拟声词）

★ 빵的相关词：

빵을 굽다 → 烤面包（短语）　제빵 → 做面包（动词）　식빵 → 面包（主食用）　찐빵 → 包子，馒头（蒸的面包）　통밀빵→ 全麦面包

初级 **죽** 【名】粥

몸이 아플 때 죽을 먹으면 좋을 것 같아요.

身体不舒服时喝粥比较好。

同形异意 죽 组（碗或衣服等十件组成的单位）

★ 죽的相关词：

깨죽 → 芝麻糊　밤죽 → 栗子粥　계절죽 → 时鲜粥

初级 **고구마** 【名】红薯，地瓜

고구마의 단 맛을 좋아합니다.

我喜欢红薯的甜味。

同义词 감서 甘薯

★ 고구마的相关词：

고구마엿 → 地瓜糖

中级 **옥수수** 【名】玉米

옥수수는 가을에 자랍니다.

玉米在秋天成熟。

同义词 강냉이 老玉米

★ 옥수수的相关词：

옥수수밥 → 玉米饭 옥수수엿 → 玉米糖 옥수수수염 → 玉米须 옥수수기름 → 玉米油

中级 **팥** 【名】小豆，红豆

팥을 들어가 있는 빙수를 좋아해요.

我喜欢有红豆沙的刨冰。

同义词 콩 豆

★ 팥的相关词：

팥빙수 → 红豆刨冰 검은팥 → 黑小豆 팥만두 → 豆沙包子 팥소 → 豆沙

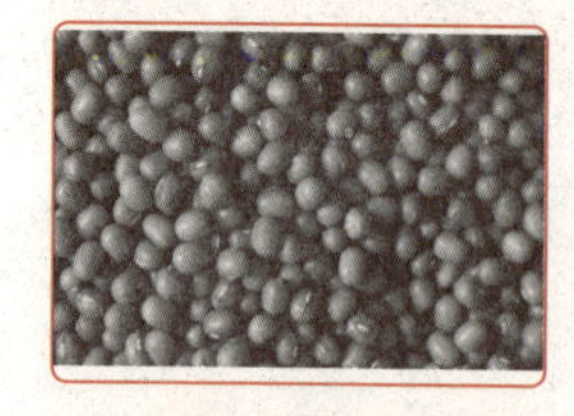

中级 **녹두** 【名】绿豆

녹두는 열을 내리기에 효과가 좋다.

绿豆对祛热有帮助。

★ 与녹두相关：

녹두是中文，与녹두相关的词如下：

녹두전 → 绿豆饼 녹두죽 → 绿豆粥 녹두 한 알 → 一颗绿豆

初级 **돼지고기** 【名】猪肉

나는 돼지고기 먹는 것을 좋아 한다.

我喜欢吃猪肉。

同义词

★与돼지고기相关:

돼지고기由돼지（猪）和 고기（肉） 组成。

初级 **소고기** 【名】牛肉

소고기는 돼지고기보다 비쌉니다.

牛肉比猪肉贵。

同义词 쇠고기 牛肉

★与소고기相关:

소고기由 소（牛）和 고기（肉）组成。

初级 **닭고기** 【名】鸡肉

닭고기는 싫어요.

我讨厌吃鸡肉。

同义词

★与닭고기相关:

닭고기由 닭（鸡）和 고기（肉）组成。与之相关的短语有:

닭고기덮밥 → 鸡肉盖饭 닭고기무침 → 凉拌鸡肉

初级 **오리고기** 【名】鸭肉

오리고기는 구워서 먹는 게 최고이다.

鸭肉烤着吃最棒。

同义词

★与오리고기相关:

오리고기由 오리（鸭子）和고기（肉）组成。오리单独也可以指鸭肉。如北京烤鸭就可以说成북경오리。

初级 **거위고기** 【名】鹅肉

거위고기는 오리고기보다 영양이 많다고 한다.

听说鹅肉比鸭肉有营养。

同义词

★与거위고기相关:

거위고기由거위（鹅）和고기（肉）组成。

3 肉类

初级 **물고기** 【名】鱼肉

물고기는 비린내가 나서 별로 안 좋아요.

鱼肉有腥味，所以不喜欢。

★与물고기相关：

물고기既可以指“活在水里的鱼”，也可以指“鱼肉”。

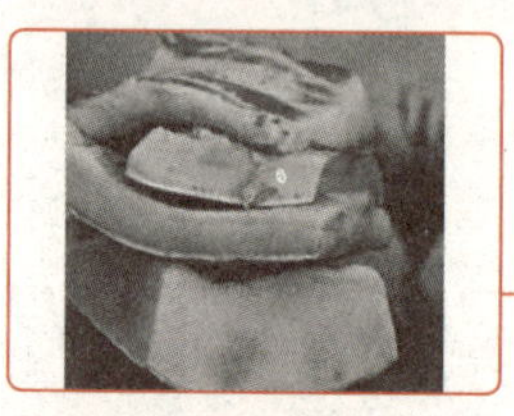

中级 **비계** 【名】肥肉

비계를 절대 못 먹어요.

怎么也吃不下肥肉。

同形异意 비계 脚手架

★비계的相关词：

돼지비계 → 猪油，猪肥膘

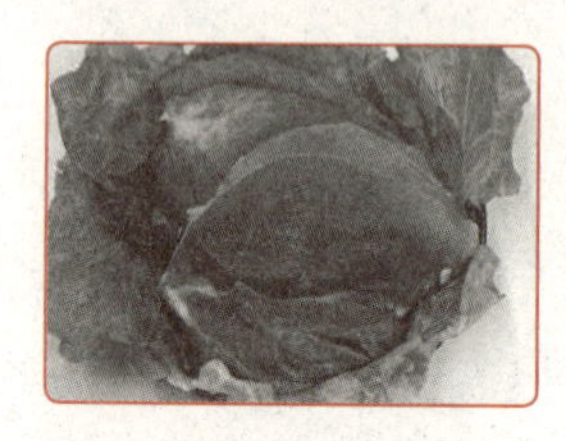

中级 **살코기** 【名】瘦肉

살코기를 한 근 주세요.

请给我一斤瘦肉。

★살코기的相关词：

살코기만 먹다 → 只吃瘦肉 살코기튀김 → 软炸里脊

中级 **생선** 【名】海鲜

생선에 알레르기가 있어요.

我对海鲜过敏。

★与생선相关：

생선是中文，对应汉字为“生鲜”。与之相关的词语如下：

생선찜 → 蒸鱼 생선가게 → 海鲜店 생선가스 → 炸鱼排 생선구이→ 烤鱼

中级 **오징어** 【名】鱿鱼

오징어를 구워 먹겠다.

我要烤鱿鱼吃。

★오징어的相关词：

오징어회 → 生拌乌贼片 오징어를 굽다 → 烤鱿鱼 오징어 두 마리 → 两只鱿鱼

初级 **새우** 【名】虾

싱싱한 새우가 아주 맛있다.

新鲜的虾很美味。

★ 새우的相关词:

새우를 잡다 → 捉虾　고래 싸움에 새우 등 터진다. → 城门失火，殃及池鱼。

初级 **게** 【名】蟹

게의 집게발이 힘이 세다.

蟹的钳子力量挺大的。

同形异意 게　东西（것이的缩写）

★ 게的相关词:

게도 구멍이 크면 죽는다 → 千里之堤毁于蚁穴　게 등에 소금 치기 → 做无用功　꽃게 → 花蟹

中级 **자라** 【名】甲鱼

자라는 거북이와 비슷하게 생긴다.

甲鱼和乌龟长得像。

★ 자라的相关词:

자라 보고 놀란 가슴 솥뚜껑 보고 놀란다 → 一朝被蛇咬，十年怕井绳

中级 **상추** 【名】 生菜

상추 한 포기 살려고 합니다.

我想买一棵生菜。

★ 상추的相关词:

상추쌈 → 生菜包饭 상추잎 → 生菜叶 상추를 키우다 →种生菜

初级 **감자** 【名】 土豆

감자는 동생이 제일 좋아하는 것이다.

土豆是弟弟最爱吃的。

同形异意 감자 甘蔗，柑子

★ 감자的相关词:

감자탕 → 土豆汤 감자칩 → 马铃薯片 감자튀김 → 炸薯条

中级 **다시마** 【名】 海带

다시마로 튀김을 만들었다.

用海带做炸的东西。

★ 与다시마相关:

다시마虽然也是海带，但是与韩国料理海带汤里放的海带是不一样的。与之相关的词语如下:

다시마쌈 → 海带包饭

初级 **배추** 【名】 白菜

배추는 김치를 담그는 중요한 재료이다.

白菜是做泡菜的重要原料。

★ 배추的相关词:

배추 다섯 통 → 五棵白菜 배추김치 → 白菜泡菜 봄배추 → 小白菜

中级 **버섯** 【名】 蘑菇

버섯을 따러 산에 갑니다.

去山里摘蘑菇。

★ 버섯的相关词:

독버섯 → 毒蘑菇 땅버섯 → 地蘑菇 버섯구름 → 蘑菇云

初级 **오이** 【名】黄瓜

오이는 풍부한 비타민 C 를 가지고 있다.

黄瓜富含维生素 C。

★ 오이的相关词：

오이를 썰다 →切黄瓜　오이가 식초에 절다 →用醋腌黄瓜

初级 **가지** 【名】茄子

가지는 보라색 야채이다.

茄子是紫色的蔬菜。

同形异意 가지　分支，树枝

★ 가지的相关词：

가지 나무에 목을 맨다 → 抓住救命稻草

初级 **토마토** 【名】西红柿

토마토는 예쁘고 맛있다.

西红柿又好看又好吃。

★ 与토마토相关：

토마토是外来语，英语为 tomato。

中级 **미나리** 【名】芹菜

미나리를 무쳐 먹었다.

我吃了拌芹菜。

★ 미나리的相关词：

미나리즙 → 芹菜汁　미나리를 데치다 → 焯芹菜　미나리 도리듯 하다 →比喻收获丰富

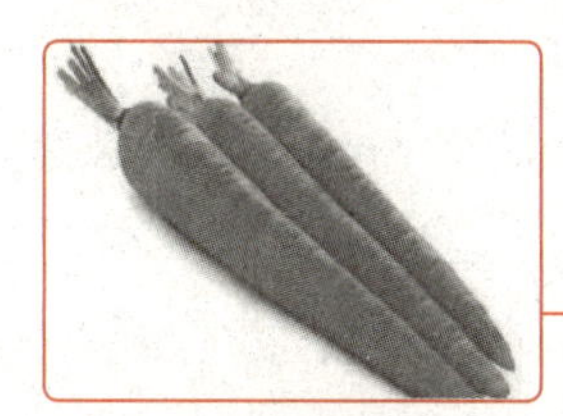

初级 **당근** 【名】胡萝卜

당근은 칼로틴을 많이 함유하고 있다.

胡萝卜富含胡萝卜素。

同义词　홍당무　胡萝卜

★ 당근的相关词：

당근을 심다 → 种胡萝卜　당근을 생으로 먹다 → 生吃胡萝卜

中级 **부추** 【名】韭菜

부추를 씻고 그릇에 담는다.

把韭菜洗了放在碗里。

★部추的相关词:

부추전 → 韭菜煎饼 부추속 →葱属 부추김치 → 韭菜泡菜

初级 **양파** 【名】洋葱

양파가 너무 매워 눈물이 난다.

洋葱太辣，眼泪都流出来了。

★与양파相关:

양파是“洋葱”的意思，파是“葱”的意思。与양파相关的词如下:

양파를 벗기다 → 剥洋葱 양파를 요리에 쓰다→ 用洋葱做菜

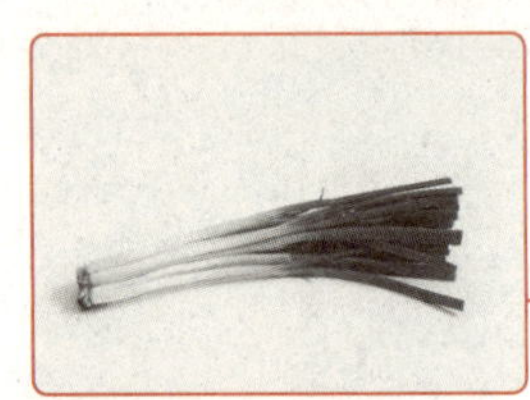

初级 **파** 【名】大葱

파를 자디잘게 썬다.

把葱切得很细。

同形异意 파 派

★파的相关词:

파를 썰다 →切葱 파 한줌 → 一把葱 파김치 → 小葱泡菜

中级 **동아** 【名】冬瓜

나는 동아를 많이 먹는 편이다.

我算是经常吃冬瓜的人了。

同形异意 동아 东亚

★与동아相关:

동아 也可以是동과，但用得多的还是동아。

初级 **고추** 【名】辣椒

고추는 매워서 잘 안 먹어요.

辣椒太辣，所以不怎么吃。

★고추的相关词:

고추를 따다 → 摘辣椒 고추기름 → 辣椒油 고추는 작아도 맵다 → 辣椒虽小但却辣 붉은 고추→ 红辣椒

中级 **여주** 【名】苦瓜

여주는 쓰지만 몸에 좋은 야채이다.

苦瓜虽苦，却对身体很好。

同形异意 여주 丽州

★ 与여주相关：

여주可以去火，尤其是心火。夏天吃苦瓜对身体是极好的。

中级 **연뿌리** 【名】藕

연뿌리는 물 아래에 있다.

藕在水下。

★ 与연뿌리相关：

연뿌리是由연（莲）和뿌리（根）组成的，意即“莲根”。

初级 **애호박** 【名】西葫芦

애호박은 된장찌개에 쓰일 수 있다.

西葫芦可以用来做大酱汤。

★ 애호박的相关词：

애호박전 → 西葫芦煎饼 애호박죽 → 西葫芦粥

初级 **호박** 【名】南瓜

호박을 수프로 만들었다.

把南瓜拿来做汤了。

同形异意 호박 琥珀

★ 호박的相关词：

호박꽃 → 南瓜花 호박빵 → 南瓜面包 호박고지 → 南瓜干 호박수프 → 南瓜浓汤

中级 **시금치** 【名】菠菜

임산부는 시금치를 많이 먹어야 한대요.

都说孕妇应该多吃菠菜。

★ 시금치的相关词：

시금치를 볶다 → 炒菠菜 시금치를 데치다 → 焯菠菜

中级 **브로콜리** 【名】西兰花

브로콜리는 샐러드로 만들면 맛있다.

用西兰花做沙拉很好吃。

与브로콜리相关：

브로콜리是外来语，英语为 broccoli。

中级 **팽이버섯** 【名】金针菇

아이들이 다 팽이버섯을 좋아합니다.

孩子们都喜欢金针菇。

与팽이버섯相关：

팽이버섯是朴（pò）树（팽나무）上生出来的蘑菇。

初级 **콩나물** 【名】豆芽

콩나물은 볶아서 먹는다.

把豆芽炒着吃。

与콩나물相关：

콩나물是由콩（豆）和나물（小菜，野菜）组成的。

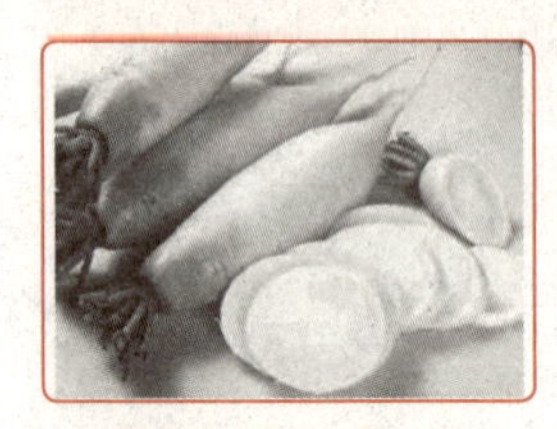

初级 **무** 【名】萝卜

무는 소화에 좋은 야채이다.

萝卜是有助于消化的蔬菜。

무的相关词：

무를 절이다 → 腌萝卜（动词词组） 무생채 → 生拌萝卜（名词） 무 조각 →萝卜片

初级 **딸기** 【名】草莓

딸기의 향기가 달콤해요.

草莓的香味很甜美。

★딸기的相关词：

딸기우유 → 草莓牛奶 딸기를 따다 → 摘草莓 재래종 딸기 → 本地草莓

初级 **키위** 【名】猕猴桃

키위는 비타민이 아주 풍부한 과일이다.

猕猴桃是维生素非常丰富的水果。

同义词 양다래 猕猴桃

★키위的相关词：

키위是外来语，英语为 kiwi。与之相关的词有：

키위주스 → 猕猴桃汁 키위프루트→ 奇异果，猕猴桃

中级 **앵두** 【名】樱桃

앵두는 빨간색이다.

樱桃是红色的。

同义词 체리 (cherry) 樱桃

★앵두的相关词：

앵두즙 → 樱桃汁 앵두통조림 →樱桃罐头 앵두색 →樱桃色 앵두 같은 입술 → 樱桃小嘴

初级 **레몬 (lemon)** 【名】柠檬

레몬은 너무 시다.

柠檬特别酸。

★레몬的相关词：

레몬차 →柠檬茶 레몬기름 → 柠檬油 레몬색 →柠檬色 레몬옐로 →柠檬黄

初级 **귤** 【名】橘子

제주도는 귤로 유명해요.

济州岛的橘子很出名。

★귤的相关词：

귤병→ 橘饼 귤꽃 →橘子花 귤잎 → 橘子树叶 귤빛 → 橘色

初级 **오렌지** 【名】橙子

오렌지는 귤과의 맛은 비슷합니다.

橘子和橙子的味道很相似。

★与오렌지相关：

오렌지是外来语，英语为 orange。与之相关的词如下：

오렌지나무 → 橙子树 오렌지잼 → 橙子酱 오렌지주스 → 橙汁 네이블오렌지 → 脐橙

中级 **블루베리** 【名】蓝莓

블루베리는 심장에 좋은 과일이다.

蓝莓是对心脏好的水果。

★블루베리的相关词：

블루베리是外来语，英语为 blueberry。与之相关的词如下：

블루베리주스 → 蓝莓汁 블루베리쿠키 → 蓝莓饼干

中级 **포도** 【名】葡萄

나는 씨가 없는 포도를 더 좋아한다.

我更喜欢没有核的葡萄。

★포도的相关词：

청포도 → 青葡萄 포도가 시다 → 葡萄很酸 포도주 → 葡萄酒 포도덩굴 → 葡萄藤 포도원 →葡萄园

中级 **파인애플** 【名】菠萝

파인애플은 열대 과일이다.

菠萝是热带水果。

★与파인애플相关：

파인애플是外语来，英语为 pineapple。

初级 **사과** 【名】苹果

매일 사과를 하나 먹으면 의사를 안 본다.

每天一苹果，不用请医生。

同形异意 사과 道歉（名词）

★사과的相关词：

사과산 → 苹果酸 사과잼 → 苹果酱 사과 파이 →苹果派

初级 **바나나** 【名】香蕉

바나나를 사와 주세요.

请帮我买点香蕉回来。

★ 与바나나相关：

바나나是外来语，英语为 banana。与之相关的词有：

바나나 껍질 → 香蕉皮 바나나우유 →香蕉牛奶 바나나킥 →（足球）香蕉球

初级 **배** 【名】梨

배는 폐에 좋은 과일이다.

梨是对肺好的水果。

同形异意 배 船，肚子

★ 배的相关词：

배나무 → 梨树 배를 깎아 먹다 → 削梨吃

初级 **참외** 【名】香瓜

참외를 따러 갑시다.

我们去摘香瓜吧。

★ 참외的相关词：

배꼽참외 → 大蒂甜瓜 개구리참외 → 西瓜片甜瓜

개똥참외도 가꿀 탓이다→野甜瓜也可成好瓜（比喻寒门子弟教育得法也能成才）

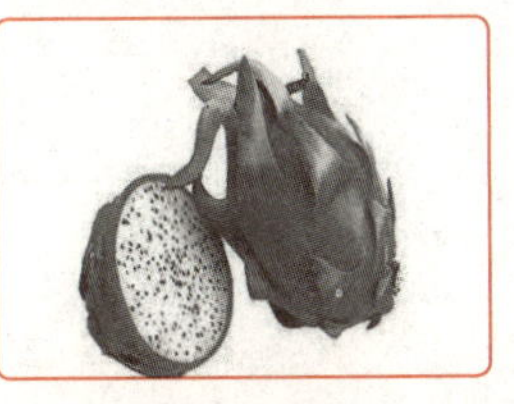

中级 **용과** 【名】火龙果

용과는 용의 모습과 닮아서 용과라고 한다.

火龙果跟龙有些像，所以叫火龙果。

★ 与용과相关：

中级 **자두** 【名】李子

자두는 안 익어서 시다.

李子还没熟，很酸。

★ 자두的相关词：

자두나무 →李子树 자두주스→李子汁

初级 **복숭아** 【名】桃子

원숭이가 복숭아를 좋아한다.

猴子喜欢吃桃子。

★ 복숭아的相关词：

복숭아꽃→桃花 복숭아잼→桃子酱 복숭아씨→桃核儿

初级 **망고 (mango)** 【名】杧果

망고 냄새가 좋다.

杧果的味道很好闻。

★ 与망고相关：

망고是外来语，mango。

初级 **수박** 【名】西瓜

여름에 수박을 먹으면 시원해요.

夏天吃西瓜特别凉快。

★ 수박的相关词：

수박씨→西瓜籽 수박팥→西瓜地

中级 **여지** 【名】荔枝

여지는 열대 과일입니다.

荔枝属于热带水果。

同形异意 여지 余地

★ 여지的相关词：

여지나무→荔枝树

中级 **파파야 (papaya)** 【名】木瓜

파파야는 여자가 좋아하는 과일이다.

木瓜是女人们喜欢吃的水果。

★ 파파야相关：

파파야是外来语。与之相关的词如下：

파파야 티→木瓜茶 파파야 우유→木瓜鲜奶汁 파파야 미용→木瓜美容

中级 **석류** 【名】石榴

석류는 보기만 해도 먹고 싶다.

石榴看着都想吃。

석류的相关词：

석류나무→石榴树 석류병→石榴花糕 석류피→石榴皮

中级 **대추** 【名】枣

대추는 여자한테 좋은 것이다.

枣对女性来说是好东西。

대추的相关词：

대추나무 → 枣树

初级 **유자** 【名】柚子

유자를 유자차 만드는 재료중의 하나다.

柚子是做柚子茶的原料之一。

同形异意 유자 孺子，幼子，幼者

유자的相关词：

유자차→柚子茶 유자를 따다→摘柚子 유자나무→柚子树

初级 **감** 【名】柿子

감을 곶감으로 만들 수 있다.

柿子可以用来做柿饼。

同形异意 감 感觉（依存名词）

与감相关：

감的意思有很多，主要的意思列举如下：

1. 感，如늦은 감이 있다 慢的感觉
2. 材料 양복감 西服布料
3. 可能会成为某种身份的人，如신부감 预备新娘。

中级 **비파** 【名】枇杷

비파는 여름에 먹을 수 있다.

可以在夏季吃到枇杷。

同形异意 비파 琵琶

비파的相关词：

비파나무 → 枇杷树

中级 **두리안 (durian)** 【名】榴梿

두리안은 냄새는 나쁘지만 맛은 괜찮다.
榴梿虽然不好闻，但是吃起来不错。

★与두리안相关：

두리안是外来词。榴梿被称作水果之王。

初级 **소금** 【名】盐

소금은 사람이 떠나면 안 되는 것이다.

人们离不开盐。

★ 소금的相关词：

소금을 치다 → 撒盐　배추를 소금으로 절이다 → 用盐腌制大白菜　달걀을 소금에 찍어 먹다 → 鸡蛋蘸盐吃

中级 **식용유** 【名】食用油

식용유로 야채를 볶는다.

用食用油炒菜。

★ 与식용유相关：

식용유对应的中文就是本身的含义。

初级 **간장** 【名】酱油

너무 싱거워서 간장을 더 넣어봤어요.

太淡了，加了点儿酱油。

★ 간장的相关词：

간장을 달이다→炼酱油　간장을 담그다→腌制酱油　음식에 간장을 넣다→往食物里加酱油

初级 **식초** 【名】醋

그 사람은 뭐든지 식초를 꼭 넣어야 먹는다.

那个人不管吃什么，都要放了醋才吃。

★ 식초的相关词：

묵은 식초 → 老陈醋　식초 한 병 → 一瓶醋　곡물식초 → 粮食醋　과실식초 → 果醋

中级 **조미료** 【名】味精

조미료를 아기에게 주지 말아야 한다.

不要给小孩子吃味精。

★ 与조미료相关：

조미료对应的中文是“调味料”。在韩语里专指“味精”。

初级 **고추장** 【名】辣椒酱

고추장을 비빔밥에 넣어서 더 맛있어요.

放点辣椒酱拌饭更好吃。

★ **与고추장相关:**

고추장由고추（辣椒）和 장（酱）复合而成。

初级 **고추가루** 【名】辣椒粉

나는 라면 끓일 때 고추가루를 많이 뿌립니다.

我喜欢加些辣椒粉进泡面里。

★ **与고추가루相关:**

고추가루由고추（辣椒）和가루（粉末，粉）复合而成。

初级 **마늘** 【名】蒜

마늘은 소독하는 역할이 있다.

大蒜有杀菌消毒的作用。

★ **마늘的相关词:**

마늘잎 → 蒜叶 마늘쪽 → 蒜瓣 마늘 두 쪽 → 两瓣大蒜

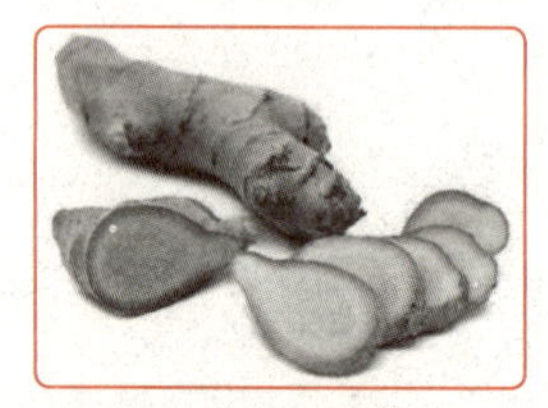

初级 **생강** 【名】姜

생강은 약이기도 합니다.

生姜也可以用作药。

★ **생강的相关词:**

생강차→生姜茶 생강즙→生姜汁

初级 **설탕** 【名】白糖

설탕은 눈과 같이 하얗다.

白糖像雪一样白。

★ **설탕的相关词:**

설탕포트 → 糖罐 식용설탕 → 实用糖 얼음설탕 → 冰糖 설탕을 넣다 → 放糖

中级 **산초** 【名】花椒

산초는 중국 샤부샤부에 조미료로 쓰인다.

花椒在中国的火锅里被用作调味料。

★与산초相关：

산초是中文，对应“山椒”。

中级 **마요네즈 (mayonnaise)** 【名】沙拉酱

마요네즈가 없으면 샐러드를 만들 수가 없어요.

没有沙拉酱做不出沙拉。

★与마요네즈相关：

마요네즈是外来语，直接标记的。

中级 **토마토소스** 【名】番茄酱

토마토소스를 찍고 프렌치프라이를 먹는다.

蘸着番茄酱吃炸薯条。

★与토마토소스相关：

토마토소스由토마토和소스组成。

中级 **겨자소스** 【名】芥末酱

겨자소스는 너무 매워요.

芥末酱太辣了。

★与겨자소스相关：

겨자소스 是由겨자和소스组成的。겨자是“芥末”的意思。

初级 **참기름** 【名】芝麻油

참기름이 정말 고소하다.

芝麻油真香。

★与참기름相关：

참기름特指“芝麻油”。

中级 **시다** 【形】 酸的

사과가 안 익어서 시다.

苹果还没熟，是酸的。

近义词 시큰시큰하다 酸疼的　　시큼하다 酸唧唧的
시큰거리다 酸疼（动词）

★ 시다的相关词：

신 포도 → 酸葡萄　허리가 시다 → 腰酸痛　눈꼴이 시다 → 看不顺眼

初级 **달다** 【形】 甜的

당뇨병환자는 단 거를 먹으면 안된다.

糖尿病患者不能吃甜的东西。

近义词 달콤하다 甜蜜

★ 与달다相关：

달다做形容词表示“甜”的意思时，不仅可以指味觉上的甜味，还可以指“感觉美好，很香甜，很满足”。例如：

1. 달게 먹다 吃得很香。
2. 달게 자다 睡得很香。
3. 달게 받다 欣然接受。

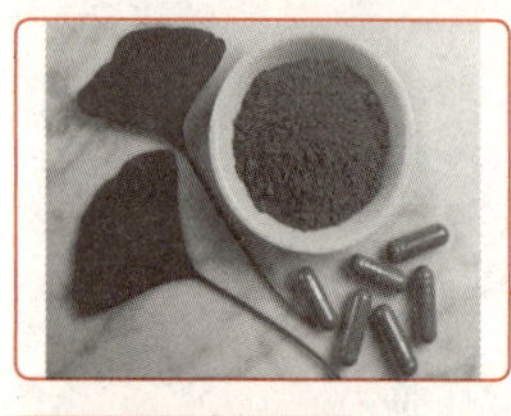

初级 **쓰다** 【形】 苦的

이 약은 정말 쓰다.

这药的味道真苦。

同形异意 쓰다 写

★ 与쓰다相关：

쓰다也是一个多义词，不仅可以形容味道苦，还可以表示痛苦。做动词时意思更多，列举如下：

1. 打，戴。우산을 쓰다 打伞，撑伞；모자를 쓰다 戴帽子。
2. 写。편지를 쓰다 写信。
3. 用，使用。신제품을 쓰다 使用新产品。
4. 请客。한턱 쓰다 请客。
5. 花费，用。돈을 쓰다 花钱。

初级 **맵다** 【形】 辣的

매운 음식을 절대 안 먹을 거예요.

我绝对不吃辣的东西。

近义词 매콤하다 微辣

★ 与맵다相关：

맵다做形容词有 3 种含义：

1. 辣
2. 品行毒辣
3. 天气特别冷

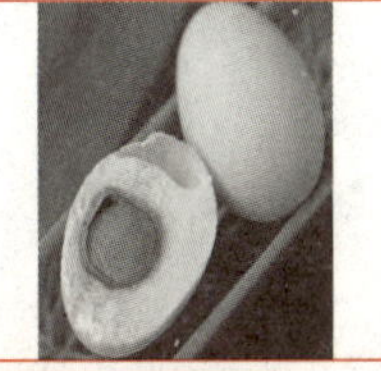

中级 **짜다** 【形】咸的

소금이 너무 많이 넣어서 요리를 짜게 만들었다.

盐放得太多，菜做得很咸。

同形异意 짜다 吝啬

★与짜다相关：

짜다有很多意思，列举如下：

1. 짜다（形容词）咸的，吝啬的。음식이 짜다 饮食口重；사람이 짜다 为人吝啬
2. 짜다（动词）打，做。상자를 짜다 做箱子。
3. 짜다（动词）编织。천을 짜다 织布。
4. 짜다（动词）制订。계획표를 짜다 制订计划表。
5. 짜다（动词）榨，拧。기름을 짜다榨油；빨래를 짜다拧干衣服。

高级 **싱겁다** 【形】淡的

싱거워서 맛없어요.

太淡了，不好吃。

近义词 담백하다 清淡

★与싱겁다相关：

싱겁다一般指调味料放得太少，没有什么味道，而要表达清淡，没有多少油，则应该使用담백하다。

高级 **고소하다** 【形】香的

볶은 깨는 고소한 향기가 난다.

炒芝麻发出香喷喷的味道。

同形异意 고소하다 起诉

★与고소하다相关：

고소하다除了“香的”意思，还有“幸灾乐祸，暗自高兴”的意思。例如：그 얄미운 놈이 시험에 떨어졌다니 참 고소하다. 那个讨厌的家伙考试失败了，真是太好了。

中级 **시원하다** 【形】凉爽的，冰爽的

아이스크림을 먹으면정말 시원하다.

吃着冰激凌真凉快。

★与시원하다相关：

시원하다不仅可以指“凉快的，凉爽的”，还可以指“很畅快，很开心”。比如，吃火锅吃出了一身汗，觉得很爽的时候也可以用시원하다来形容这种感觉。

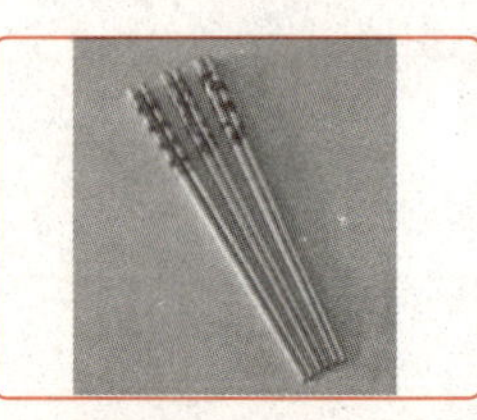

中级 **젓가락** 【名】筷子

서양 사람들은 처음에 젓가락을 쓸 줄 모른다.

西方人一开始不会使用筷子。

★젓가락的相关词：

나무 젓가락 → 木筷 젓가락통 → 筷筒 대 젓가락 → 竹筷

初级 **숟가락** 【名】勺子

숟가락으로 국물을 먹어요.

用勺子喝汤。

★与숟가락相关：

숟가락与젓가락一起被称为“수저”，在韩国筷子和勺子一般一起使用，所以直接叫수저。

初级 **포크 (fork)** 【名】叉子

포크를 아직 잘 못 써요.

现在还用不惯叉子。

★与포크相关：

포크是英语外来词，吃西餐时经常刀叉同用，用韩语表达刀也用外来语나이프 (knife).

初级 **그릇** 【名】碗

동생이 그릇을 깼어요.

弟弟把碗打碎了。

近义词 용기 容器

★그릇的相关词：

그릇을 깨다 → 打碎碗 밥그릇 → 饭碗 한 그릇 → 一碗（饭，水等）

初级 **컵 (cup)** 【名】杯子

컵에 따뜻한 물을 따라 주세요.

请往我的杯子里倒些开水。

同义词 잔 杯子

★컵的相关词：

종이컵 → 纸杯 유리컵 → 玻璃杯 보온컵 → 保温杯

中级 **쟁반** 【名】盘子

쟁반에 김치를 담는다.

将泡菜装进盘子里。

同义词 접시 碟

★쟁반的相关词:

과자쟁반 → 点心盘 과일쟁반 → 水果盘

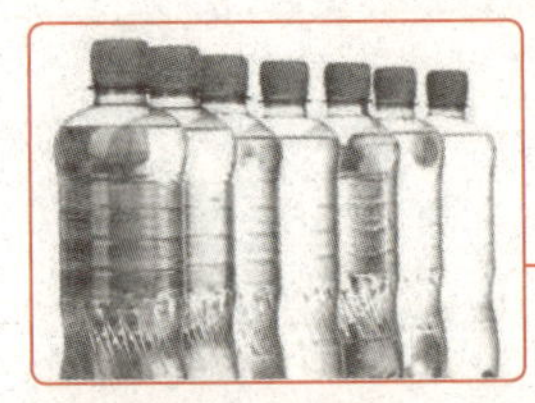

中级 **광천수** 【名】矿泉水

그는 탄산음료수말고 광천수만 마신다.

他不喝碳酸饮料，只喝矿泉水。

同义词 생수 矿泉水

★광천수的相关词：

광천수를 마시다 → 喝矿泉水 천연광천수 → 天然矿泉水

初级 **커피** 【名】咖啡

한국 사람들은 커피를 엄청 좋아한다.

韩国人很喜欢喝咖啡。

★커피的相关词：

커피숍 → 咖啡店 카페 → 咖啡馆（不仅仅卖咖啡，还有其他的饮料、酒、简单的西餐等）

블랙커피 → 黑咖啡 커피콩 → 咖啡豆 냉커피 → 冰咖啡

中级 **녹차** 【名】绿茶

녹차는 건강에 좋다.

绿茶有益健康。

同义词 그린티 (green tea) 绿茶

★녹차的相关词：

녹차를 타다 → 泡茶 녹차카페족 → 绿茶咖啡族（喜欢去茶店喝茶的人）

中级 **홍차** 【名】红茶

녹차보다 홍차를 더 좋아한다.

比起绿茶，我更喜欢红茶。

★홍차的相关词：

홍차음료 → 红茶饮料 홍차 잎 → 红茶叶 홍차가루 → 红茶粉

中级 **밀크티（milktea）** 【名】奶茶

밀크티는 고소한 향기 나요.

奶茶闻起来很香。

★밀크티的相关词：

버블티 → 珍珠奶茶

中级 **주스** 【名】（水果、蔬菜等的）汁

주스는 갈증을 풀 수 있다.

果汁能缓解口渴。

同义词 즙 汁

与주스相关：

주스既可以是水果汁，也可以是蔬菜汁。例如：

레몬주스 → 柠檬汁 오렌지주스 → 橙汁 파인주스 → 菠萝汁 토마토주스 → 番茄汁 야채주스 → 蔬菜汁

中级 **칵테일（cocktail）** 【名】鸡尾酒

칵테일은 예쁘고 맛있다.

鸡尾酒又好看，又好喝。

与칵테일相关：

칵테일是一种混合饮料，是由两种或两种以上的酒或饮料、果汁、汽水混合而成，有一定的营养价值。

初级 **우유** 【名】牛奶

매일 아침에 우유 한잔을 마셔요.

我每天早上喝一杯牛奶。

同义词 밀크 (milk) 牛奶

우유的相关词：

요구르트 → 酸奶 딸기우유 → 草莓牛奶 커피우유 → 咖啡牛奶

中级 **두유** 【名】豆浆

두유는 콩으로 만들었다.

豆浆是由大豆制成的。

두유的相关词：

두유 섭취 → 摄取豆浆 두유 치즈 → 豆乳奶酪 두유제조기 → 豆浆机

中级 **사이다** 【名】汽水

사이다를 너무 많이 마시면 살이 쪄요.

喝太多汽水会长胖。

与사이다相关：

사이다是 cider 的外来语，原指苹果汁发酵制成的酒，在韩语里专门指碳酸饮料，即“汽水”。

中级 고량주 【名】高粱酒

아저씨들이 고량주를 좋아하는 것 같다.

大叔们似乎特别喜欢喝高粱酒。

与고량주相关：

고량주是中文。高粱酒是中国特有的酒，浓度在 60% 左右。

中级 와인 (wine) 【名】红酒，葡萄酒

적당한 와인은 몸에 좋아요.

适量的红酒对身体有益。

同义词 포도주 葡萄酒

与와인相关：

와인来自英语的 wine，我们平时说的红酒是葡萄酒的通称，并不一定特指红葡萄酒。

中级 맥주 【名】啤酒

맥주는 잘 취하지 않는다.

啤酒不容易喝醉。

与맥주相关：

맥주对应的中文为“麦酒”。啤酒是用大麦芽、酒花和水为原料制作而成的，是在可可和茶之后世界上消耗量排名第三的饮料。

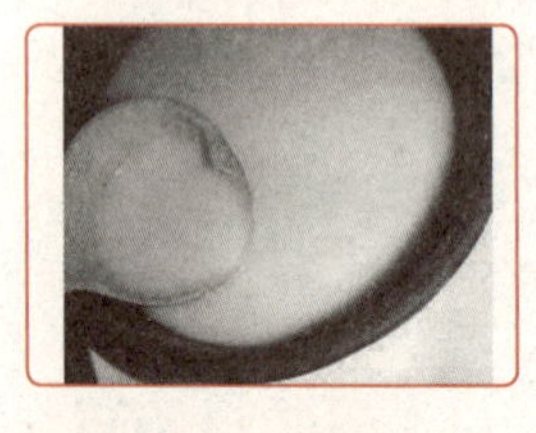

中级 막걸리 【名】米酒，马格利酒

막걸리는 한국 고유한 술의 하나이다.

马格利酒是韩国特有的酒之一。

与막걸리相关：

막걸리是韩国特有的一种酒，按照发音可翻译成“马格利酒”。不像其他清澈的酒，马格利酒是在发酵后直接喝的酒，因此颜色白浊，故也称浊酒。浓度为 6% ～ 7%，旧时韩国的农民们在干活儿时喝这种酒。

中级 소주 【名】烧酒

소주의 쓴 맛이 싫어요.

讨厌烧酒苦涩的味道。

与소주相关：

소주是一种起源于韩国的酒精饮料，主要原料是大米，颜色透明，酒精浓度在 8% ～ 12% 不等。

中级 **위스키 (whiskey)** 【名】威士忌

영국산 위스키는 세계적으로 유명하다.

英国产威士忌在全世界都很有名。

与위스키相关：

위스키被英国人称为“生命之水”，是将小麦、玉米等粮食发酵蒸馏做成的酒，浓度为 41% ～ 61%。

中级 **보드카 (vodka)** 【名】伏特加

보드카는 러시아의 대표적인 술이다.

伏特加是俄罗斯具有代表性的酒。

与보드카相关：

보드카也是一个外来词。伏特加是以粮食、马铃薯等为原料发酵，得到浓度为 90% 的酒精，然后以蒸馏水冲淡至浓度为 40% ～ 60% 的酒。

中级 **브랜디 (brandy)** 【名】白兰地

브랜디는 프랑스에서 기원한다.

白兰地起源于法国。

与브랜디相关：

브랜디是英语外来语。白兰地最初起源于法国，是指葡萄发酵后蒸馏得到的高浓度的酒，通常浓度为 40% ～ 50%。

Chapter 7

狂欢购物

中级 외투 【名】外套

겨울에는 외투를 입지 않으면 못 나가.

冬天不穿外套不敢出去。

同义词 아웃웨어 外衣 겉옷 外衣

★与외투相关：

外套还有很多种表达：코트 (coat) 、 겉옷和아웃웨어 (out-wear) 等。

中级 오버코트 【名】大衣

오버코트는 키가 큰 사람이 입어야 잘 나온대.

一般来说个子高的人穿大衣比较好看。

★与오버코트相关：

오버코트是外来语，英语为 overcoat。

中级 속옷 【名】内衣

그녀는 속옷을 매일 갈아입는 습관이 있다.

她有每天换内衣的习惯。

★与속옷相关：

속옷既包括了女士的文胸（브라），也包括了内裤（팬티）.

初级 청바지 【名】牛仔裤

나는 청바지를 입는 게 더 편하다.

我觉得穿牛仔裤更舒服。

近义词 데님 (denim) 牛仔

★청바지的相关词：

청바지를 입다→穿牛仔裤 물빠진 청바지→水洗牛仔裤

中级 솜옷 【名】棉衣

할머니께서는 옛날에 솜옷을 만들어 입으셨다.

奶奶以前做棉衣穿。

★与솜옷相关：

솜옷是由棉和衣服组成的。与之相关的词有：

솜옷을 짓다 → 做棉衣 두툼한 솜옷 → 厚厚的棉衣

中级 **다운웨어** 【名】羽绒服

다운웨어는 너무 두거워서 입기 싫어.

羽绒服太厚了，不喜欢穿。

同义词 오리털 재킷 鸭绒夹克 패딩 점퍼 羽绒服

与다운웨어相关：

다운웨어是外来语，英语为 down wear。

中级 **원피스** 【名】连衣裙

오늘 활동은 원피스를 입고 참석하는 게 좋다.

穿连衣裙出席今天的活动更好。

与원피스相关：

원피스是外来语，英语为 one-piece。

中级 **스커트** 【名】半身裙

거의 모든 옷이 이 스커트랑 어울린다.

基本上所有的衣服都和这条裙子很搭。

与스커트相关：

스커트是外来语，英语为 skirt。

中级 **티셔츠** 【名】T 恤

대부분 학생의 옷차림은 티셔츠와 청바지이다.

大部分学生的着装都是 T 恤加牛仔裤。

与티셔츠相关：

티셔츠之所以叫 T 恤，是因为形状像字母 T，尤其指半截短袖的衣服。티셔츠为外来语，英语为 T-shirts。

中级 **팬츠 (pants)** 【名】裤子

팬츠보다 치마가 더 좋아요.

比起裤子，我更喜欢裙子。

同义词 바지 裤子

팬츠的相关词：

핫팬츠→ 热裤 배기팬츠 → 哈伦裤 버뮤다팬츠 → 百慕大短裤

1 衣服

中级 **스웨터** 【名】毛衣

날씨가 추워지면 스웨터를 입어보세요 .

天气冷了就穿上毛衣吧。

与스웨터相关：

스웨터是一个外来语，英语为 sweater。

中级 **멜빵바지** 【名】背带裤

멜빵바지를 입는 그 아이가 귀여워 보여요 .

穿背带裤那个孩子很可爱。

同义词 오버롤 (overall) 背带装

与멜빵바지相关：

멜빵바지是由 멜빵 (背带) 和 바지 (裤子) 组成的。

中级 **셔츠** 【名】衬衫

오빠가 셔츠를 다림질하고 있다 .

哥哥在熨衬衣。

与셔츠相关：

셔츠是外来语，英语为 shirt。与之相关的词有：롱셔츠 → 长衬衣 면셔츠 → 棉衬衣 데님셔츠 →牛仔布衬衣

中级 **조끼** 【名】马甲

사고 발생 시 조끼를 입고 있어서 별일 없었다 .

事故发生时穿着马甲所以没事。

与조끼相关：

조끼是日语外来语。与之相关的词有：

구명조끼→救生衣 방탄조끼→防弹衣 조끼를 입다 → 穿马甲

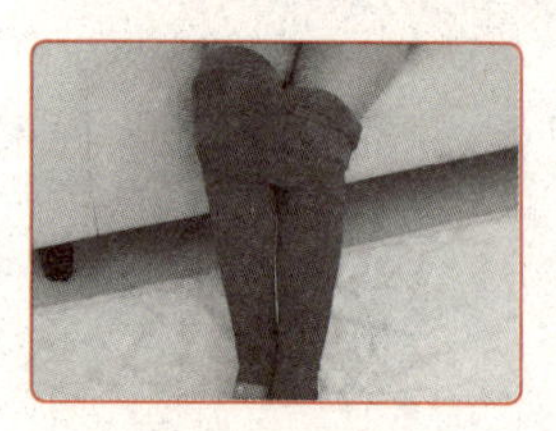

中级 **레깅스** 【名】打底裤

레깅스 와짧은 치마를 입은 그 여자가 너무 섹시하다 .

穿着打底裤、短裙的那个女人太性感了。

与레깅스相关：

레깅스是外来语，英语为 leggings。指的是贴肉的紧身裤。

레깅스 한 벌 → 一条打底裤

中级 웨딩드레스 【名】 婚纱

우리 엄마는 웨딩레스 디자인너이다.

我妈妈是婚纱设计师。

近义词 결혼예복 结婚礼服

与웨딩드레스相关：

웨딩드레스是外来语，英语为 wedding dress。

웨딩드레스 점포→婚纱店 웨딩드레스를 고르다 → 挑选婚纱

신부 → 新娘

中级 정장 【名】 正装

정장은 면접할 때 반드시 차려입어야 한다.

面试时一定要穿正装。

近义词 양복 西装

정장的相关词：

정장을 차려입다→ 穿正装 정장을 하다 → 正式装扮 정장을 요하는 모임 → 要求穿礼服出席的聚会

정장 차림 → 正装打扮

中级 가죽옷 【名】 皮衣

가죽옷은 질겨서 오래 입을 수 있다.

皮衣很结实耐穿。

近义词 가죽점퍼 皮夹克

与가죽옷相关：

가죽옷中가죽是“皮，皮革”的意思，与之相关的词有：

양가죽 → 羊皮 인조 가죽 → 人造革 악어 가죽 → 鳄鱼皮 가죽점퍼 → 皮夹克

中级 운동복 【名】 运动服

운동복을 입고 운동하면 더 편해요.

穿着运动服运动更方便。

同义词 체육복 运动服 스포츠 웨어 运动服（一整套的）

운동복的相关词：

운동복을 갖다 → 有运动服 운동복 바지 → 运动裤

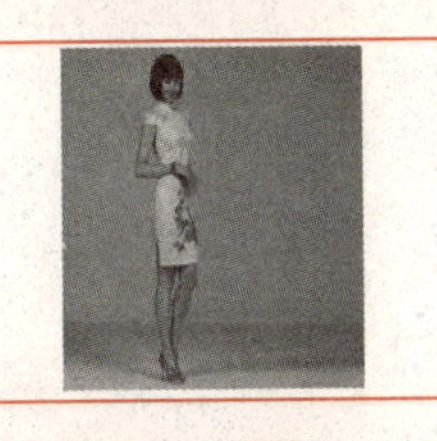

中级 치파오 【名】 旗袍

치파오는 여성의 곡선미를 보일 수 있다.

旗袍可以凸显女性的曲线美。

与치파오相关：

치파오 是按照中文发音而来的外来语。最近新出现了很多按照中文发音而成的词。요우커就是按照中文发音翻译成的，现在在韩国요우커专指“中国游客”。

中级 **한복** 【名】 韩服

한국 사람들이 명절 때마다 한복을 입는 습관이 있다.

韩国人有节日穿韩服的习惯。

★한복的相关词:

한복을 입다 → 穿韩服 개량한복 → 改良韩服 한복박물관→韩服博物馆

中级 **수영복** 【名】 泳装

그녀의 수영복은 너무 많이 드러난다.

她的泳装太暴露了。

同义词 비키니 比基尼

★수영복的相关词:

수영 → 游泳 수영복 쇼 → 泳装秀 원피스 수영복 → 连体泳衣

中级 **잠옷** 【名】 睡衣

잠옷으로 갈아입지 않으면 잠을 못 자요.

我不换睡衣睡不着。

同义词 자리옷 睡衣

★잠옷的相关词:

파자마 → 睡衣，宽松裤 커플잠옷 → 情侣睡衣 잠옷 바지 → 睡裤

中级 **하이힐** 【名】 高跟鞋

여자들이 하이힐을 좋아한다.

女人喜欢高跟鞋。

与하이힐相关：

하이힐是外来语，英语为 high heel。与之相关的词有：

굽 → 鞋跟 굽 낮은 → 平跟的 굽 높은 → 高跟的

하이힐을 신다 →穿高跟鞋 하이힐을 들다 → 提着高跟鞋

中级 **구두** 【名】 皮鞋

구두를 신고 걸으면 큰 소리가 나요.

穿着皮鞋走路声音很大。

同形异意词 구두 口头

구두的相关词：

가죽구두→ 皮鞋 통굽구두 → 厚底皮鞋 구두를 닦다 → 擦皮鞋 구두 신고 발등 긁기 → 隔靴搔痒

中级 **운동화** 【名】 运动鞋

요즘 운동화는 패션이 되고 있다.

最近穿运动鞋是一种时尚。

운동화的相关词：

캔버스 운동화 → 帆布鞋 스니커즈 → 轻便鞋 운동화 한 켤레 → 一双运动鞋 운동화를 신다 → 穿运动鞋

운동화가 터지다 → 运动鞋开胶了

中级 **샌들** 【名】 凉鞋

여름에 샌들을 신어야 덥지 않다.

夏天穿凉鞋才不热。

与샌들相关：

샌들是外来语，英语为 sandal。

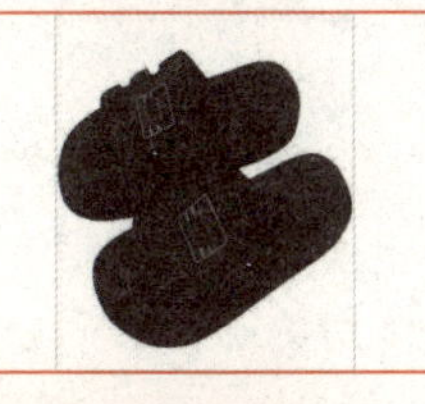

中级 **슬리퍼** 【名】 拖鞋

그는 집에 와서 먼저 슬리퍼로 갈아 신었다.

他回到家先换拖鞋。

与슬리퍼相关：

슬리퍼 是外来语，英语为 slipper。

슬리퍼로 갈아신다→ 换上拖鞋

中级 **부츠** 【名】 靴子

이 부츠는 정말 탄탄하다.

这靴子真结实。

同义词 장화 靴子 长筒靴

★部츠的相关词：

롱부츠 → 长靴 반장화 → 短靴 눈장화 → 雪地靴

中级 **실내화** 【名】 室内鞋

거실에서는 실내화를 신으세요.

在室内请穿拖鞋。

近义词 슬리퍼 拖鞋

★与실내화相关：

실내화是“室内鞋”的意思，室内鞋包括了拖鞋。有时실내화直接指“拖鞋”。

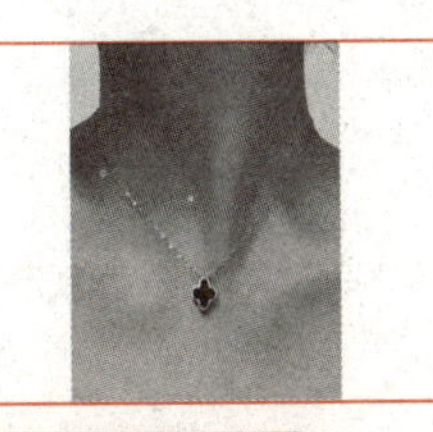

中级 **목걸이** 【名】项链

그는 목걸이를 생일 선물로 여자친구한테 보냈다.

他送女朋友项链当作生日礼物。

★목걸이的相关词：

목걸이를 빼다 → 解下项链 진주 목걸이 → 珍珠项链 금 목걸이→ 金项链 목걸이를 걸다 → 戴项链

中级 **귀걸이** 【名】耳环

그 사람은 오른쪽 귀에만 귀걸이를 끼고 있다.

那个人只在右耳上戴了耳环。

同义词 귀고리 耳环 이어링 耳环

★与귀걸이相关：

귀걸이还有“耳罩”的意思。

中级 **팔찌** 【名】手镯

오빠가 사준 팔찌를 잃어버렸어요.

我把哥哥给我买的手镯弄丢了。

★팔찌的相关词：

팔찌를 끼다 → 戴手镯 옥팔찌→ 玉手镯 은팔찌 →银手镯

中级 **반지** 【名】戒指

반지를 보니 그 여자가 결혼한 것 같아.

从戒指来看，那个女人应该结婚了。

同义词 링 (ring) 戒指

★반지的相关词：

다이아몬드 반지 → 钻戒 결혼반지→ 结婚戒指 반지를 끼다 → 戴戒指

반지를 손가락에서 빼다 → 从手上摘掉戒指 커플 반지→ 情侣戒指

中级 **백팩** 【名】双肩包

좋은 백팩은 학생들에게는 중요하다.

好的双肩背包对学生来说很重要。

同义词 배낭 双肩包，书包

★与백팩相关：

백팩是外来语，英语为 backpack。

与之相关的词有：등골백팍 → 天价书包（能给父母造成经济负担的）

낚시용 백팩→ 钓鱼包

中级 핸드백 【名】 手提包

핸드백에 화장품과 휴지, 휴대폰이 들어가고 있다.
包里有化妆品、卫生纸、手机。

同义词 손가방 手提包

与핸드백相关:

핸드백是外来语，英语为 handbag。
악어 핸드백 → 鳄鱼皮包 여성용 핸드백→ 女性手提包

中级 지갑 【名】 钱包

새 지갑을 선물로 받았다.
别人送了我一个新钱包。

지갑的相关词:

동전 지갑 → 硬币包 지갑이 가볍다 → 囊中羞涩 전자 지갑→ 电子钱包

中级 양말 【名】 袜子

이 양말의 귀여운 그림에 마음에 들어요.
我喜欢这双袜子上的可爱图案。

양말的相关词:

털양말 → 羊毛袜 나일론 양말 → 尼龙袜 슈겨 양말 → 丝袜 면양말→ 棉袜

中级 안경 【名】 眼镜

오늘 안경을 안 써서 글자를 잘 못 봐요.
今天没戴眼镜，所以看不太清楚字。

안경的相关词:

근시 안경 → 近视镜 안경알 → 镜片 콘택트렌즈 → 隐形眼镜 안경을 쓰다 → 戴眼镜 안경테→ 眼镜框
돋보기안경 → 放大镜

中级 선글라스 【名】 太阳镜

선글라스를 쓰고 햇빛으로 눈을 보호한다.
戴太阳镜保护眼睛免受阳光照射。

与선글라스相关:

선글라스是外来语，英语为 Sunglasses。

中级 **허리띠** 【名】 腰带

결혼을 하니 허리띠를 늦출 수 있겠다.

结完婚才能松口气。

同义词 벨트 腰带

★허리띠的相关词：

허리띠를 졸라매다 → 勒紧裤腰带 허리띠를 늦추다 → 松口气 허리띠를 질끈 매다 → 扎紧裤腰带

허리띠를 풀다 → 解开腰带

中级 **헤어핀** 【名】 发夹

이 헤어핀은 나에게 어울려요?

这个发夹适合我吗？

同义词 머리핀 发卡

★与헤어핀相关：

헤어핀是外来语，英语为 hairpin。

中级 **스타킹** 【名】 丝袜

커피색 스타킹 하나 주세요.

请给我一双咖啡色的丝袜。

★与스타킹相关：

스타킹是外来语，英语为 Stocking。

고탄력 스타킹 → 弹力丝袜 스타킹 한 켤레 → 一双丝袜

스타킹을 신다 → 穿丝袜

中级 **목도리** 【名】 围巾

날씨가 추워서 목도리를 두르고 나가세요.

天气冷，戴上围巾出去吧。

同义词 스카프 (scarf) 围巾

★목도리的相关词：

목도리를 두르다 → 围围巾 사각스카프 → 方围巾 비단스카프 → 丝绸围巾

初级 **모자** 【名】 帽子

그 모자를 쓰는 남자는 누구지?

戴帽子那个男的是谁？

★모자的相关词：

모자를 쓰다 → 戴帽子 안전모 → 安全帽 야구 모자 → 棒球帽 밀짚모자 → 草帽

初级 **작은 사이즈** 【名】 小码

작은 사이즈가 있어요 ?

请问有小号的吗 ?

同义词 스몰사이즈 (small size) 小号

★与작은 사이즈相关:

작은 사이즈是由작다 (小的) 和사이즈 (尺码) 组成的。

初级 **엠 사이즈** 【名】 中码

엠 사이즈로 바꾸고 싶어요 .

我想换一个中号的。

★与엠 사이즈相关:

엠 사이즈是由 M 和 사이즈 (尺码) 组成的。中文里有时说中码也说 M 码。

初级 **라지 사이즈** 【名】 大码

저는 라지 사이즈를 입어야 합니다 .

我得穿大号的。

同义词 큰 사이즈 大码

★与라지 사이즈相关:

라지 사이즈是外来语，英语为 large size。

初级 **XL 사이즈** 【名】 加大码

그 남자는 XL 사이즈를 입는다 .

那个男人穿加大码的。

★与 XL 사이즈相关:

XL 사이즈 读作 “엑스라지 사이즈” 。

中级 **스킨케어** 【名】 护肤品

저는 스킨케어를 중학교 때부터 쓰기 시작했어요.

我从初中开始使用护肤品。

与스킨케어相关：

스킨케어是外来语，英语为 skincare。除了“护肤”的意思，也可以指“护肤品”，包括基础的爽肤水、乳液、精华、霜等。

中级 **색조 화장품** 【名】 彩妆

색조 화장품을 깨끗하게 지우지 않으면 피부에 나쁘다.

彩妆不卸干净对皮肤不好。

与색조 화장품相关：

색조 화장품 指口红、眼影、眼线笔、眉笔等一些列有色彩的化妆品。

初级 **스킨** 【名】 爽肤水

스킨을 발랐어요？

擦爽肤水了吗？

同义词 토너 (toner) 护肤水 화장수 化妆水

与스킨相关：

스킨是外来语，英语为 skin。但是已不是原来的意思，在韩语里可以指“爽肤水”。

初级 **로션** 【名】 乳液

로션은 피부를 촉촉하게 할 수 있다.

乳液可以让皮肤变得滋润。

与로션相关：

로션是 lotion 的外来语。与之相关的词有：

헤어로션 → 发乳 바디로션 → 身体乳 로션을 바르다 → 涂乳液

얼굴에 로션을 바르다 → 往脸上涂乳液

初级 **에센스** 【名】 精华

에센스는 피부에 영양을 보충할 수 있다.

精华可以给皮肤补充营养。

与에센스相关：

에센스是外来语，英语为 essence。与之相关的词有：

인조에센스 → 人造香精 립에센스 → 唇部精华

5 化妆品

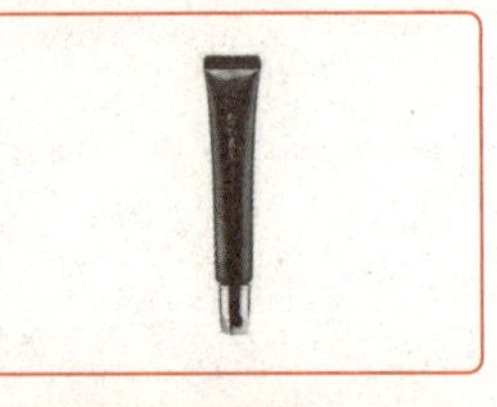

中级 아이크림 【名】 眼霜

아이크림이 주름개선의 역할이 있다.

眼霜可以改善皱纹。

与아이크림相关：

아이크림是外来语，英语为 eyecream。

中级 크림 【名】 面霜

크림은 피부 수분을 공급할 수 있다.

面霜可以给皮肤补充水分。

与크림相关：

크림是英语 cream 的外来语。与之相关的词有：

수분 크림→ 补水霜 모기크림 → 驱蚊霜

中级 클렌징 【名】 洗面奶

클렌징으로 얼굴을 깨끗이 씻어낸다.

用洗面奶把脸洗干净。

与클렌징相关：

클렌징 폼 → 洁面泡沫 클렌저 → 洁面水 클렌징크림 → 洁面膏 클렌징비누 → 洁面肥皂

中级 핸드크림 【名】 手霜

핸드크림을 발라야 손이 건조하지 않다.

涂了手霜后手就不会干燥了。

与핸드크림相关：

핸드크림是外来语，英语为 handcream。

中级 팩 【名】 面膜

팩은 피부에 영양을 줄 수 있다.

面膜可以给皮肤补充营养。

与팩相关：

팩是 pack 的外来语。

与之相关的词有：수분팩 → 补水面膜 마스크 팩 → 面膜 마스크 시트 → 面膜（片式的）

마사지 팩 → 按摩面膜 팩을 하다 → 敷面膜

中级 향수 【名】 香水

향수를 뿌리지 마.

别喷香水。

★ **향수的相关词：**

향수를 뿌리다 → 喷香水

中级 아이라이너 【名】 眼线笔

아이라이너를 칠하는 일이 아직 익숙하지 않아요.

我现在还不太会画眼线。

★ **与아이라이너相关：**

아이라이너是外来语，英语为 eye liner。

中级 아이섀도 【名】 眼影

그는 옷 색깔에 아이섀도 색깔을 마춰서 화장을 한다.

她化妆时，选择与衣服颜色搭配的眼影颜色。

★ **与아이섀도相关：**

아이섀도是外来语，英语为 eye shadow。

中级 마스카라 【名】 睫毛膏

마스카라를 칠하면 속눈썹이 더 예뻐 보인다.

涂完睫毛膏后睫毛看起来更好看。

★ **与마스카라相关：**

마스카라是外来语，英语为 mascara。

中级 아이브로 펜슬 【名】 眉笔

아이브로 펜슬로 눈썹을 선명하게 그렸다.

用眉笔把眉毛化得更清楚些。

★ **与아이브로 펜슬相关：**

아이브로 펜슬是外来语，英语为 eyebrow pencil。

中级 **블러셔** 【名】 腮红

블러셔를 바른 후 얼굴이 더 생기 있어 보여요.

涂了腮红以后脸看起来更有生气。

同义词 연지 胭脂，腮红

与블러셔相关:

블러셔是外来语，英语为 blusher。

中级 **립스틱** 【名】 口红

핑크색 립스틱은 요새 인기가 많다.

最近粉红色的口红很流行。

与립스틱相关:

립스틱是外来语，英语为 lipstick。与之相关的词有：

틴트 → 唇彩 립밤 → 唇膏 립스틱을 바르다 → 涂口红

변색립스틱 → 变色口红 립스틱을 지우다 → 擦除口红

中级 **네일 오일** 【名】 指甲油

네일 오일을 바르기 귀찮아서 안 발라요.

涂指甲油太麻烦了，所以我不涂。

与네일 오일相关:

네일 오일是外来语，英语为 nail oil。与之相关的词有：

네일 아트 → 美甲（名词） 손톱 → 手指甲

中级 **리무버** 【名】 卸妆油

리무버로 화장품을 깨끗하게 지워야 한다.

应该用卸妆油把化妆品清除干净。

与리무버相关:

리무버是外来语，英语为 remover。与之相关的词：

아이 리무버 → 眼部卸妆油 립 리무버 → 嘴部卸妆油

네일 리무버 → 卸甲油

初级 **파운데이션** 【名】 粉底

파운데이션을 너무 짙게 발라서 밀가루를 뒤집어쓴 것 같았다.

我粉底擦得太厚，浮粉了。

与파운데이션相关:

파운데이션是外来语，英语为 foundation。

初级 **BB 크림** 【名】 BB 霜

BB 크림은 처음에 병원 환자에게 얼굴색을 개선을 위한 것이다.

BB 霜一开始是给病人改善肤色用的。

★与 BB 크림相关:

BB 크림中 BB 是英语 Blemish Balm 的简称。

쿠션 BB 크림 → 气垫 BB

Chapter 8

旅游出国

初级 **중국** 【名】中国

중국은 빠르게 발전하고 있다.

中国正迅速发展着。

同义词 차이나 (China) 中国

중국的相关词：

중국 요리 → 中国料理 중국 사람 → 中国人 중국 문화 → 中国文化

中级 **한국** 【名】韩国

한국은 동북아 지역에 위치하고 있다.

韩国位于东北亚地区。

同义词 코리아 (Korea) 韩国

与한국相关：

한국的全称为대한민국，即大韩民国。

한국 사람 → 韩国人 한국 문화 → 韩国文化 한국인 → 韩国人

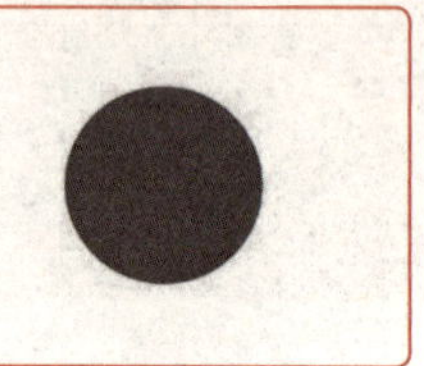

中级 **일본** 【名】日本

일본의 애니메이션 산업은 아주 발달하다.

日本的动漫产业特别发达。

일본的相关词：

일본어 → 日语 일본도 → 日本刀 일본 사람 → 日本人 일본 열도 → 日本列岛

中级 **몽골** 【名】蒙古

몽골은 아시아 국가이다.

蒙古属于亚洲国家。

몽골的相关词：

몽골고원 → 蒙古高原 몽골문자 → 蒙古文字

中级 **러시아** 【名】俄罗斯

러시아 사람은 키가 크다.

俄罗斯人的身高都很高。

与러시아相关：

俄罗斯的全称为러시아연방。

러시아 대사관 → 俄罗斯大使馆 러시아 사람 →俄罗斯人 러시아인 → 俄罗斯人

中级 **카자흐스탄** 【名】 哈萨克斯坦

대부분 카자흐스탄 사람은 러시아어를 할 수 있다.

大部分哈萨克斯坦人会说俄语。

与카자흐스탄相关:

카자흐스탄全称为 카자흐스탄공화국，即哈萨克斯坦共和国。

카자흐스탄을 방문하다 → 访问哈萨克斯坦

中级 **터키** 【名】 土耳其

터키에는 맛있는 음식이 많다.

土耳其有很多美食。

터키的相关词:

터키탕 → 土耳其浴 터키가죽 → 土耳其皮革 터키 모자 → 土耳其帽

中级 **네팔** 【名】 尼泊尔

네팔에는 불교를 믿은 사람이 많다.

尼泊尔有很多信佛的人。

与네팔相关:

네팔的全称为네팔연방민주공화국，即尼泊尔联邦民主共和国。

네팔 사람 → 尼泊尔人 네팔전쟁 → 尼泊尔战争

中级 **아프가니스탄** 【名】 阿富汗

아프가니스탄의 석유 자원이 풍부하다.

阿富汗的石油资源很丰富。

아프가니스탄的相关词:

아프가니스탄 전쟁 → 阿富汗战争 아프가니스탄 사람 → 阿富汗人

中级 **베트남** 【名】 越南

베트남의 자연 풍경이 참 아름답네요.

越南的自然风光真美啊。

베트남的相关词:

베트남전쟁 → 越南战争 베트남쌈 →越南春卷 베트남 쌀국수 → 越南米线

中级 **인도** 【名】 印度

인도의 인구 수는 세계 2 위라고 한다.

印度的人口数世界第二。

인도的相关词：

인도 사람 → 印度人 인도 문학 → 印度文学 인도 아대륙 → 印度次大陆

中级 **태국** 【名】 泰国

태국 드라마는 요즘 중국에서 인기가 많다.

最近泰国电视剧在中国很有人气。

태국的相关词：

태국 관광 → 泰国观光 태국사람 → 泰国人 태국말 → 泰语

中级 **필리핀** 【名】 菲律宾

필리핀은 열대에 위치해 있다.

菲律宾位于热带。

与필리핀相关：

필리핀的全称为，即菲律宾共和国。

필리핀 사람 → 菲律宾人 필리핀해구 → 菲律宾海沟 필리핀세도 → 菲律宾诸岛

初级 **미국** 【名】 美国

미국은 선진국이다.

美国是发达国家。

미국的相关词：

미국 사람 → 美国人 미국 국기 → 美国国旗 미국 달러 → 美元 미국 의회 → 美国国会

中级 **캐나다** 【名】 加拿大

캐나다는 북아메리카 대륙의 북부에 위치한다.

加拿大位于北美大陆的北部。

캐나다的相关词：

캐나다인 → 加拿大人 캐나다 대사관 → 加拿大大使馆

中级 **브라질** 【名】 巴西

브라질은 열정적인 삼바춤으로 유명하다.

巴西以热情的桑巴舞出名。

★ 브라질的相关词:

브라질고원 → 巴西高原 브라질너트 → 巴西坚果 브라질연방공화국 → 巴西联邦共和国

中级 **아르헨티나** 【名】 阿根廷

아르헨티나에 가 본 적이 없어요.

我没去过阿根廷。

★ 아르헨티나的相关词:

아르헨티나 항공 → 阿根廷航空 아르헨티나인 → 阿根廷人 아르헨티나 사람 → 阿根廷人

中级 **멕시코** 【名】 墨西哥

멕시코는 미국의 서남쪽에 있다.

墨西哥位于美国的西南部。

★ 멕시코的相关词:

멕시코인 → 墨西哥人 멕시코시티 → 墨西哥城（墨西哥首都） 멕시코만 → 墨西哥湾

中级 **스페인** 【名】 西班牙

그는 곧 스페인으로 유학 갈 겁니다.

他就要去西班牙留学了。

★ 스페인的相关词:

스페인 독립 전쟁 → 西班牙独立战争 스페인사람 → 西班牙人

中级 **포르투갈** 【名】 葡萄牙

포르투갈은 유럽 남부 지방에 있다.

葡萄牙是欧洲南部的一个国家。

★ 포르투갈的相关词:

포르투갈 제국 →葡萄牙帝国 포르투갈인 → 葡萄牙人 포르투갈 사람 → 葡萄牙人

1 国家

中级 **이탈리아** 【名】意大利

그들은 신혼 여행지를 이탈리아로 선택했다.

他们选择了去意大利度蜜月。

이탈리아的相关词:

이탈리아문학 → 意大利亚文学 이탈리아 사람 → 意大利人 이탈리아 소시지 → 意大利香肠

中级 **프랑스** 【名】法国

프랑스는 아주 로맨틱한 나라라고 한다.

法国是个非常浪漫的国家。

프랑스的相关词:

프랑스빵 → 法国面包 프랑스 대혁명 → 法国大革命 프랑스 사람 → 法国人

中级 **독일** 【名】德国

독일에서 유학하고 일을 하게 됐다.

我在德国留学后留下来工作了。

독일的相关词:

독일어 → 德语 독일 사람 → 德国人 독일통일 → 德国统一

독일연방공회국 → 德意志联邦共和国

中级 **영국** 【名】英国

영국은 겨울이 되면 날씨가 너무 추워요.

英国的冬天非常冷。

영국的相关词:

영국 국교회 → 英国国教会 영국 정부 → 英国政府 영국 연방 → 英国联邦 영국 사람 → 英国人

영국 국기 → 英国国旗

中级 **네덜란드** 【名】荷兰

네덜란드는 튤립으로 유명하다.

荷兰以郁金香出名。

네덜란드的相关词:

네덜란드 대사관 →荷兰大使馆 네덜란드 사람 → 荷兰人 더치 → 荷兰的，荷兰人的

中级 **호주** 【名】 澳大利亚

그는 작년에 호주에서 지사를 열었다.

他去年在澳洲开了分公司。

同义词 오스트레일리아 (Australia) 澳大利亚

호주的相关词：

호주 사람 → 澳洲人

中级 **이집트** 【名】 埃及

지난 주에 이집트에 가서 피라미드를 봤다.

我上周去埃及看了金字塔。

이집트的相关词：

이집트 글자 → 埃及文字 이집트 미술 → 埃及美术 이집트 파운드 → 埃及镑

中级 **북경** 【名】北京

언니가 지금 북경에서 유학 중이다.

姐姐现在正在北京留学。

同义词 베이징 北京

★ 与북경相关:

북경是中文，还有一种说法是베이징，是按照中文发音音译的。

북경 사람 → 北京人 북경오리 → 北京烤鸭

中级 **상하이** 【名】上海

상하이는 유명한 국제도시이다.

上海是有名的国际城市。

同义词 상해 上海

★ 상하이的相关词:

상하이만두 →上海饺子 상하이 요리 → 沪菜

中级 **홍콩** 【名】香港

어렸을 때 홍콩 디즈니랜드에 가고 싶었다.

小时候想去香港迪斯尼乐园。

★ 홍콩的相关词:

홍콩섬 → 香港岛 홍콩명품 → 香港名牌

中级 **타이베이** 【名】台北

그녀는 3 월에 타이베이에서 콘서트를 열 것이다.

她三月要在台北开演唱会。

同义词 대북 台北

★ 与타이베이相关:

타이베이是按照中文发音音译的，대북为汉字写法。

타이베이 역 → 台北站 타이베이시 → 台北市 중화 타이베이 → 中国台北

中级 **광저우** 【名】广州

광저우는 광동성의 성도이다.

广州是广东省的省会。

同义词 광주 广州

★ 与광저우相关:

中国的광주（广州）与韩国的광주（光州）容易混淆，按照中文发音音译的광저우不会有此混淆。

中级 **서울** 【名】首尔

저는 서울에 2 박 3 일 동안 머물 예정입니다.

我打算在首尔待三天两夜。

서울的相关词:

서울시민 → 首尔市民 서울 이동 → 首尔以东 서울 이서 → 首尔以西

中级 **부산** 【名】釜山

부산은 한국에 동남쪽에 있다.

釜山在韩国的东南部。

부산的相关词:

부산 사람 → 釜山人 부산 지방 → 釜山地区 부산 사투리 → 釜山方言

中级 **대전** 【名】大田

대전은 한국 광역시 중의 하나이다.

大田是韩国广域市中的一个城市。

与대전相关:

대전광역시 → 大田广域市

广域市：韩国的中央直辖市，相当于中国的直辖市。

中级 **광주** 【名】光州

저는 광주에서 태어났습니다.

我在光州出生。

与광주相关:

광주광역시 → 光州广域市（韩国广域市之一）

中级 **대구** 【名】大邱

대구에서 유학했더니 경상도 사투리를 습득했다.

在大邱留学学会了庆尚道方言。

与대구相关:

대구광역시 → 大邱广域市（韩国广域市之一）

中级 **청주** 【名】 清州

청주 사람들이 아주 친절하다.

清州人非常友善。

★与청주相关：

충청북도 →忠清北道 청주시 → 清州市（韩国忠清北道省会城市）

中级 **수원** 【名】 水原

우리끼리는 수원으로 봄놀이하러 갔다.

我们去水原踏青了。

★수원的相关词：

수원시 → 水原市

中级 **도쿄** 【名】 东京

도쿄는 일본의 수도이다.

东京是日本的首都。

同义词 동경 东京

★도쿄的相关词：

도쿄타워→ 东京塔 도쿄재판 → 东京审判

中级 **파리** 【名】 巴黎

파리는 로맨틱한 도시라고 한다.

巴黎被称为浪漫之都。

★파리的相关词：

파리 사람 → 巴黎人 파리에 살다 → 住在巴黎

中级 **런던** 【名】 伦敦

그는 런던에서 태어났다.

他出生于伦敦。

★런던的相关词：

런던 사투리 → 伦敦口音 런던교 → 伦敦桥

中级 베를린 【名】 柏林

삼촌은 베를린에서 대학교수 일을 하고 있다.

叔叔现在在柏林当大学教授。

베를린的相关词:

동베를린 → 东柏林 더블린 → 都柏林

中级 평양 【名】 平壤

평양에는 제 친구가 살고 있어요.

我朋友住在平壤。

평양的相关词:

평양 냉면 → 平壤冷面 평양팔경 → 平壤八景 평양온반 → 平壤热汤饭

中级 모스크바 【名】 莫斯科

모스크바는 러시아의 수도이다.

莫斯科是俄罗斯的首都。

모스크바的相关词:

모스크바대학 → 莫斯科大学 모스크바 지하철 → 莫斯科地铁

中级 뉴욕 【名】 纽约

뉴욕에서 한 달 동안 머물었다가 귀국했다.

我在纽约停留了一个月之后回国了。

뉴욕的相关词:

뉴욕주 → 纽约州 뉴욕 타임스 → 纽约时报 뉴욕포스트 → 纽约邮报

中级 로스앤젤레스 【名】 洛杉矶

할리우드는 로스앤젤레스에 있다.

好莱坞在洛杉矶。

로스앤젤레스的相关词:

로스앤젤레스 사람 → 洛杉矶人

中级 마드리드 【名】马德里

마드리드는 스페인의 수도이자 스페인 최대의 도시이다.
马德里是西班牙的首都，也是西班牙最大的城市。

마드리드的相关词：

마드리드협정 → 马德里协定

中级 하노이 【名】河内

하노이에는 오토바이를 쉽게 볼 수 있다.
在河内可以经常看见摩托车。

하노이的相关词：

하노이 사람 → 河内人 하노이를 경유하다 → 经过河内（去……）

中级 로마 【名】罗马

어렸을 때 로마에 가 본 적이 있다.
我小时候去过罗马。

로마的相关词：

로마숫자 → 罗马数字 로마교황 → 罗马教皇 로마에 가면 로마법을 따르다 → 入乡随俗（去罗马遵守罗马的法律）

中级 아테네 【名】雅典

아테네는 그리스의 수도이다.
雅典是希腊的首都。

아테네的相关词：

아테네 올림픽 → 雅典奥运会 아테네를 떠나다 → 离开雅典 아테네 사람 → 雅典人

中级 비엔나 【名】维也纳

비엔나는 음악도시라고 한다.
维也纳被称为音乐之都。

비엔나的相关词：

안 데르 빈 극장 → 维也纳剧院 비엔나 왈츠 → 维也纳华尔兹

中级 중국어 【名】汉语

중국어를 공부하러 중국에 온 외국인이 많아지고 있다.
为学中文来中国的外国人多了起来。

★중국어的相关词：

중국어를 배우다 → 学中文 중국어를 할 줄 알다 → 会中文 중국어를 못 하다 → 不会中文
중국어를 유창하게 말하다 → 流畅地说中文

中级 한국어 【名】韩语

한국어를 정말 잘하세요.
您韩语说得真好。

★한국어的相关词：

한국어 사전 → 韩语词典 한국어 학과 → 韩语系 한국어전공 → 韩语专业
중국어를 한국어로 번역하다 → 把中文翻译成韩语

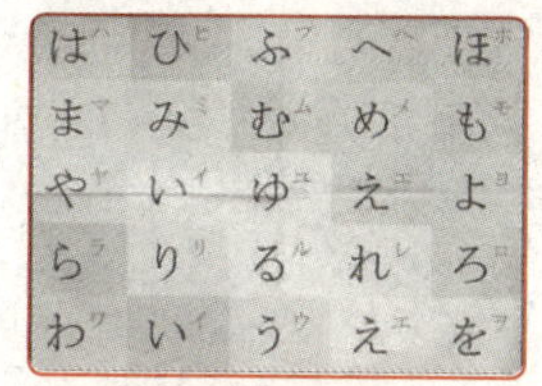

中级 일본어 【名】日语

일본 애니메이션을 좋아해서 일본어를 공부하게 됐다.
因为我很喜欢日本动漫，所以学了日语。

★일본어的相关词：

일본어를 마스터하다 → 专修日语 히라가나 → 平假名 가타카나 → 片假名
일본어 입문 과정을 수강하다 → 上日语入门课

中级 영어 【名】英语

이 단어를 영어로 어떻게 말해요?
这个单词用英语怎么说?

★영어的相关词：

영어 노래 → 英语歌 미국 영어 → 美式英语 영어과 → 英语系 비즈니스 영어 → 商务英语

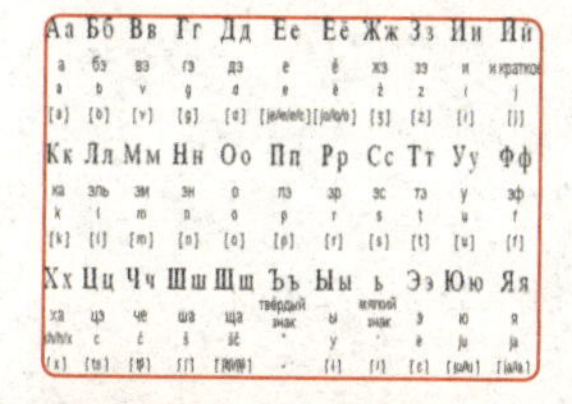

中级 러시아어 【名】俄语

그의 모국어는 러시아어이다.
他的母语是俄语。

★러시아어的相关词：

러시아어를 전공하다 → 专修俄语 러시아어를 익히다 → 学习俄语 러시아어를 습득하다 → 习得俄语

中级 **독일어** 【名】德语

그녀는 독일어를 잘 배우기 위해 독일로 유학 가기로 했다.

为了学好德语，她决定去德国留学。

★ **독일的相关词：**

독일어 수업을 개설하다 → 开设德语课　독일어 사전 → 德语词典

中级 **프랑스어** 【名】法语

프랑스어는 듣기 좋아요.

法语听起来很好听。

★ **프랑스어的相关词：**

프랑스어 코스를 밟다 → 上法语课　프랑스어에 약하다 → 法语不好

中级 **이탈리어** 【名】意大利语

이탈리어를 배운 지 3 년이 됐다.

学意大利语三年了。

★ **이탈리어的相关词：**

이탈리어를 하다 → 说意大利语　이탈리어를 습득하다 → 习得意大利语　이탈리어 서전 → 意大利语词典

中级 **몽골어** 【名】蒙古语

그는 몽골어와 중국어를 할 줄 안다.

他会说蒙古语和汉语。

★ **몽골어的相关词：**

몽골어를 할 줄 모르다 → 不会说蒙古语　몽골어를 구사하다 → 熟练蒙古语

中级 **베트남어** 【名】越南语

베트남어를 배워서 베트남으로 여행을 가기로 했다.

我想学点儿越南语去越南旅游。

★ **베트남어的相关词：**

베트남어를 구사하다 → 熟练越南语　여행 베트남어 → 旅游越南语

练习：ara, ere, iri, oro, uru
cara, pera, pare, iré, iris,
coro, toro, Perú
ar, er, ir, or, ur
mar, par, tener, poder, ir,
pavor, sur, urbano

中级 **스페인어** 【名】 西班牙语

나는 스페인어를 전공으로 선택했다.

我选择了西班牙语作为专业。

스페인어的相关词：

스페인어를 구사하다 → 熟练西班牙语　스페인어를 배우다 → 学西班牙语　스페인어판 신문 → 西班牙语版报纸

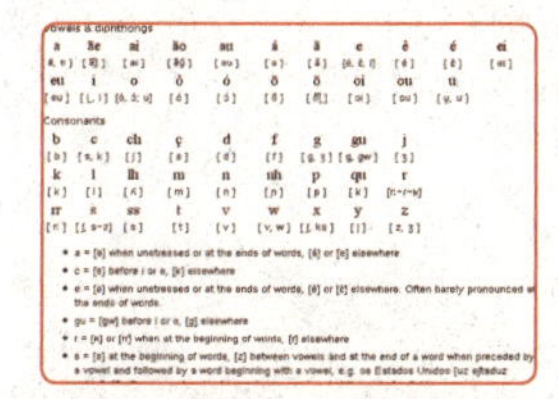

中级 **포르투갈어** 【名】 葡萄牙语

포르투갈어를 재미있게 배워 왔다.

一直很有兴趣地学习葡萄牙语。

포르투갈어的相关词：

포르투갈어 사전 → 葡萄语词典　포르투갈어를 하다 → 说葡萄牙语

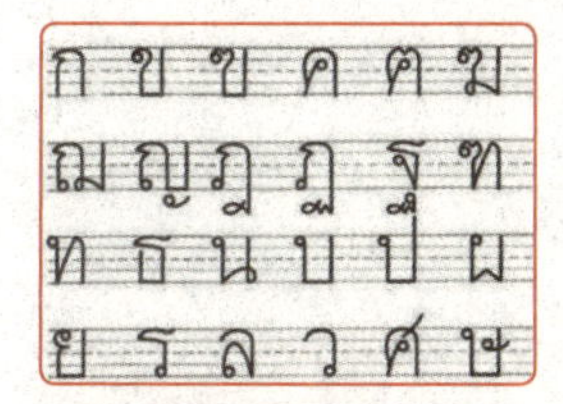

中级 **태국어** 【名】 泰语

태국어는 아주 재미있다.

泰语很有趣。

태국어的相关词：

태국어 소설 → 泰语小说　태국어 수업을 개설하다 → 开设泰语课

Quac potest homini esse polito delectatio, cum aut homo imbecillus a valentissima bestia laniatur aut praeclara bestia venabulo transverberatur? quae tamen, Si videnda sunt, saepe vidisti; neque nos, qui haec spectamus, quicquam novi vidimus. Extremus elephantorum dies fuit. In quo admiratio magna vulgi atquae turbae, delectatio nulla exstitit; quin etiam misericordia quaedam consecuta est atque opinio eius modi, esse quamdam illi beluae cum genere humano societatem.

中级 **라틴어** 【名】 拉丁语

영어는 라틴어와 관련이 있다.

英语和拉丁语有关联。

라틴어的相关词：

라틴어를 배우다 → 学习拉丁语　라틴어를 유창하게 하다 → 流畅地说拉丁语　라틴어 사전 → 拉丁语词典

Turkish Alphabet
Aa Bb Cc Çç Dd Ee Ff Gg Ğğ
Hh Iı İi Jj Kk Ll Mm Nn
Oo Öö Pp Rr Ss Şş Tt
Uu Üü Vv Yy Zz

中级 **터키어** 【名】 土耳其语

터키어를 전혀 할 줄 모릅니다.

我一点儿也不会土耳其语。

터키어的相关词：

터키어를 잘하다 → 土耳其语说得好　터키어를 할 줄 알다 → 会说土耳其语
터키어를 할 줄 모르다 → 不会说土耳其语

In die nacht wist ik eigenlijk dat ik sterven moest, ik wachtte op de politie, ik was bereid, bereid zoals de soldaten op het slagveld. lk wou me graag opofferen voor het vaderland, maar nu, nu ik weer gered ben, nu is mijn eerste wens na de oorlog, maak me Nederlander! lk houd van de Nederlanders, ik houd van ons land, ik houd van de taal, en wil hier werken. En al zou ik aan de Koningin zelf moeten schrijven, ik zal niet wijken vóór mijn doel bereikt is.

中级 **네덜란드어** 【名】 荷兰语

요즘 네덜란드어를 열심히 배우고 있다.

最近正在努力学习荷兰语。

★네덜란드어的相关词:

네덜란드어를 배우다 → 学荷兰语 네덜란드어 사전 → 荷兰语词典

中级 **위안** 【名】元

일 위안은 한국 돈으로 얼마예요?

一元相当于多少韩币?

与위안相关:

위안 是按照中文“元”的发音音译的。

인민폐 → 人民币

中级 **원** 【名】韩元

이 옷은 5 천원뿐 입니다.

这件衣服只要 5 千韩元。

与원相关:

表示韩币 (원화) 单位的원用英语表示是 won，货币符号为₩。韩币的纸币面额有一千、五千、一万、五万，硬币有五百、一百、五十、十。韩币经常使用的单位还有:

만원 →万元韩元　천원 → 千元韩元　억원 → 亿元韩元

中级 **엔** 【名】日元

이 가방은 2000 엔을 들었다.

买这个包花了 2000 日元。

与엔相关:

엔 的符号为￥。

엔화 → 日元

中级 **유로** 【名】欧元

오늘 천원이 얼마 유로를 환전할 수 있어요?

今天一千韩元可以换多少欧元?

与유로相关:

欧元 (유로화) 的符号为€。

유로화를 거부하다 → 抵制欧元　유로화를 도입하다 → 引进欧元

中级 **달러** 【名】美元

비행기 표는 300 달러를 예산해야 한다.

飞机票的预算为 300 美元。

同义词 불　美元

与달러相关:

달러是美国货币的单位，符号为 $。美国货币的表达如下:

미불 → 美元　미화 → 美元

中级 캐나다 달러 【名】 加元

40 캐나다 달러인데 안 비싸죠 ?

那双鞋 40 加元，不贵吧?

与캐나다 달러相关:

캐나다 달러的符号为 Can$。

中级 오스트레일리아 달러 【名】 澳元

이 분유 한 통은 오스트레일리아 달러를 들려야 한다 .

这种奶粉一罐要 100 澳元。

与오스트레일리아 달러相关:

오스트레일리아 달러的符号为 A$。

中级 홍콩달러 【名】 港元

홍콩 여행을 가려면 3 만 홍콩달러를 준비하면 됩니다 .

去香港旅游的话，准备 3 万港元就够了。

홍콩달러的相关词:

홍콩달러로 내다 → 用港元支付

中级 루블 【名】 卢布

그들이 하루 동안 가장 많이 번 금액은 50 루블이다 .

他们一天最多挣 50 卢布。

与루블相关:

루블是俄罗斯的货币单位。

中级 프랑 【名】 法郎

프랑스 프랑은 더 이상 법정 통화가 아니다 .

法国法郎不再是法定货币了。

프랑的相关词:

콩고 프랑 → 刚果法郎　스위스 프랑 → 瑞士法郎

中级 파운드 【名】 英镑

그는 외삼촌에게서 2 백만 파운드를 상속 받았다 .

他从舅舅那儿继承了两百万英镑。

파운드的相关词:

유러 파운드 → 欧洲英镑　파운드잔고 → 英镑余额　그린파운드 → 绿色英镑

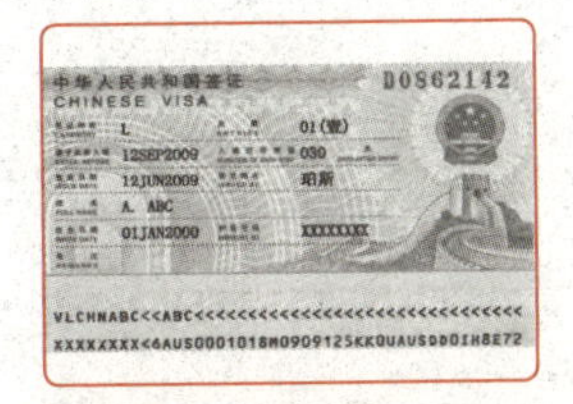

中级 **비자** 【名】签证

비자를 아직 안 나와서 유학 갈 수 없어요.

签证还没办下来，所以还不能去留学。

★비자的相关词：

입국 비자 → 入境签证 출국 비자 → 出境签证 이민 비자 → 移民签证 비자가 나왔다 → 签证办下来了

비자를 신청하다 → 申办签证

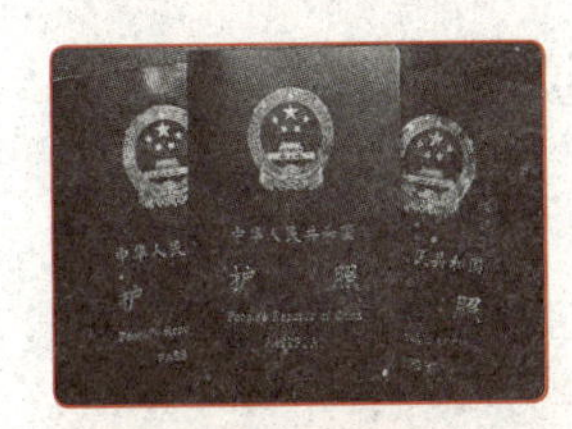

中级 **여권** 【名】护照

여권을 잃어버렸는데 어떡하면 좋아요?

我的护照丢了，该怎么办呢?

★여권的相关词：

여권을 발급하다 → 签发护照 관용 여권 → 公务护照 여권 유효 기간 → 护照有效期

일반 여권 → 普通护照

中级 **입장권** 【名】入场券，门票

입장권이 없어도 입장할 수 있다.

没有门票也能进去。

★입장권的相关词：

유료입장권 → 收费门票 무료입장권 → 免费门票

中级 **입구** 【名】入口

입구는 어디에 있어요?

入口在什么地方?

★与입구相关：

골목 입구 → 胡同入口 삼거리 입구 → 三岔路口 대문입구 → 大门入口

中级 **출구** 【名】出口

출구가 어디 있어요?

出口在哪儿?

★与출구相关：

비상출구 → 安全出口 출구를 찾다 → 找出口 출구를 잃다 → 找不到出口

中级 **지도** 【名】 地图

그 소녀가 지도를 보면서 길을 찾고 있다.

那个少女在看着地图找路。

同形异义 지도 指导

与지도相关：

행정지도 → 行政地图 한국 지도 → 韩国地图 지도를 제작하다 → 制作地图

中级 **접수처** 【名】 问询处

접수처를 가서 문의하세요.

请到问询处咨询。

접수처的相关词：

프런트 →（酒店等的）前台

中级 **폭포** 【名】 瀑布

빗줄기는 폭포처럼 쏟아지고 있었다.

血不停地流下来，像瀑布一样。

★与폭포相关：

인공폭포 → 人工瀑布　폭포수→瀑布水

中级 **호수** 【名】 湖泊

이 호수가 정말 거울처럼 맑네요.

湖面似镜，清澈而平静。

★호수的相关词：

백조의 호수 → 天鹅湖　인공호수 → 人工湖　호숫가→ 湖边

中级 **삼림** 【名】 森林

지구의 삼림 자원이 급속도로 훼손되고 있다.

地球的森林资源正迅速遭到破坏。

同义词　숲　森林

★与삼림相关：

삼림 보호 구역 → 森林保护区域　산림 → 山林

中级 **사막** 【名】 沙漠

사막으로 모험을 가고 싶다.

我想去沙漠冒险。

同形异义　사막　谢幕（名词）

★与사막相关：

사막성 기후 → 沙漠气候　사하라 사막 → 撒哈拉沙漠

中级 **초원** 【名】 草原

초원에서 승마를 해 보고 싶다.

我想试试在草原上骑马。

★与초원相关：

푸른 초원 → 青青草原　풀밭 → 草地

中级 모래톱 【名】 沙滩

그는 모래톱에서 햇빛을 즐기고 있다.

他正在沙滩上享受阳光。

同义词 사주 沙洲　　모래사장 沙滩

★ 모래톱的相关词:

바닷가 모래톱→海滨沙滩

中级 바다 【名】 大海

우리는 배를 빌려 타고 바다로 나갔다.

我们借了船出海。

近义词 해양 海洋

★ 바다的相关词:

바닷가 → 海边　바다로 나가다 → 出海　바다를 건너다 → 过海　불바다 → 火海　피바다 → 血海

中级 빙하 【名】 冰川

빙하는 참 웅장하다.

冰川真壮观。

★ 빙하的相关词:

빙하호 → 冰川湖　빙하 작용 → 冰川作用　빙하학 → 冰川学

中级 일출 【名】 日出

일출을 보러 바닷가에 갔다.

去海边看了日出。

同义词 해돋이 日出

★ 일출的相关词:

일출을 보다 → 看日出　일출에서 일몰까지 → 从日出到日落　일출이 시작되다 → 日出开始

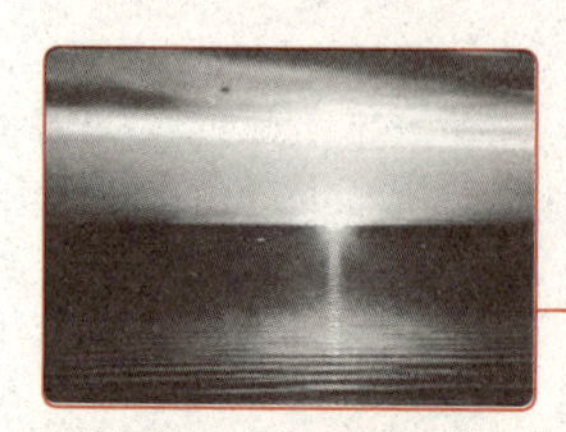

中级 일몰 【名】 日落

그 섬은 일몰 무렵의 풍경이 장관이다.

那个岛上日落时分的风景非常壮观。

同义词 해넘이 日落

★ 일몰的相关词:

일몰하다 → 日落（动词）　일몰을 보다 → 看日落　일몰 후에 → 日落后　일몰 전에 → 日落前

中级 **해조** 【名】 海潮

해조는 달의 인력으로 인해 발생한 현상이다.

海潮是由月球引力引起的现象。

同义词 조수 潮水

해조的相关词:

조석수 → 潮汐 해조음 → 海潮音 해소 → 海啸

中级 **화산** 【名】 火山

이 지역은 몇 년 전에 화산은 폭발했다.

这个地区几年前发生了火山爆发。

화산的相关词:

복식화산 → 复式火山 수면 화산 → 休眠火山 화산이 터지다 → 火山喷发 화산재 → 火山灰 화산구 → 火山口

中级 **종유석** 【名】 钟乳石

그 동굴안에는 종유석이 참 많다.

那个洞内的钟乳石真多。

与종유석相关:

천연 종유석 → 天然钟乳石 카르스트 → 喀斯特地貌

高级 **산호초** 【名】 珊瑚礁

비스케인 만의 산호초가 유명합니다.

比斯坎湾珊瑚礁很有名。

与산호초相关:

산호 → 珊瑚 산호섬 → 珊瑚岛

高级 **극광** 【名】 极光

극지방에서 극광을 볼 수 있다.

两极能看到极光。

극광的相关词:

극광영역 → 极光区域 극광빈도 → 极光频度 극광 현상→ 极光现象

中级 **신기루** 【名】 海市蜃楼

사막에선 갑자기 신기루가 일어나다.

沙漠里突然出现了海市蜃楼。

近义词 공중누각 空中楼阁

신기루的相关词：

신기루 효과 → 海市蜃楼效应 허무맹랑한 신기루 → 虚无缥缈的海市蜃楼

中级 **일식** 【名】 日食

지난 달에 일식이 있었다.

上个月有过日食。

同形异义 일식 日本料理

일식的相关词：

일식을 관측하다 → 观测日食 개기 일식 → 日全食 부분 일식 → 日偏食

中级 **월식** 【名】 月食

나는 월식을 본 적이 없다.

我没看过月食。

월식的相关词：

개기 월식 → 月全食 부분 월식 → 月偏食 월식의 원리 → 月食的原理

中级 **절** 【名】 寺庙

할머니가 불공을 드리러 절에 가셨다.

奶奶去寺庙里拜菩萨了。

同义词 사찰 寺院

★ 절的相关词:

절에 가면 중이 되라 → 入乡随俗

中级 **조각** 【名】 石雕

그는 회화보다는 조각에 소질이 있다.

他在雕刻方面比画画有天赋。

近义词 새김 雕刻 조소 塑像

★ 조각的相关词:

얼음조각 → 冰雕 옥조각 → 玉雕 돌조각 → 石雕

中级 **궁전** 【名】 宫殿

옛날에 황제가 궁전에서 살았다.

以前皇帝住在宫殿里。

同义词 궁궐 宫殿

★ 궁전的相关词:

궁전을 세우다 → 建造宫殿 베르사유 궁전→ 凡尔赛宫

中级 **유적** 【名】 遗址

여기서 역사 유적을 발견했다.

在这里发现了历史遗址。

★ 유적的相关词:

유적을 발굴하다 → 发掘遗迹 동굴 유적 → 洞穴遗址

中级 **경복궁** 【名】 景福宫

일본은 군대를 동원하여 경복궁을 점령하였다.

过去日本动用兵力占领了景福宫。

★ 경복궁的相关词:

경복궁을 확장하다 → 扩建景福宫

中级 **불국사** 【名】国佛寺

나는 토요일에 불국사를 관광하러 갔다.

我周六去国佛寺参观了。

★ 불국사的相关词:

불국사를 관광하다 → 参观国佛寺

中级 **한국민속촌** 【名】韩国民俗村

이 드라마의 많은 장면은 한국민속촌에서 촬영을 했다.

这部电视剧的很多场景都是在韩国民俗村取的景。

★ 한국민속촌的相关词:

민속촌 → 民俗村

中级 **루브르미술관** 【名】罗浮宫

수요일에 루브르미술관을 구경하러 갈 겁니다.

周三要去参观罗浮宫。

★ 与루브르미술관相关:

루브르미술관是法国的国立美术博物馆，位于巴黎。

中级 등산 【名】 登山

등산은 할아버지의 취미이다.

登山是爷爷的爱好。

★ 등산的相关词:

등산병 → 高原反应 등산하다 → 登山（动词） 등산옷 → 登山服

中级 산길 【名】 山路

산길을 걸을 때 많이 조심해야 한다.

走山路时要多注意。

★ 산길的相关词:

산길을 오르다 → 上山路 산길을 가다 → 走山路 산길을 뚫다 → 开凿山路

中级 산 【名】 山

산에 가서 신선한 공기를 호흡합니다.

去山里呼吸新鲜空气。

★ 산的相关词:

산봉 → 山峰 산허리 → 山腰 산기슭 → 山脚

中级 산굴 【名】 山洞

산굴에는 약간의 빛도 없다.

山洞里没有一点儿光。

★ 산굴的相关词:

동굴 → 洞穴

中级 가파르다 【形】 陡峭

이 산은 위로 갈수록 가파르다.

这个山越往上越陡峭。

同义词

★ 가파르다的相关词:

가파른 산 → 陡峭的山 가파른 경사 → 陡的斜坡

中级 **서핑** 【名】冲浪

그는 서핑의 경험은 아주 풍부한 사람이다.

他是个冲浪经验非常丰富的人。

同义词 파도타기 冲浪

서핑的相关词：

서핑보드 → 冲浪板 서핑슈트 → 冲浪服 웹 서핑 → 网上冲浪

中级 **유람선** 【名】游艇

유람선이 기슭에 정박했다.

游艇停靠在了岸边。

유람선的相关词：

유람선 두 척 → 两艘游艇 유람선 선장 → 游船船长 한강유람선 → 汉江游船

中级 **범선** 【名】帆船

범선은 자연 풍력으로 움직이는 것이다.

帆船是依靠自然风力前行的。

同义词 돛단배 帆船 돛배 帆船

범선的相关词：

범선을 타다 → 坐帆船

中级 **래프팅** 【名】漂流

래프팅은 위험한 운동이다.

漂流是一项危险的运动。

同义词 표류 漂流

与래프팅相关：

래프팅是外来语，英语为 rafting。与之相关的词有：

래프팅을 하다 → 漂流（词组） 래프팅체험장 → 漂流体验中心

中级 **낚시** 【名】钓鱼

낚시의 취미를 이해하지 못 해요.

理解不了钓鱼的乐趣。

낚시的相关词：

낚싯대 → 钓鱼竿 낚싯바늘 → 鱼钩 낚시질 → 钓鱼

中级 **잠수** 【名】潜水

잠수는 폐활량을 늘리기 위한 효과적인 방법이 될 수 있다.

潜水可以有效提高肺活量。

★잠수的相关词:

잠수 작업 → 潜水作业　해저 잠수 → 海底潜水　잠수 기술 → 潜水技术　잠수하다 →潜水（动词）

中级 **해수욕장** 【名】海水浴场

오늘은 해수욕장에 사람이 너무 많았다.

今天海水浴场的人太多了。

★해수욕장的相关词:

해수욕 → 海水浴

中级 **항해** 【名】航海

항해는 그의 어렸을 때 꿈이었다.

航海是他小时候的梦想。

★항해的相关词:

항해일지 → 航海日志　원양 항해 → 远洋航海　항해변경 → 变更航线

Chapter 9

休闲娱乐

中级 **대중가요** 【名】 流行歌曲

나는 대중가요를 매우 좋아한다.

我特别喜欢流行歌曲。

同义词 통속가요 通俗歌曲

★ 대중가요的相关词:

대중가요를 애창하다 → 爱唱流行歌曲（动词词组） 가요계 → 歌坛

中级 **경음악** 【名】 轻音乐

어머니는 경음악을 듣기 좋아하신다.

妈妈喜欢听轻音乐。

★ 경음악的相关词:

클래식 경음악 → 古典轻音乐 경음악을 즐기다 → 喜爱轻音乐 경음악을 듣다 → 听轻音乐

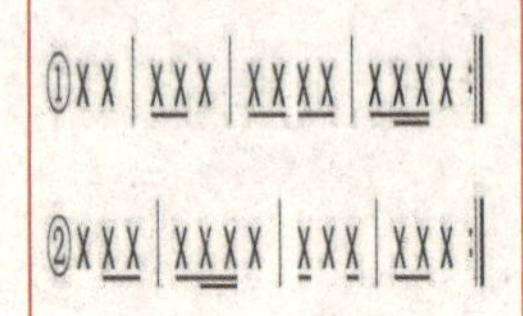

中级 **리듬** 【名】 节奏

리듬에 맞춰서 춤을 추지 못한다.

我不会跟着节奏跳舞。

★ 리듬的相关词:

빠른 리듬 → 快节奏 리듬에 맞추다 → 和着节奏 경쾌한 리듬 → 轻快的节奏 시의 리듬 → 诗的韵律

中级 **악보** 【名】 乐谱

이 노래의 악보에 근거하여 일부 다른 가사를 붙였다.

根据这首歌的谱另外配了一段歌词。

★ 악보的相关词:

악보를 읽다 → 读乐谱 피아노 악보 → 钢琴谱 악보 없이 연주하다 → 无乐谱演奏（动词词组） 악보에 가사를 붙이다 → 根据乐谱填词

初级 **콘서트** 【名】 演唱会

그 가수는 전국을 돌며 자선 콘서트를 갖고 있다.

那个歌手在全国各地开慈善演唱会。

同义词 음악회 音乐会

★ 콘서트的相关词:

콘서트를 열다 →开演唱会 콘서트 홀 → 演唱会大厅 콘서트를 개최하다 → 开演唱会

初级 가수 【名】 歌手

가수가 내 어렸을 때의 꿈이었다.

当歌手是我小时候的梦想。

★가수的相关词:

인기 가수 → 人气歌手 발라드 가수 → 情歌歌手 가수로 데뷔하다 → 以歌手出道 오페라 가수 → 话剧歌手

初级 노래방 【名】 练歌房

나는 일주일에 한번씩 노래방에 가곤 한다.

我每周都要去一次练歌房。

近义词 가라오케 KTV

★노래방的相关词:

코인 노래방 → 投币式练歌房 노래방에 가다 → 去练歌房

初级 반주 【名】 伴奏

남동생이 반주에 맞춰서 노래를 하기 시작했다.

弟弟随着伴奏唱起了歌。

★반주的相关词:

피아노 반주 → 钢琴伴奏 반주에 맞추다 →和着节奏 관현악 반주 → 管弦乐伴奏

中级 화성 【名】 和声

이 노래가 화성이 있어서 듣기 더 좋은 것 같아요.

这首歌有和声，听起来更好听。

同义词 화음 和音

★화성的相关词:

화성법 → 和声法 화성 악기 → 和声乐器 화성을 넣어 노래하다 → 加入和音唱歌

中级 밴드 【名】 乐队

아이들이 밴드의 연주에 맞춰 노래를 잘 부르고 있다.

孩子们和着乐队的伴奏唱着歌。

同义词 악대

★밴드的相关词:

밴드리더 → 乐队领导 록 밴드 → 摇滚乐队

中级 **음치** 【名】 音痴

이 노래는 음치라도 쉽게 부를 수 있는 노래이다.

即使是音痴也能唱这首歌。

★ 음치的相关词:

길치 → 路痴 춤치→ 舞痴 방향치 → 方向痴

中级 **한국 노래** 【名】 韩语歌

한국 노래를 배우고 싶어요.

我想学唱韩语歌。

★ 한국 노래的相关词:

일본 노래 → 日语歌 영어 노래 → 英语歌

中级 **합창** 【名】 合唱

두 사람은 노래 한곡 합창을 했다.

两个人合唱了一首歌。

★ 합창的相关词:

남성합창 →男声合唱 합창곡 → 合唱曲 합창단 → 合唱团

中级 **고음** 【名】 高音

언니가 고음의 어려운 노래를 잘 소화해 냈다.

姐姐可以很好地驾驭高音歌曲。

反义词 저음 低音

★ 고음的相关词:

고음 가수 → 高音歌手 고음에 약하다 → 唱不好高音 고음 경음기 → 高音喇叭 고음불가 → 禁止大声喧哗

中级 **저음** 【名】 低音

나는 저음의 남자 목소리가 좋다.

我喜欢男低音。

反义词 고음 高音

★ 저음的相关词:

저음으로 노래하다 → 用低音唱歌 저음 가수 → 低音歌手 저음 나팔 → 低音喇叭

初级 **추다** 【动】 跳舞

여동생이 신나게 춤을 추고 있다.

妹妹很有兴致地跳着舞。

추다的相关词：

춤→ 舞 춤을 추다 → 跳舞 （动词词组）

中级 **발레** 【名】 芭蕾舞

발레를 한 지 10 년이 되었다.

我跳芭蕾十年了。

발레的相关词：

발레 교습소 → 芭蕾学校 발레 모음곡 → 芭蕾组曲 발레단 → 芭蕾团 고전발레 → 古典芭蕾 근대발레→ 近代芭蕾

中级 **민족무용** 【名】 民族舞

우리 언니가 민족무용에서의 전문가이다.

我姐姐是民族舞方面的专家。

近义词 민속무용 民俗舞蹈

민족무용的相关词：

민족 → 民族

中级 **현대 무용** 【名】 现代舞

그녀는 현대 무용을 잘한다.

她现代舞跳得很好。

현대 무용的相关词：

무용가 → 舞蹈家 무용하다 → 跳舞（动词）

高级 **고전 무용** 【名】 古典舞

그녀는 고전 무용에서 일가를 이루었다.

她在古典舞方面自成一家。

고전 무용的相关词：

고전 → 古典 무용 → 舞蹈 무용과 → 舞蹈系

中级 **차차차** 【名】 恰恰舞

차차차는 아주 열정적인 춤이다.

恰恰舞是非常热情的舞蹈。

차차차的相关词：

차차차를 추다 → 跳恰恰舞

中级 **팝핑** 【名】 机械舞

난 요즘 팝핑의 매력에 빠졌다.

我最近迷上了机械舞。

与팝핑相关：

팝핑 是外来语，英语为 popping。

팝핑을 추다 → 跳机械舞

中级 **힙합** 【名】 街舞

힙합이 젊은이들 중에 인기가 많다.

街舞在年轻人当中很受欢迎。

与힙합相关：

힙합 是外来语，英语为 hip-hop。

힙합 음악 → 嘻哈音乐

中级 **재즈 댄스** 【名】 爵士舞

재즈 댄스에 대한 그의 열정은 끝이 없다.

他对爵士舞有无尽的热情。

与재즈 댄스相关：

재즈 댄스 是外来语，英语为 jazz dance。

재즈 댄스를 추다 → 跳爵士舞

高级 **벨리댄스** 【名】 肚皮舞

그들은 벨리댄스를 공연했고 환호를 받았다.

他们表演了肚皮舞，获得了欢呼声。

近义词 배꼽춤 肚脐舞

与벨리댄스相关：

벨리댄스 是外来语，英语为 belly dance。

中级 **왈츠** 【名】 华尔兹

요즘 우리가 왈츠를 배우고 있다.

最近我们在学华尔兹。

★왈츠的相关词：

왈츠 是外来语，英语为 waltz。

왈츠를 추다 → 跳华尔兹

中级 **삼바** 【名】 桑巴

삼바는 아주 열정적인 춤이다.

桑巴舞是非常热情的舞蹈。

同义词

★삼바的相关词：

삼바 是 samba 的外来语。桑巴起源于巴西。

삼바를 추다 → 跳桑巴舞

中级 모임 【名】 聚会

어제 모임이 있어서 집에 늦게 들어갔다.

昨天有聚会，所以回家晚了。

모임的相关词：

모이다 → 聚，聚会（动词） 모임터 → 聚会的地方 모임에 참석하다 → 参加聚会

中级 회식 【名】 公司聚餐

이번 주 금요일에 부서 회식이 있다.

这周五有部门聚餐。

회식的相关词：

회사 회식 → 公司聚餐 회식하다 → 聚餐（动词） 부서 회식 → 部门聚餐

中级 동창회 【名】 同学会

그에게서 동창회의 통지를 받았다.

从他那儿收到同学会的通知。

동창회的相关词：

동창회에 가다 → 参加同学会 동창 → 同学 대학동창회 → 大学同学会 고등학교 동창회 → 高中同学会

中级 바비큐 파티 【名】 烧烤派对

난 토요일에 바비큐 파티에 다녀왔어.

我周六去参加了烧烤派对。

바비큐 파티的相关词：

바비큐 파티에 초대받다 → 收到烧烤派对邀请 바비큐 파티를 열다 → 开烧烤派对

中级 생일파티 【名】 生日派对

생일파티에 와줘서 고마워.

谢谢你来参加我的生日派对。

생일파티的相关词：

생일 파티를 벌이다 → 开生日派对 생일 파티를 열다 →开生日派对 생일축하합니다 → 生日快乐

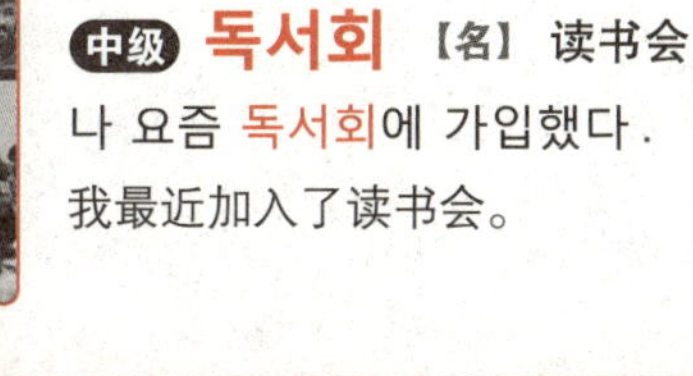

中级 **독서회** 【名】 读书会

나 요즘 독서회에 가입했다.

我最近加入了读书会。

★ 독서회的相关词:

독서회를 조직하다 → 组织读书会　독서회에 참석하다 → 参加读书会

中级 **데이트** 【名】 约会

오늘 남자친구랑의 데이트는 너무 즐거웠다.

今天和男朋友的约会太开心了。

★ 与데이트相关:

데이트是外语来，英语为 date。　데이트하다 → 约会（动词）

中级 **돌잔치** 【名】 周岁宴

오늘 우리 애기에게 돌잔치를 차렸다.

今天给我们的孩子办了周岁宴。

★ 돌잔치的相关词:

돌잔치를 차리다 → 办周岁宴　돌잔치를 열다 → 开周岁宴

高级 **친목회** 【名】 联谊会

우리는 한 달에 한 번씩 모이는 친목회를 만들었다.

我们组织了每月一次的联谊会。

同义词 간친회 联谊会

★ 친목회的相关词:

대학생 친목회 → 大学生联谊会　미팅 → （男女）联谊会

中级 **사진** 【名】照片

그녀는 사진을 즐겨 찍는다.

她很喜欢拍照。

사진的相关词：

사진을 찍다 → 拍照（动词词组） 증명사진 → 证件照 항공사진 → 航拍照片 컬러사진 → 彩色照片 흑백사진 → 黑白照片

高级 **촬영** 【名】拍摄

몇 사람이 사진 촬영을 위해 포즈를 취하고 있다.

有几个人在摆着姿势拍照。

촬영的相关词：

촬영지 → 拍摄地 촬영감독 → 拍摄导演 야간촬영 → 夜间拍摄 실내촬영 → 室内摄影 야외촬영→ 野外摄影

中级 **카메라** 【名】照相机

나는 카메라를 새로 사기로 했다.

我觉得应该买个新相机。

与카메라相关：

카메라是外来语，英语为 camera。与之相关的词有：

화상카메라 → 摄像头 카메라맨 → 摄影师

中级 **셀카** 【动】自拍

이번 새로 산 디지털 카메라가 셀카에 편하다.

这次新买的相机很方便自拍。

与셀카相关：

셀카是셀프카메라（selfcamera）的简称，即“自拍”的意思。

高级 **몰카** 【动】偷拍

그 여자가 모래사장에서 몰카를 당했다.

那个女人在沙滩被偷拍了。

与몰카相关：

몰카是몰래카메라的简称。몰래是“偷偷地”的意思。

中级 **렌즈** 【名】 镜头

렌즈를 관중석으로 돌렸다.

镜头转向了观众席。

★ **与렌즈相关：**

렌즈是外来语，英语为 lens。

줌렌즈 → 变焦镜头 어안 렌즈 → 鱼眼镜头 망원 렌즈 → 望远镜

광각 렌즈 → 广角镜头 접사 렌즈 → 近摄镜头

高级 **일안 리플렉스 카메라** 【名】 单反

일안 리플렉스 카메라를 아직 쓸 줄 몰라요.

我还不太会使用单反。

★ **与일안리플렉스카메라相关：**

일안리플렉스카메라的后半部为外来语，英语为 reflex camera。单反是单镜头反光相机的简称。

高级 **조리개** 【名】 光圈

조리개는 빛의 양을 조절하는 장치이다.

光圈是调节光量的装置。

★ **조리개的相关词：**

조리개를 열다 → 打开光圈 조리개를 닫다 → 关闭光圈

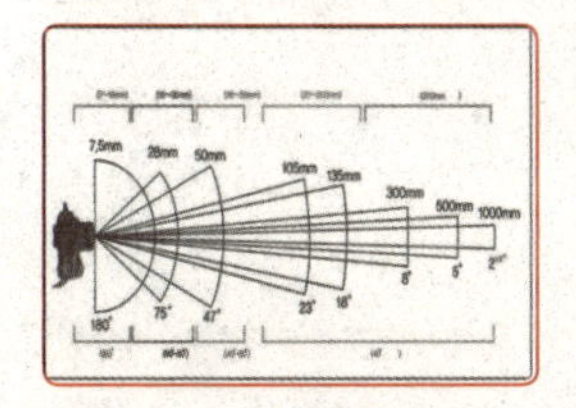

高级 **초점 거리** 【名】 焦距

초점 거리가 너무 길어서 사진 잘 안 나왔다.

焦距太长了，相片没照好。

★ **초점 거리的相关词：**

초점 거리 측정 → 焦距测定 초점 거리를 맞추다 → 对焦 초점 거리를 조절하다 → 调节焦距

中级 **컬러필터** 【名】 彩色滤镜

나는 컬러필터를 사용하지 않아도 원하는 색깔을 낼 수 있다.

我不使用滤镜也能照出想要的颜色。

★ **与컬러필터相关：**

컬러필터是外来语，英语为 color filter。 컬러필터를 사용하다 → 使用滤镜 컬러필터를 생산하다 → 生产滤镜

高级 **현상하다** 【动】 冲洗

사진을 현상한 후 우편으로 보내드리겠습니다.

照片洗出来后我会邮寄给你。

★与현상하다 相关:

현상하다对应的汉字是"现像"。 건판을 현상하다 → 冲洗底片 사진을 현상하다 → 冲洗照片

中级 **필름** 【名】 胶卷

필름 카메라를 써본 적이 없어요.

我没用过胶卷相机。

★필름的相关词:

필름 한 통 → 一卷胶卷 컬러 필름 → 彩色胶卷 흑백 필름 → 黑白胶卷 감광 필름 → 感光胶卷

中级 **건판** 【名】 底片

이 건판을 현상 좀 해주세요.

请帮我把这个底片洗出来。

★건판的相关词:

건판을 현상하다 → 冲洗底片

中级 **소설** 【名】 小说

소설은 다 허구적인 것이 아니다.

小说不都是虚构的。

★ **소설的相关词:**

단편 소설 → 短篇小说 장편 소설 → 长篇小说 연애 소설 → 言情小说 모험소설 → 冒险小说 추리소설 → 推理小说

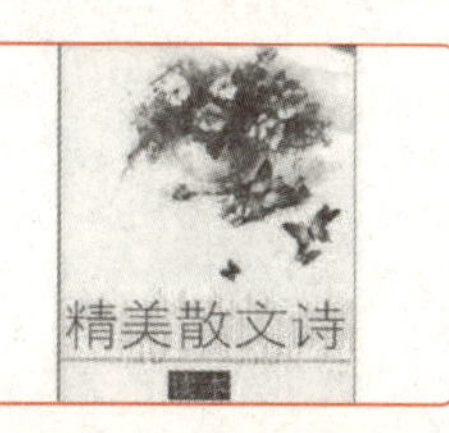

中级 **산문** 【名】 散文

그가 쓴 산문은 천 편 넘었다.

他以前写了一千多篇散文。

★ **산문的相关词:**

산문집 → 散文集 시와 산문 → 诗和散文 산문 작가 → 散文作家

高级 **정기간행물** 【名】 期刊

정기간행물을 구독하시나요?

您订购期刊吗?

★ **정기간행물的相关词:**

일간 → 日刊 주간 → 周刊 월간 →月刊 계간 → 季刊 반월간 → 半月刊

中级 **전기** 【名】 传记

나는 채플린의 전기를 읽고 감동을 받았다.

读完卓别林的传记，我被感动了。

同义词 전기 传奇，电，前期

★ **전기的相关词:**

전기소설 → 传记小说 전기를 읽다 → 读传记 전기를 쓰다 → 写传记

中级 **교과서** 【名】 教科书

이 표현은 학교의 교과서에 싣기에 적당하지 않다.

这种表达不适合出现在学校教科书里。

★ **교과서的相关词:**

역사 교과서 → 历史教科书 수학 교과서 → 数学教科书 교과서를 만들다 → 编写教科书 국정 교과서 → 国定教科书

中级 **만화책** 【名】 漫画书

나는 만화책을 보고 있으면 시간이 가는 줄 모른다.

我看着漫画书，时间就不知不觉地过去了。

★ 만화책的相关词：

만화책을 읽다 → 看漫画　애니메이션 → 动漫

中级 **바** 【名】 酒吧

우리는 맥주를 마시러 바에 갔다.

我们去酒吧喝酒了。

同义词 술집 酒吧

★ 与바相关：

바是外来语，英语为 bar。

中级 **와인글라스** 【名】 高脚杯

이 와인글라스에 와인을 좀 따라 주세요.

请倒些红酒到这个杯子里。

★ 与와인글라스相关：

와인글라스是外来语，英语为 wineglass。

中级 **바텐더** 【名】 调酒师

요즘 나 부업으로 밤에 바텐더 일을 하고 있다.

最近我晚上兼职做调酒师。

★ 与바텐더相关：

바텐더是外来语，英语为 bartender。

中级 **아이스머신** 【名】 制冰机

아이스머신으로 얼음을 만들었다.

我用制冰机做了冰。

同义词 제빙기 制冰机

★ 与아이스머신相关：

아이스머신是外来语，英语为 ice machine。

中级 **과일 모둠** 【名】 水果拼盘

과일 모둠을 하나 주세요.

请给我们一个水果拼盘。

★ 과일 모둠的相关词：

과일 모둠을 만들다 → 做水果拼盘 과일 모둠을 시키다 → 点水果拼盘

中级 **놀이공원** 【名】 游乐园

난 아직 놀이공원에 가 본 적이 없어.

我至今还没去过游乐园。

近义词 놀이터 游乐场 유원지 游乐园

与놀이공원相关：

놀이공원是由动词놀다（玩）和名词공원（公园）合成的词。

中级 **롤러 코스터** 【名】 过山车

그녀는 롤러 코스터를 타며 야단스럽게 비명을 질러댔다.

她坐过山车时大声地尖叫着。

与롤러 코스터 相关：

롤러 코스터是外来语，英语为 roller coaster。

롤러 코스터를 타다 → 坐过山车

中级 **회전목마** 【名】 旋转木马

아이들이 회전목마를 신나게 타고 있다.

孩子们正开心地玩着旋转木马。

회전목마的相关词：

회전목마를 타다 → 坐旋转木马 회전 그네 → 回旋秋千

中级 **바이킹** 【名】 海盗船

바이킹은 너무 무서워서 못 타겠어.

海盗船太可怕了，不敢坐。

与바이킹相关：

바이킹是外来语，英语为 viking。

中级 **대관람차** 【名】 摩天轮

대관람차는 너무 예뻐요.

摩天轮好漂亮。

与대관람차相关：

대관람차对应的汉字是“大观览车”，在韩语里指摩天轮。

中级 **범퍼카** 【名】 碰碰车

범퍼카는 내가 제일 좋아하는 놀이기구이다.

碰碰车是我最爱玩的项目。

★与범퍼카相关:

범퍼카是外来语，英语为 bumper car。

中级 **그네** 【名】 秋千

그 소녀가 혼자서 그네를 타고 있다.

那个小女孩一个人在荡秋千。

★그네的相关词:

그네를 타다 → 荡秋千　그네를 뛰다 → 打秋千

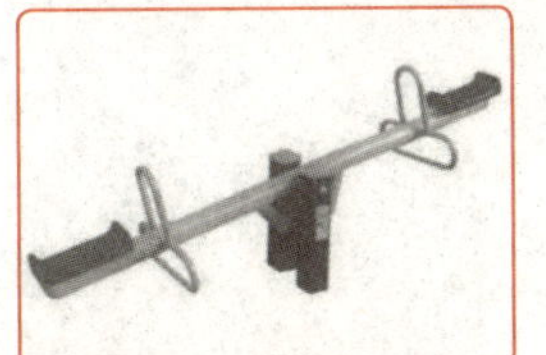

中级 **시소** 【名】 跷跷板

세 이웃은 시소를 타며 놀고 있다.

三位邻居在玩着跷跷板。

★与시소相关:

시소是外来语，英语为 seesaw。

시소 게임 → 拉锯战　시소스위치 → 跷跷板开关　좌식 시소 → 坐式跷跷板

中级 **미끄럼틀** 【名】 滑梯

우리는 놀이터에서 미끄럼틀을 타면서 놀았다.

我们在游乐场玩了滑梯。

★미끄럼틀的相关词:

미끄럽다 → 滑溜的(形容词)　미끄럼틀을 타다 → 滑滑梯

中级 **디즈니랜드** 【名】 迪斯尼乐园

다음 주에 홍콩 디즈니랜드로 갈 거예요.

我下周去香港迪斯尼乐园。

★与디즈니랜드相关:

디즈니랜드是外来语，英语为 Disneyland。

中级 **인터넷** 【名】 互联网

인터넷에서 필요한 정보를 검색하면 된다.

在网上搜索需要的资料。

与인터넷相关：

인터넷是外来语，英语为 internet。

中级 **컴퓨터** 【名】 电脑

나는 컴퓨터를 익숙하게 사용할 수 있다.

我可以很熟练地使用电脑。

与컴퓨터相关：

컴퓨터是外来语，英语为 computer。电脑的主要配件如下：

마우스 → 鼠标 키보드→ 键盘

中级 **온라인 쇼핑** 【名】 网购

요즘 그의 여자친구가 온라인 쇼핑에 빠졌다.

最近他女朋友迷上了网购。

与온라인 쇼핑相关：

올라인 쇼핑是外来语，英语为 online shopping。

홈쇼핑 → 居家购物 온라인 쇼핑몰 → 网上超市

인터넷 뱅킹 →网银

中级 **PC 방** 【名】 网吧

요즘 그 학생은 PC 방에 항상 다니는 모양이다.

最近那个学生好像总去网吧。

与 PC 방相关：

PC 방的读法为 “피시방”。

中级 **온라인 게임** 【名】 网络游戏

중국의 온라인 게임 사용자 중 절반 이상이 청소년이다.

中国的网络游戏用户中有一半以上是青少年。

同义词 인터넷 게임 网络游戏

与온라인 게임相关：

온라인 게임是外来语，英语为 online game。

온라인 게임에 뛰어나다 → 擅长网游 온라인 게임 플랫폼 → 网络游戏平台 머드 게임 → 多用户网络游戏

中级 **이메일** 【名】 电子邮件

이메일을 보냈으니 확인을 하세요 .

邮件已发，请注意查收。

与이메일相关：

이메일是外来语，英语为 email。

이메일 보내다 → 发电子邮件　이메일로 연락하다 → 用电子邮件联系

이메일을 접수하다 → 接收邮件

中级 **로그인** 【动】 登录

먼저 로그인을 해야 내용을 볼 수 있다 .

只有先登录才能看到内容。

反义词 로그아웃　退出

与로그인 相关：

로그인是外来语，英语为 login。

자동 로그인 → 自动登录　로그인하다 → 登录（动词）

中级 **로그아웃** 【名】 退出

로그아웃하는 것을 잊지 마라 .

别忘了退出。

与로그아웃相关：

로그아웃是外来语，英语为 logout。

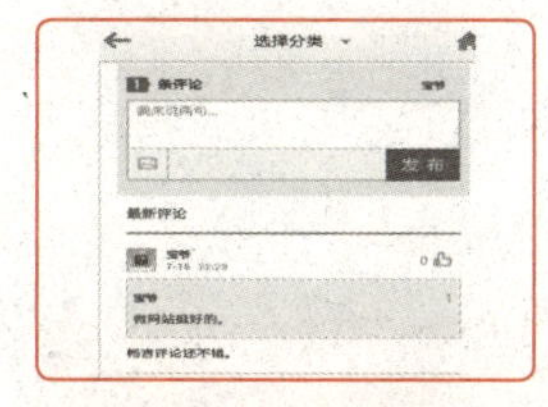

中级 **댓글** 【名】 评论

나는 항상 댓글이 많은 기사를 봐요 .

我经常看评论多的新闻。

댓글的相关词：

댓글을 달다 → 写评论，跟帖

中级 **네티즌** 【名】 网民

네티즌들이 여론조사에 강력한 그룹으로 등장했다 .

网民们已成为参与舆论调查的主力军。

与네티즌相关：

네티즌是外来语，英语为 netizen。

中级 **스마트폰** 【名】 智能手机

스마트폰이 점점 보급되고 있다.

智能手机渐渐被普及了。

与스마트폰相关：

스마트폰是外来语，英语为 smart phone。

中级 **데이터** 【名】 数据流量

데이터를 다 썼다.

流量用完了。

与데이터相关：

데이터是外来语，英语为 data。

와이파이 → wifi

中级 **블로그** 【名】 博客

나는 중학교 때부터 블로그를 쓰기 시작했다.

我从初中开始写博文。

与블로그相关：

블로그是外来语，英语为 blog。

高级 **검색하다** 【动】 搜索

인터넷에서 마윈을 검색해 보세요.

在网上搜一下马云。

검색하다的相关词：

검색되다 → 被搜索

中级 **사이트** 【名】 网页

좋은 쇼핑 사이트 좀 알려주실 수 있어요?

能告诉我一些好的购物网站吗?

与사이트相关：

사이트 是外来语，英语为 site， 即 website。

웹 사이트 → 网页 사이트에 접속하다 → 打开网页

웹 사이트 주소 → 网址

中级 아이디 【名】 用户名

로그인하려면 아이디와 비밀 번호가 있어야 한다.

登录时需要有用户名和密码。

★ **与아이디相关:**

아이디就是 ID 的读音。

中级 비밀 번호 【名】 密码

비밀 번호를 잘기억하세요.

请记好密码。

★ **비밀 번호的相关词:**

비밀 번호를 잊어버렸다 → 忘了密码 비밀 번호를 입력하다 → 输入密码

Chapter 10

运动健身

初级 **농구** 【名】 篮球

우리 오빠가 농구를 정말 잘한다.

我哥哥篮球打得特别好。

★ 농구的相关词：

농구팀 → 篮球队 농구를 하다 → 打篮球 농구 선수 → 篮球选手

初级 **축구** 【名】 足球

주말에 친구들과 함께 축구 경기를 봤다.

周末和朋友一起去看了足球比赛。

★ 축구的相关词：

축구 경기 → 足球比赛 축구팀 → 足球队 월드컵 → 世界杯

中级 **탁구** 【名】 乒乓球

탁구는 역시 중국 사람이 잘 치는 것이다.

还是中国人打乒乓球厉害。

★ 탁구的相关词：

탁구를 치다 → 打乒乓球 탁구선수 → 乒乓球选手 탁구 시합 → 乒乓球比赛

中级 **야구** 【名】 棒球

다음 월요일에 야구 시합이 있다.

下周一有棒球比赛。

★ 야구的相关词：

야구 선수 → 棒球选手 야구 시합 → 棒球比赛 야구 경기 → 棒球比赛 야구팀 → 棒球队

中级 **배구** 【名】 排球

배구 결승전의 스코어는 3 대 2 였다.

排球决赛的比分是 3 比 2。

同义词 발리볼 （volley ball） 排球

★ 배구的相关词：

배구팀→ 排球队 배구팀을 짜다 → 组排球队 배구 선수 → 排球选手

中级 **배드민턴** 【名】 羽毛球

배드민턴을 칠 줄 아세요？

您会打羽毛球吗？

与배드민턴相关：

배드민턴是外来语，英语为 badminton。

배드민턴을 치다 → 打羽毛球

中级 **테니스** 【名】 网球

중국 선수가 이번 테니스 시합에서 이겼다.

中国选手在这次网球比赛中获胜。

与 tennis 相关：

테니스是外来语，英语为 tennis。

테니스를 치다 → 打网球

中级 **골프** 【名】 高尔夫

최근 한국에서 가장 인기 있는 스포츠는 골프이다.

近来韩国最火的运动就是高尔夫。

与골프相关：

골프 是外来语，英语为 golf。

골프장 → 高尔夫球场 골프를 치다 → 打高尔夫

中级 **당구** 【名】 台球

나는 아직도 당구를 잘 치지 못합니다.

我现在还不太会打台球。

당구的相关词：

당구를 치다 → 打台球 당구봉 → 台球杆

中级 **볼링** 【名】 保龄球

친구들이랑 볼링 하러 가기로 약속했다.

和朋友约好了去打保龄球。

与볼링相关：

볼링是外来语，英语为 bowling。

볼링을 치다 → 打保龄球

中级 **비치발리볼** 【名】 沙滩排球

비치발리볼은 정말 힘든 스포츠라고 생각한다.

我觉得沙滩排球是一项很难的运动。

비치 발리볼的相关词:

비치발리볼을 하다 → 打沙滩排球

中级 **럭비** 【名】 橄榄球

럭비의 규칙을 좀 소개해 주세요.

请帮我介绍一下橄榄球的规则。

与럭비相关:

럭비是外来语，英语为 rugby。

럭비를 하다 → 玩橄榄球 럭비팀 → 橄榄球队 럭비 선수 → 橄榄球选手

中级 **소프트볼** 【名】 垒球

소프트볼은 9 명이 한팀이 이룬다.

一个垒球队由 9 名队员构成。

与소프트볼相关:

소프트볼 是外来语，英语为 softball。

여자 소프트볼 → 女垒

中级 **필드하키** 【名】 曲棍球

그녀는 과거에 필드하키 선수로 유명했다.

她以前是个有名的曲棍球选手。

与필드하키相关:

필드하키是外来语，英语为 field hockey。

여자 필드하키 → 女子曲棍球

中级 **핸드볼** 【名】 手球

핸드볼과 축구가 알제리에서 가장 인기 있는 스포츠입니다.

手球和足球是阿尔及利亚最有人气的运动。

与핸드볼相关:

핸드볼 是外来语，英语为 handball。

핸드볼 경기→ 手球竞技 국제 핸드볼 대회→ 国际手球大赛 핸드볼 경기를 하다 → 进行手球比赛

中级 번지점프 【名】蹦极

번지점프를 하는 사람이 정말 용감한 사람이다.

蹦极的人都是勇敢的人。

번지점프的相关词：

번지점프를 하다 → 蹦极（动词词组） 번지점프용품 → 蹦极用品

中级 스케이트보드 【名】滑板

아까 어떤 멋진 남자가 스케이트보드를 타고 지나갔다.

刚才有个很帅的男生滑着滑板经过了。

与스케이트보드相关：

스케이트보드 是外来语，英语为 skateboard。

中级 암벽등반 【名】攀岩

암벽등반을 할 때 부주의로 바닥에 떨어졌다.

攀岩时不小心掉到了地上。

암벽등반的相关词：

인공 암벽등반 → 人工攀岩 암벽등반을 하다 → 攀岩（动词词组） 암벽등반용 배낭 → 攀岩背包

中级 스노보드 【名】雪板

스노보드는 정말 재미있다.

雪板真好玩。

与스노보드相关：

스노보드 是外来语，英语为 snowboard。

中级 파쿠르 【名】跑酷

파쿠르를 언제부터 시작했어요？

你什么时候开始跑酷的？

与파쿠르相关：

파쿠르是外来语，英语为 parkour

파쿠르를 연습하다 → 练习跑酷

中级 **자유 다이빙** 【名】 自由潜水

자유 다이빙 경기를 참가하고 일등을 땄다.

我参加了自由潜水比赛并获得了第一。

★ 与자유 다이빙相关:

자유 다이빙是外来语，英语为 free diving。

中级 **윈드서핑** 【名】 风帆冲浪

윈드서핑 하는 그 남자 정말 멋있어 죽겠네.

玩风帆冲浪的那个男的太帅了。

★ 与윈드서핑相关:

윈드서핑是外来语，英语为 windsurfing。

中级 **패러글라이딩** 【名】 滑翔

패러글라이딩을 하는 선수들이 하늘에서 활공하고 있다.

滑翔的选手们正在空中滑翔着。

★ 与패러글라이딩相关:

패러글라이딩是外来语，英语为 paragliding。

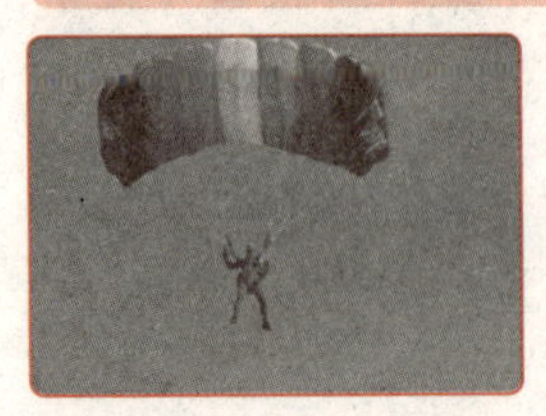

中级 **스카이 다이빙** 【名】 跳伞

그녀는 주말마다 스카이 다이빙을 하러 가곤 한다.

她每逢周末都去跳伞。

★ 与스카이 다이빙相关:

스카이 다이빙是外来语，英语为 sky diving。

낙하산을 타다 → 跳伞（动词词组）

中级 **육상경기** 【名】 田径赛

마라톤은 육상 경기중의 하나이다.

马拉松是田径比赛的一种。

☆ 육상경기的相关词：

육상경기연맹 → 田径联盟　육상경기 종목 → 田径项目　육상경기 팀 → 田径队

中级 **마라톤** 【名】 马拉松

나는 마라톤을 참가한 적이 있다.

我参加过马拉松比赛。

☆ 마라톤的相关词：

마라톤대회→ 马拉松大赛　마라톤 선수→马拉松运动员

中级 **경주** 【名】 竞走

체육 대회에서 아이들은 백 미터 경주를 벌였다.

运动场上，孩子们开始了百米竞走。

☆ 경주的相关词：

경주하다 → 竞走（动词）100 미터 경주 → 百米竞走

中级 **높이뛰기** 【名】 跳高

그는 높이뛰기의 신기록을 돌파했다.

他突破了跳高的新纪录。

☆ 높이뛰기的相关词：

높이뛰기 선수 → 跳高选手

中级 **멀리뛰기** 【名】 跳远

올림픽 멀리뛰기 기록이 얼만지 아세요？

您知道奥运会跳远记录是多少吗？

☆ 멀리뛰기的相关词：

세단뛰기 → 三级跳远　제자리멀리뛰기 → 立定跳远

中级 **장애물달리기** 【名】 障碍跑

장애물달리기는 장애물을 뛰어넘어 달리는 것이다.

障碍跑需要越过障碍物。

장애물달리기的相关词:

100m 허들 → 100 米栏　400m 허들 → 400 米栏

中级 **이어달리기** 【名】 接力跑

이어달리기는 협조정신이 필요하다.

接力跑需要合作精神。

同义词 릴레이　接力跑

이어달리기的相关词:

이어달리기를 하다 → 进行接力比赛　400m 이어달리기 → 400 米接力跑

中级 **포환던지기** 【名】 掷铅球

포환던지기는 힘만 있으면 잘 할 수 있는 거 아니다.

铅球不是力气大就可以掷好的。

포환던지기的相关词:

포환던지기 선수 → 铅球运动员　던지다 → 抛，掷

中级 **원반던지기** 【名】 抛铁饼

그는 북경올림픽 원반던지기에서 금메달을 땄다.

他在北京奥运会抛铁饼项目上获得了冠军。

원반던지기的相关词:

원반던지기를 하다 → 抛铁饼（动词词组）　원반던지기 선수 → 铁饼运动员

中级 **창던지기** 【名】 掷标枪

나는 육상경기 팀에있었을 때 창던지기를 했다.

我在田径队的时候掷过标枪。

창던지기的相关词:

창던지기 경기→ 标枪比赛　창던지기를 하다 → 投掷标枪

中级 **체조** 【名】 体操

그 체조 선수는 멋진 착지를 보여주었다.

那个体操选手呈现了帅气的着地。

★ 체조的相关词：

기계 체조 → 机械体操　체조 선수 → 体操运动员　맨손 체조→ 徒手体操

中级 **피겨스케이팅** 【名】 花样滑冰

김연아는 유명한 피겨스케이팅 선수이다.

金妍儿是有名的花样滑冰运动员。

★ 与피겨스케이팅相关：

피겨스케이팅是外来语，英语为 figure skating。

피겨스케이팅 선수 → 花样滑冰选手

中级 **역도** 【名】 举重

나는 중학교 때부터 역도를 시작했어요.

我中学时开始练举重。

★ 역도的相关词：

역도를 하다 → 举重（动词词组）　역도 선수 → 举重选手

中级 **수영** 【名】 游泳

수영은 다이어트에 큰 효과가 있다.

游泳对减肥很有效果。

★ 수영的相关词：

수영 선수 → 游泳选手　수영복 → 泳装　수영을 못 하다 → 不会游泳

中级 **태권도** 【名】 跆拳道

태권도는 한국에서 유래한 호신술의 일종이다.

跆拳道是起源于韩国的一种护身术。

★ 태권도的相关词：

태권도 도장 → 跆拳道道场　태권도를 익히다 → 熟练跆拳道

中级 **조정** 【名】 赛艇

어제 나 티비에서 조정 경기를 봤다.

昨天我在电视上看了赛艇比赛。

조정的相关词:

조정 경기→ 赛艇比赛

中级 **레슬링** 【名】 摔跤

레슬링 선수들이 일정한 몸무게를 유지해야 한다.

摔跤选手一般都要保持一定的体重。

与레슬링相关:

레슬링是外来语，英语为 wrestling。

레슬링 선수 → 摔跤运动员 프로 레슬링 → 职业摔跤

中级 **양궁** 【名】 射箭

그는 꾸준히 양궁 대회에서 좋은 성적을 거두었다.

他在射箭比赛中一直获得好成绩。

양궁的相关词:

양궁 선수 → 射箭选手 양궁 팀 → 射箭组 양궁 경기 → 射箭比赛

中级 **다이빙** 【名】 跳水

그는 다이빙 경기에서 실수를 했다.

他在这次跳水比赛中失误了。

与다이빙相关:

다이빙是外来语，英语为 diving。

中级 **승마** 【名】 马术

승마를 배운 지 10 년이 되었다.

他学马术已经 10 年了。

승마的相关词:

승마 경기 →马术比赛 승마 학교→马术学校

中级 **유도** 【名】 柔道

그는 유도 대회에 참가하지 않았다.

他没有参加这次柔道比赛。

★ 유도的相关词：

유도 선수 → 柔道运动员　유도복 → 柔道服

中级 **사이클** 【名】 自行车

그는 사이클 경기에 3 번 참석했다.

他参加过 3 次自行车比赛了。

★ 与사이클相关：

사이클是外来语，英语为 cycle。

中级 **쇼트트랙** 【名】 短道速滑

쇼트트랙 대회에서 준우승을 얻었다.

他是这次短道速滑比赛的亚军。

★ 与쇼트트랙相关：

쇼트트랙是外来语，英语为 short track。

세계 쇼트트랙 선수권 대회 → 世界短道速滑竞标赛

中级 **사격** 【名】 射击

그 학생은 지금 사격장에서 사격을 연습하고 있다.

那个学生正在射击场练习射击。

★ 사격的相关词：

사격경기 → 射击比赛　사격장 → 射击场

中级 **복싱** 【名】 拳击

남편은 복싱 경기에서 심하게 다쳤다.

我丈夫在拳击比赛中受了很重的伤。

★ 与복싱相关：

복싱是外来语，英语为 boxing。

프로복싱 →职业拳击　킥복싱 → 泰式拳击　복싱글러브→ 拳击手套

中级 **요가** 【名】 瑜伽

요가는 인도에서 기원했다.

瑜伽起源于印度。

★ 요가的相关词：

요가팬츠 → 瑜伽裤 요가매트→ 瑜伽垫

中级 **에어로빅** 【名】 健美操

그녀는 우리들의 에어로빅 사범이다.

她是我们的健美操领操。

同义词 미용체조 健美操

★ 에어로빅的相关词：

에어로빅을 하다 → 做健美操 에어로빅반 → 健美操班

中级 **조깅** 【名】 慢跑

나는 매일 아침에 조깅을 하곤 한다.

我每天早上都要慢跑。

★ 与조깅相关：

조깅是外来语，英语为 jogging。

中级 **리듬체조** 【名】 韵律操

리듬체조는 배우기 쉬워요.

韵律操比较好学。

★ 리듬체조的相关词：

리듬체조를 하다 → 做韵律操 리듬체조를 배우다 → 学做韵律操

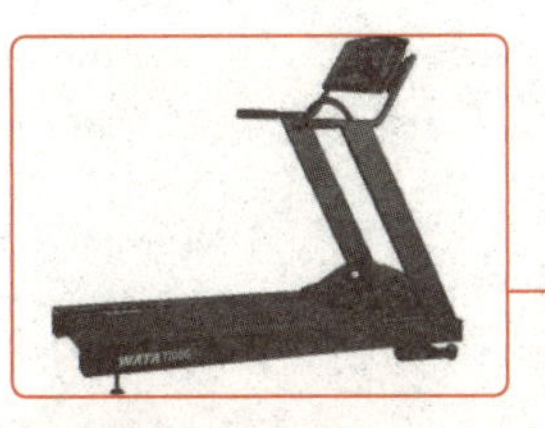

中级 **러닝머신** 【名】 跑步机

언니는 러닝머신에서 열심히 뛰고 있다.

姐姐正在跑步机上努力地跑步。

同义词 트레드밀 (treadmill) 跑步机

与러닝머신相关:

러닝머신是外来语，英语为 running machine。

러닝머신을 구입하다 → 买跑步机

中级 **아령** 【名】 哑铃

그는 아령을 들어올리며 근육 운동을 한다.

他用哑铃做肌肉运动。

아령的相关词:

아령 한 쌍 → 一对哑铃　아령으로 운동하다 → 用哑铃做运动　아령을 들다 → 举哑铃

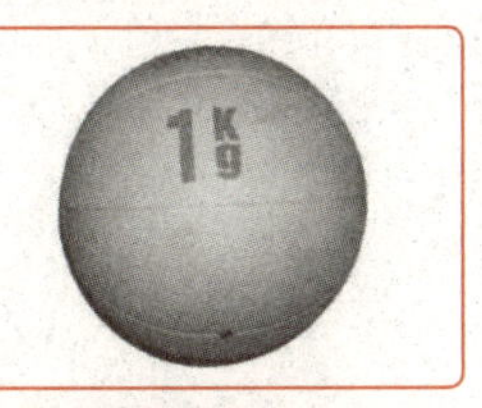

中级 **메디슨볼** 【名】 健身实心球

메디슨볼을 이용해서 근육 트레이닝을 한다.

用健身实心球锻炼肌肉。

与메디슨볼相关:

메디슨볼是外来语，英语为 medicine ball。

中级 **샌드백** 【名】 沙袋

오빠가 매일 저녁에 샌드백을 치고 몸을 단련한다.

哥哥每天傍晚打沙袋锻炼身体。

与샌드백相关:

샌드백是外来语，英语为 sandbag。

샌드백을 치다 → 打沙袋

中级 **라켓** 【名】 球拍

배드민턴을 치고 싶었는데 라켓 없더라.

想打羽毛球，但是没有拍子。

라켓的相关词:

테니스 라켓 → 网球拍　배드민턴 라켓 → 羽毛球拍　탁구 라켓 → 乒乓球拍　라켓을 휘두르다 → 挥拍 (动词词组)

中级 **스케이트** 【名】溜冰鞋

인터넷에서 스케이트를 새로 샀다.

我在网上新买了一双溜冰鞋。

★ **스케이트的相关词:**

스케이트를 타다 → 溜冰　스케이트보드 → 滑板　롤러스케이트 → 旱冰鞋

中级 **악력기** 【名】握力器

악력기는 손의 힘을 트레이닝할 수 있다.

用握力器可以锻炼手部力量。

★ **악력기的相关词:**

악력기를 사용하다 → 使用握力器

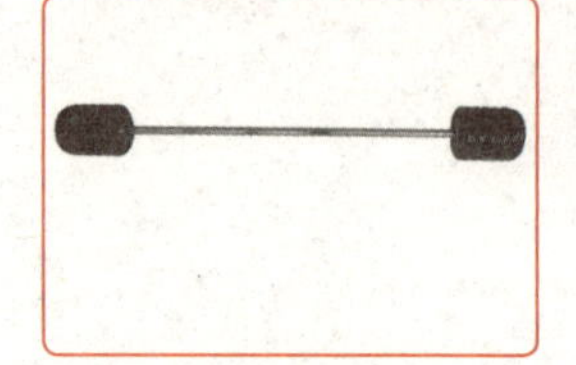

中级 **바벨** 【名】杠铃

그는 요즘 매일매일 바벨을 들고 있다.

他最近每天坚持举杠铃。

★ **与바벨相关:**

바벨是外来语，英语为 barbell。

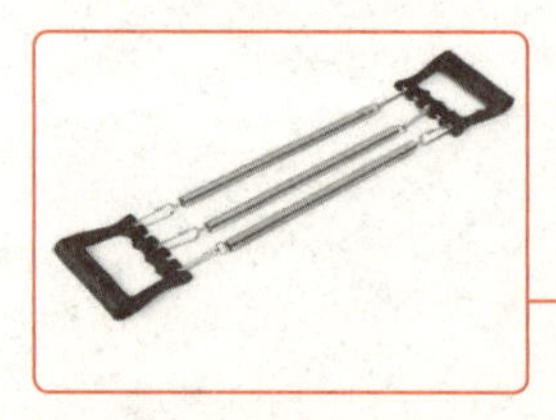

中级 **체스트 익스팬더** 【名】扩胸器

체스트 익스팬더는 팔 힘을 행사할 수 있습니다.

扩胸器可以锻炼手臂力量。

同义词 체스트 디벨로퍼　扩胸器

★ **与체스트 익스팬더相关:**

체스트 익스팬더是外来语，英语为 chest expander。

中级 **운동장** 【名】 运动场

운동장에서 달리기 하는 사람이 많다.

在运动场上跑步的人很多。

운동장的相关词:

운동장이 넓다 → 运动场很大

初级 **농구장** 【名】 篮球场

농구장에서는 키가 큰 자가 우세를 점한다.

篮球场上个子高占优势。

농구장的相关词:

농구 → 篮球 농구 경기를 보러 농구장에 가다 → 去篮球场看篮球比赛

初级 **테니스장** 【名】 网球场

이 건물의 야외 시설로는 농구장과 테니스장이 구비되어 있다.

那栋楼的户外设施有篮球场和网球场。

테니스장的相关词:

테니스장에서 테니스를 치다 → 在网球场打网球

初级 **배구장** 【名】 排球场

배구장에서 몇 사람이 배구를 하고 있다.

排球场上有几个人在打排球。

배구장的相关词:

배구장에서 배구를 치다 → 在排球场打排球

初级 **수영장** 【名】 游泳池

오늘 수영장에 사람이 많아서 수영을 안 했다.

今天游泳池里人太多了，所以我没游。

수영장的相关词:

실내 수영장 → 室内游泳池 야외 수영장 → 露天游泳池 수영장 설비 → 泳池设备

初级 **태권도장** 【名】跆拳道馆

그녀는 태권도장으로 가는 길에 불량배를 만났다.

她在去跆拳道馆的路上遇见了流氓。

★태권도장的相关词:

태권도 동호 → 都喜欢跆拳道的朋友 태권도 도복 → 跆拳道道服

中级 **사격장** 【名】射击场

사격장에 가서 사격을 연습할 거예요.

我下午去射击场练习射击。

★사격장的相关词:

사격장으로 가다 → 去射击场 사격장에서 사격을 연습하다 → 在射击场练习射击

Chapter 11

内心世界

中级 **좋아하다** 【动】 喜欢

책 읽기를 좋아한다.

我喜欢看书。

★ **与좋아하다相关：**

当主语为第一人称时，还可以用좋다（形容词）表示喜欢。例如：

나는 여행이 좋다 → 我喜欢旅行 나는 여행을 좋아한다 → 我喜欢旅行 ...기 좋다 → 喜欢做……

中级 **싫어하다** 【动】 讨厌

난 비계를 정말 싫어해.

我讨厌肥肉。

同义词 미워하다 讨厌

★ **与싫어하다相关：**

当主语为第一人称时，还可以用싫다（形容词）表示讨厌。

그 사람을 싫어한다 → 我讨厌那个人 그 사람이 싫다 → 我讨厌那个人 ...기 싫다 → 讨厌做……

中级 **무섭다** 【动】 害怕

난 거미가 무섭다.

我害怕蜘蛛。

同义词 두렵다 害怕，恐惧

★ **무섭다的相关词：**

무서워하다 → 害怕（动词） 두려워하다 → 害怕，恐惧（动词） 겁이 나다 → 害怕，恐惧（动词词组）

中级 **흥분하다** 【动】 激动

얘기 잘 하고 흥분하지 마세요.

有话好好说，不要激动。

同义词 감격하다 激动

★ **흥분하다的相关词：**

극도 흥분하다 → 极度兴奋 흥분시키다 → 使激动，使兴奋 흥분한 어조로 → 用激动的语调

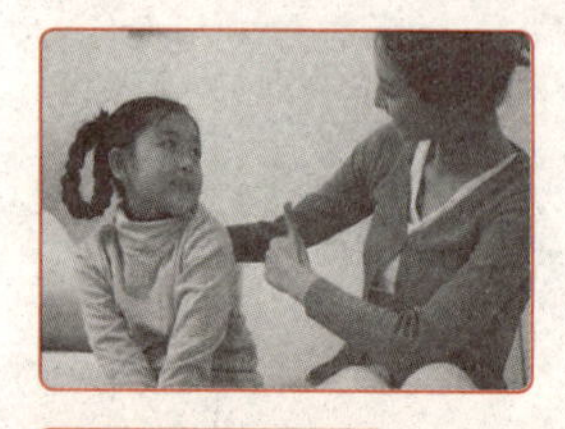

中级 **칭찬하다** 【动】 称赞

아버지는 높은 점수를 딴 아들에게 칭찬했다.

爸爸称赞了考了高分的儿子。

★ **칭찬하다的相关词：**

만구 칭찬하다 → 满口称赞 무척 칭찬하다 → 高度称赞

中级 **차분하다** 【形】 平静

지금 내 마음이 무척 차분하다.

现在我的心情无比平静。

同义词 평안하다 平和

★ 차분하다的相关词：

평온하다 → 平和 조용하다 → 安静 고요하다 → 寂静，平静

中级 **실망하다** 【动】 失望

부모님이 아들이 한 짓에 실망했다.

父母对儿子的行为感到很失望。

★ 실망하다的相关词：

실망시키다 → 使失望，让失望 실망스럽다 → 让人失望的 실망한 얼굴 → 失望的脸

中级 **그립다** 【动】 思念

어머니의 손맛이 아주 그립다.

我很想念妈妈做的菜。

★ 그립다的相关词：

보고 싶다→想念 그리워하다 → 思念（动词） 애인을 그리워하다 → 想念爱人 고향이 그립다 → 思念家乡 가족이 그립다 → 思念家人

中级 **성내다** 【动】 生气

여자친구가 그의 말에 성냈다.

他女朋友因为他的话生气了。

同义词 화내다 生气 화나다 生气 분노하다 愤怒

★ 성내다的相关词：

쉽게 성내다 → 很容易就生气

中级 **경시하다** 【动】 鄙视

사람을 경시하면 안 된다.

不能鄙视别人。

同义词 경멸하다 轻蔑 멸시하다 蔑视 무시하다 看不起

★ 경시하다的相关词：

경시를 당하다 → 受到鄙视

中级 **존경하다** 【动】 尊敬

우리는 스승을 존경해야 한다.

我们应该尊敬老师。

★존경하다的相关词:

스승을 존경하다 → 尊敬老师 존경스럽다 → 尊敬的 존경할 만하다 → 值得尊敬的

中级 **기대하다** 【动】 期待

우리의 다시 만남을 기대하고 있다.

我很期待我们能再次见面。

★기대하다的相关词:

기대되다 → 让人期待 기대를 걸다 → 满怀期待

中级 **망설이다** 【动】 犹豫

그녀는 무엇을 먹을까 결정하지 못해 망설였다.

她不知道要吃什么，犹豫了。

★망설이다的相关词:

취사선택에 망설이다 → 犹豫取舍 답하기를 망설이다 → 回答犹豫

中级 **헤매다** 【动】 徘徊

우리는 친구의 집을 못 찾아 골목에서 헤매고 다녔다.

我们没找到朋友的家，在胡同里徘徊。

★헤매다的相关词:

거리를 헤매다 → 在街上徘徊 꿈속을 헤매다 →在梦里徘徊

中级 **내향적이다** 【形】 内向的

그는 선천적으로 내향적인 사람이다.

他天生就是个性格内向的人。

同义词 내성적이다 内向

★ **내향적이다的相关词：**

내향적인 성격 → 内向的性格

中级 **외향적이다** 【形】 外向的

그녀은 외향적이어서 아는 사람이 많다.

她性格外向，所以认识很多人。

★ **외향적이다的相关词：**

외향적인 성격 → 外向的性格　외향적인 경제 → 外向型经济

中级 **낙관하다** 【形】 乐观的

그는 아무리 큰 어려움을 겪어도 낙관함를 유지할 수 있는 것 같다.

遇到再大的困难，他也能保持乐观的情绪。

★ **낙관하다的相关词：**

장래를 낙관하다 → 对未来乐观　삶을 낙관하다 → 对生活乐观　지나치게 낙관하다 → 过分乐观　인생을 낙관하다 → 对人生乐观

中级 **점잖다** 【形】 稳重的

그가 점잖은 사람이라 이런 일을 하지 않을 것이다.

他是个稳重的人，不会做这种事的。

★ **점잖다的相关词：**

점잖은 느낌 → 稳重感　행도거지가 점잖다 → 举止文雅　점잖게 굴다 → 表现稳重

中级 **허영** 【名】 虚荣

그녀는 허영에 찬 여자이다.

她是个爱虚荣的女人。

★ **허영的相关词：**

허영심→ 虚荣心　허영에 들뜨다 → 好虚荣，要面子

2 性格特征

中级 자비하다 【形】 自卑的

성적이 좋은 학생 앞에 나는 자주 자비하는 생각이 들었다.

在成绩好的学生面前，我经常自卑。

同形异义 자비하다 慈悲善良 자비하다 自备

★ 자비하다的相关词:

열등 → 自卑（名词） 열등감 → 自卑感 열등 심리 → 自卑心理 자만하지도 않고 비굴하지도 않다 → 既不自满，也不自卑

中级 자신하다 【形】 自信

그는 이 임무를 완성할 수 있다고 자신한다.

他自信能完成这个任务。

★ 자신하다的相关词:

자신 → 自信（名词） 자신감 → 自信感 자신이 있다 → 有自信

中级 똑똑하다 【形】 聪明的

그 애는 어렸을 때부터 똑똑해 보인다.

这个孩子从小就很聪明。

同义词 총명하다 聪明的

★ 与똑똑하다相关:

똑똑하다除了“聪明的”的意思，还有“清楚，明白”的意思。

영상이 똑똑하다 → 图像清晰 발음이 똑똑하다 → 发音清楚

中级 의심하다 【动】 怀疑

함부로 남을 의심하는 것은 좋지 않다.

擅自怀疑别人是不好的。

★ 의심하다的相关词:

의심 → 怀疑，疑心 의심을 풀다 → 解开怀疑 의심나다 → 起疑心 의심되다 → 被怀疑

中级 고집하다 【形】 固执的

자기 생각만 고집하지 말고 딴 의견도 좀 들어보세요.

不要固执己见，听听别人的意见吧。

★ 고집하다的相关词:

자기 의견을 고집하다 → 固执己见 똥고집→ 特别固执 닭고집→ 老顽固 고집 → 固执（名词） 고집을 부리다→固执

中级 겸손하다 【形】 谦虚的

대상을 받았지만 그는 여전히 겸손하다.

他拿了大奖依然很谦虚。

同义词 공순하다 恭顺的

☆ 겸손하다的相关词:

지나치게 겸손하다 → 过分谦虚 겸손하게 → 谦虚地 겸손한 사람 → 谦虚的人 겸손한 태도 → 谦虚的态度

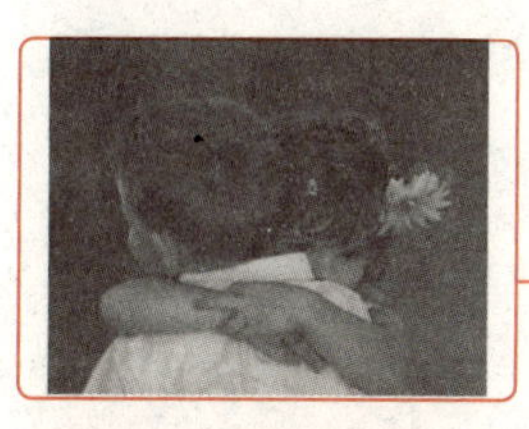

中级 너그럽다 【形】 宽容的

나는 그의 사과를 너그럽게 받아들였다.

我宽容地接受了他的道歉。

同义词 관용하다 宽容的

☆ 너그럽다的相关词:

너그러운 사람 → 宽容的人 포용력이 있다 → 有包容力 너그럽지 못하다 → 无法宽容

中级 탐욕스럽다 【形】 贪婪的

그는 성격이 거칠고 탐욕스럽다.

他的性格粗俗又贪婪。

同义词 탐욕적이다 贪婪的

☆ 탐욕스럽다的相关词:

탐욕 → 贪欲，贪婪 탐하다 → 贪心（动词） 권력을 탐하다 →贪权

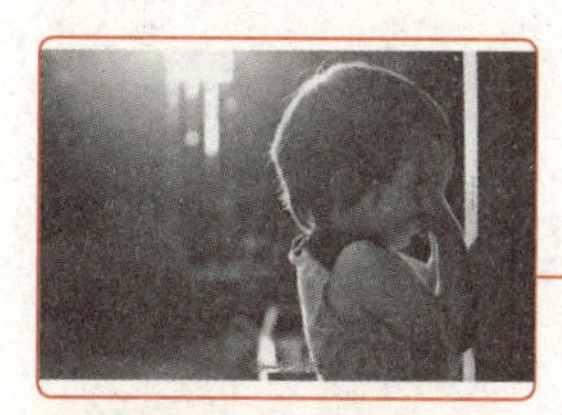

中级 나약하다 【形】 懦弱的

그녀는 보기보다 마음이 나약하다.

她实际比看起来内心更懦弱。

同义词 연약하다 약하다 软弱 弱

☆ 나약하다的相关词:

겁쟁이 → 胆小鬼 나약하고 무능하다 → 懦弱无能 의지가 나약하다 → 意志软弱

中级 용감하다 【形】 勇敢的

그녀의 용감한 행동은 칭찬을 받았다.

她的勇敢受到了表扬。

同义词 과감하다 勇敢的

☆ 용감하다的相关词:

용감한 모습 → 勇敢的模样 용감한 행동 → 勇敢的行动 용감하게 나서다 → 勇敢站出来

中级 강하다 【形】 坚强的

그녀는 의지가 강하고 무슨 일이 있어도 끝까지 버틸 것이다.

她意志坚强，不管有什么事她都能坚持到最后。

★与강하다相关：

강하다除了表示“坚强的”，还有“强大的，强的”的意思。

의지가 강하다 → 意志坚强 능력이 강하다 → 能力强 바람이 강하다 → 风大

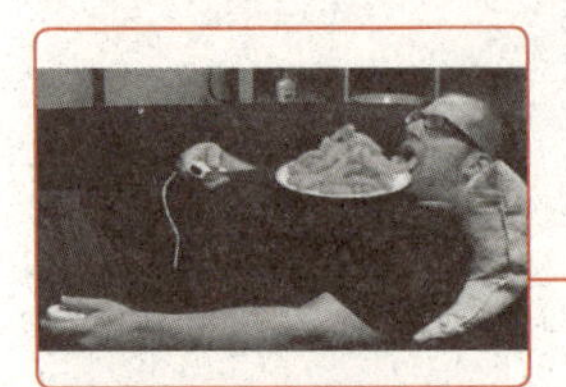

中级 게으르다 【形】 懒惰的

나 과거에 공부에 게으른 학생이었다.

我以前是个懒惰的学生。

反义词 부지런하다 勤劳

★게으르다的相关词：

게으름 → 懒惰（名词） 게으른 사람 → 懒人

中级 냉담하다 【形】 冷漠的

그는 태도가 냉담하다.

他态度冷漠。

同义词 냉정하다 冷漠的

★냉담하다的相关词：

매몰스럽다 → 冷漠 표정이 냉담하다 → 表情冷漠 분위기가 딱딱하다 → 气氛冷淡

中级 친절하다 【形】 亲切的

여행 갔을 때 친절한 사람을 만나서 환대를 받았다.

去旅游时遇到了亲切热情的人们，并受到了款待。

★친절하다的相关词：

친절한 사람 → 亲切的人 친절하게 대하다 → 亲切地对待

中级 열정적이다 【形】 热情的

그는 누구에게도 열정적인 태도로 대하는 사람이다.

他对任何人都很热情。

★열정적이다的相关词：

열정적인 춤 → 热情的舞蹈 열정적으로 → 热情地 열정을 쏟다 → 喷涌热情

中级 **적극적** 【形】 积极的

이 문제에 우리는 적극적인 조치를 취해야 한다.

对于这个问题，我们应该采取积极的措施。

反义词 소극적 消极的

적극적的相关词：

적극적인 태도 → 积极的态度 적극적으로 → 积极地 적극적 자세 → 积极的姿态

中级 **상냥하다** 【形】 温柔的

어머니가 언제나 상냥하고 친절하신 분이다.

妈妈在任何时候都是温柔亲切的。

同义词 온유하다 温柔的

상냥하다的相关词：

상냥한 얼굴 → 温柔的脸 상냥한 마음 → 温柔的心

中级 즐겁다 【形】 快乐

가족들과 함께 즐거운 하루를 보냈다.

和家人一起度过了愉快的一天。

同义词 기쁘다 高兴 유쾌하다 愉快

★즐겁다的相关词:

즐거운 어린 시절 → 快乐的童年 즐겁게 지내다 → 快乐地过日子 즐거운 여행 → 愉快的旅行

中级 외롭다 【形】 孤独的

혼자서 사는 것은 외롭지 않아요?

一个人住不会感到孤独吗?

同义词 고독하다 孤独的

★외롭다的相关词:

외로움 → 孤独(名词) 외로워하다 → 孤独(动词)

中级 초조하다 【形】 焦虑的

초조한 마음으로 딸의 귀가를 기다리고 있다.

用焦虑的心情等着女儿回家。

同义词 불안하다 不安的

★초조하다的相关词:

초조한 마음 → 焦虑的心 초조롭다 → 焦虑 초조→ 焦虑(名词) 간을 졸이다 → 焦急 마음이 달다 → 心里焦虑 가슴을 태우다 → 心中充满焦虑

中级 싫증나다 【动】 厌倦

나 이미 자기 일에 싫증났다.

我已经厌倦了自己的工作。

同义词 물리다 厌烦 질리다 厌倦

★싫증나다的相关词:

진저리가 나다 → 烦腻 싫증 → 厌倦感 싫증나지 않은 → 耐看的 싫증나도록 보았다 → 看厌了

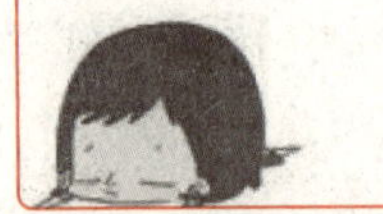

中级 심심하다 【形】 无聊的

하루종일 집에만 있는데 심심하지 않아요?

整天待在家里你不觉得无聊吗?

同义词 지루하다 无聊的

★与심심하다相关:

심심하다除了"无聊的"的意思，还有"清淡的"的意思。

이 요리는 매우 심심하다 → 这菜太淡

中级 **괴롭다** 【形】 痛苦的

무거운 부담을 진 채 지내자니 정말 괴롭다.

单着重担子过日子，真是痛苦。

同义词 고통스럽다 痛苦的

★ 괴롭다的相关词：

마음이 괴롭다 → 心里难受 괴롭히다 → 折磨 몸이 괴롭다 → 身体痛苦

中级 **난처하다** 【形】 尴尬的

계속 이렇게 고집을 부리면 내가 입장이 난처하다.

你一再固执的话我的立场会很尴尬。

★ 난처하다的相关词：

입장이 난처하다 → 处境尴尬 난처한 상황 → 尴尬的情况

中级 **부끄럽다** 【形】 害羞的

그 소녀는 부끄러워 낯을 가리고 있다.

那个少女害羞地捂着脸。

同义词 수줍다 害羞的

★ 부끄럽다的相关词：

부끄러워하다 → 害羞（动词） 부끄럼→ 害羞（名词）

中级 **긴장하다** 【形】 紧张

너무 긴장한 나머지 말이 입에 안 나와.

太紧张了，以至于说不出话来。

反义词 가볍다 轻松

★ 긴장하다的相关词：

떨리다 → 颤抖（动词，经常用于表示紧张） 긴장감 → 紧张感

中级 **가볍다** 【形】 轻松的

그 일을 해결했으니 마음이 참 가볍더라.

解决了那件事后顿时觉得好轻松。

反义词 긴장하다 紧张的

★ 与가볍다相关：

가볍다最基本的意思是“轻”。也有“轻松的”的意思，还有“轻浮，不靠谱”的意思。

마음이 가볍다 → 心情轻松 병이 가볍다 → 病不严重 행동이 가볍다 → 行为轻浮 입이 가볍다 → 嘴不牢

3 感受体会

中级 **졸이다** 【动】 着急的

아버지가 아직 집에 안 들어와서 온 가족이 마음을 졸이고 있다.

父亲到现在还没回家，全家人都很着急。

同义词 조급하다 着急的

☆졸이다的相关词：

表示“着急的”的短语有：

간을 졸이다 → 着急 마음을 조급하다 → 着急 속을 태우다 → 着急 안절부절못하다 → 局促不安

Chapter 12

动物植物

中级 **띠** 【名】 生肖

아기가 무슨 띠예요?

孩子是属什么的？

★与띠相关：

띠除了“生肖”的意思，还有“腰带，箍”的意思。

허리띠 → 腰带

中级 **쥐** 【名】 鼠

쥐를 무서워하는 여자가 많다.

很多女生都害怕老鼠。

★쥐的相关词：

쥐띠 → 属鼠 쥐해 → 鼠年 쥐구멍 → 老鼠洞 다람쥐 → 松鼠

中级 **소** 【名】 牛

소는 보통 원망을 두려워하지 않은 이미지다.

牛通常是任劳任怨的形象。

★소的相关词：

소띠 → 属牛 소해 → 牛年 소고기 → 牛肉 황소 → 黄牛

中级 **호랑이** 【名】 虎

남동생이 호랑이해에 태어났다.

弟弟是虎年出生的。

★호랑이的相关词：

호랑이띠 → 属虎 호랑이해 → 虎年 종이호랑이 → 纸老虎 새벽 호랑이 → 半夜老虎（已经失去了最佳活动时机的老虎，有强弩之末的意思） 호랑이 가죽 → 老虎皮

中级 **토끼** 【名】 兔

토끼의 귀는 아주 길다.

兔子的耳朵长长的。

★토끼的相关词：

토끼해 → 兔年 토끼띠 → 属兔 토끼털 → 兔子毛 토끼굴 → 兔子洞 토끼잠 → 打盹儿

中级 **용** 【名】 龙

용은 실제상 존재하지 않은 것이다.

龙实际上是不存在的。

용的相关词:

용띠 → 属龙 용해 → 龙年 용이 되다 → 成龙（成功，变得发达的意思） 용 가는 데 구름 가고 범 가는 데 바람 간다 → 有龙就有云，有老虎就有风（比喻两个事物之间联系紧密）

中级 **뱀** 【名】 蛇

뱀은 무서운 동물이다.

蛇是一种可怕的动物。

뱀的相关词:

뱀해 → 蛇年 뱀띠 → 属蛇 안경뱀 → 眼镜蛇 뱀을 그리는데 다리를 그려 넣다 → 画蛇添足 뱀을 잡다 → 抓蛇 독사 → 毒蛇

中级 **말** 【名】 马

초원에 가서 말을 타고 싶다.

我想去草原骑马。

말的相关词:

말띠 → 属马 말해 → 马年 말을 타다 → 骑马 승마 → 乘马

中级 **양** 【名】 羊

양의 젖으로 치즈를 만들기도 한다.

也用羊奶做成奶酪。

양的相关词:

양띠 → 属羊 양털 → 羊毛 길 잃은 양 → 迷途的羔羊 면양 → 绵羊 양꼬치 → 羊肉串

中级 **원숭이** 【名】 猴

1992 년 태어나면 원숭이띠입니다.

1992 年出生的属猴。

원숭이的相关词:

원숭이띠 → 属猴 원숭이해 → 猴年 원숭이도 나무에서 떨어진다 → 猴子也有从树上掉下来的时候（马有失蹄）

中级 **닭** 【名】鸡

그는 닭을 전혀 안 먹는다.

他从来不吃鸡肉。

★닭的相关词:

닭띠 → 属鸡 닭해 → 鸡年 닭싸 → 斗鸡 닭고기 → 鸡肉 닭가슴 → 鸡胸 닭발 → 鸡脚 꿩 대신 닭→ 用野鸡代替家鸡（比喻用次的代替好的）

中级 **개** 【名】狗

개는 사람을 잘 따른다.

狗非常粘人。

★개的相关词:

개띠 → 属狗 개 한 마리 → 一只狗 삽살개 → 狮子狗 개소리 → 混账话 강아지→ 小狗

中级 **돼지** 【名】猪

나 어젯밤 돼지를 꿈꿨다.

我昨晚做梦梦见猪了。

★돼지的相关词:

돼지띠 → 属猪 돼지해 → 猪年 돼지꿈 → 猪梦（韩国人认为梦见猪会发财） 돼지고기 → 猪肉 돼지를 키우다 → 养猪

中级 **물고기** 【名】 鱼

우리 어제 물고기를 잡으러 강에 갔다.

我们昨天去河边捉鱼了。

★与물고기相关:

물고기指“水中的活鱼”，생선指“鱼肉”。

물고기를 잡다 → 捉鱼　물고기를 먹다 → 吃鱼

中级 **민물고기** 【名】 淡水鱼

이 물고기는 민물고기이겠다.

这应该是一只淡水鱼。

同义词　담수어　淡水鱼

★민물고기的相关词:

판매용 민물고기 → 供出售的淡水鱼　민물 매운탕 → 淡水鱼辣汤　민물 → 淡水　담수 → 淡水

中级 **바닷물고기** 【名】 海水鱼

바닷물고기보다 민물고기를 더 좋아한다.

比起海水鱼，我更喜欢淡水鱼。

★与바닷물고기相关:

바닷물고기是由바다（海）和물고기（鱼）组成的。

바닷물 → 海水

中级 **잉어** 【名】 鲤鱼

잉어 몸에 빨간 색 부분이 있다.

鲤鱼身上有红色的部分。

★잉어的相关词:

잉어를 낚다 → 钓鲤鱼　홍싸오 잉어 → 红烧鲤鱼　잉어 한 마리 → 一条鲤鱼

中级 **붕어** 【名】 鲫鱼

엄마가 붕어로 국을 만들었다.

妈妈用鲫鱼做了汤。

★붕어的相关词:

붕어 한 마리 → 一条鲫鱼　붕어찜 → 蒸鲫鱼　붕어빵 → 鲫鱼形饼　붕어사탕 → 鲫鱼形糖

中级 **초어** 【名】草鱼

어머니가 시장에서 초어를 사오셨다.

妈妈从市场买回来一只草鱼。

★초어的相关词：

초어를 잡다 → 捉草鱼

中级 **연어** 【名】鲢鱼

연어는 내가 제일 좋아하는 물고기다.

我最爱吃鲢鱼。

★연어的相关词：

연어로 회를 치다 → 用鲢鱼做生切鱼片

中级 **고등어** 【名】青花鱼

나 자반 고등어를 먹기 싫어.

我讨厌吃腌青花鱼。

★고등어的相关词：

고등어조림 → 炖青花鱼　고등어튀김 → 油炸青花鱼　새물 고등어 → 新鲜青花鱼

中级 **금붕어** 【名】金鱼

우리 집에서 금붕어를 몇 마리 기르고 있다.

我家里养了几只金鱼。

★금붕어的相关词：

금붕어를 기르다 → 养金鱼　눈알이 볼가진 금붕어 → 眼睛突出的金鱼

中级 **농어** 【名】鲈鱼

그들은 잡은 농어 새끼를 호수에 다시 방생한다.

他们会把抓到的鲈鱼仔放回湖里。

★농어的相关词：

싱싱한 농어 → 新鲜的鲈鱼

中级 **복어** 【名】 河豚

복어는 잘 못 먹으면 중독될 수도 있다.

如果不注意，吃河豚有可能会中毒。

同义词 하돈 河豚

★ 복어的相关词：

복어회 → 河豚生切片

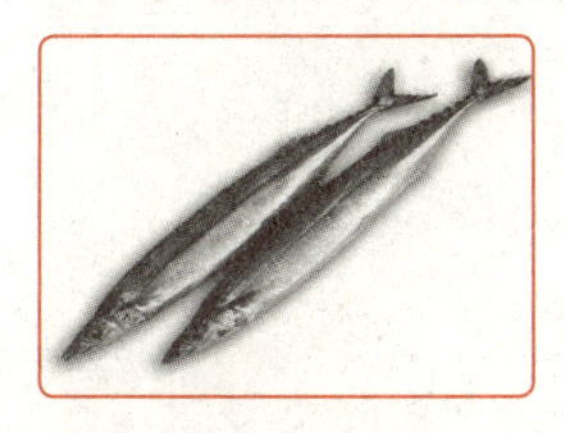

中级 **꽁치** 【名】 秋刀鱼

나는 꽁치구이를 좋아한다.

我喜欢吃烤秋刀鱼。

★ 꽁치的相关词：

꽁치구이 → 烤秋刀鱼 양념꽁치구이 → 蘸酱烤秋刀鱼

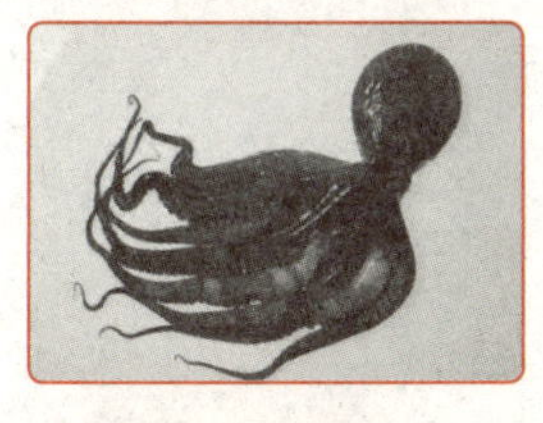

中级 **오징어** 【名】 鱿鱼

오징어의 냄새를 못 참겠다.

我受不了鱿鱼的腥味。

★ 오징어的相关词：

오징어 구이 → 烤鱿鱼 오징어채 → 鱿鱼丝

中级 **까치** 【名】 喜鹊

까치가 울면 기쁜 일이 생긴다.

喜鹊叫有喜事发生。

★ 까치的相关词：

까치가 우짖다 → 喜鹊啼叫 까치가 울다 → 喜鹊叫

中级 **까마귀** 【名】 乌鸦

까마귀 울음소리가 듣기 거북하다.

乌鸦的叫声很难听。

★ 까마귀的相关词：

까마귀 날자 배 떨어진다 → 乌鸦飞了梨就掉下去了（“瓜田李下”的意思） 까악까악 → 呱呱（乌鸦叫声）

中级 **앵무새** 【名】 鹦鹉

앵무새는 말을 모방할 수 있다.

鹦鹉会模仿人说话。

★ 앵무새的相关词：

앵무새처럼 남의 말 따르다 → 鹦鹉学舌 말은 앵무새 → 说得天花乱坠

中级 **참새** 【名】 麻雀

동생이 참새 한 마리를 잡았다.

弟弟抓到了一只麻雀。

★ 참새的相关词：

새끼 참새 → 小麻雀 참새처럼 지저귀다 → 小麻雀一样闹喳喳 참새가 울다 → 麻雀叫 참새가 작아도 알만 잘 깐다→ 麻雀虽小能孵蛋（“人小本事大”的意思） 참새가 방앗간을 그저 지나랴 →麻雀不会直接飞过磨坊（比喻不会错过有利益的事）

中级 **제비** 【名】 燕子

봄이 되면 제비가 남쪽에서 날아온다.

春天到了，燕子从南方飞回来了。

★ 제비的相关词：

제비집 → 燕窝 제비꿀 → 夏枯草

中级 **갈매기** 【名】 海鸥

우리는 주말에 갈매기를 보러 바닷가에 갈 것이다.

我们周末要去海边看海鸥。

갈매기的相关词：

갈매기 우는 소리 → 海鸥叫声 제비갈매기 → 燕鸥 재갈매기 → 银鸥

中级 **비둘기** 【名】 鸽子

비둘기는 평화를 상징한 새다.

鸽子是和平的象征。

비둘기的相关词：

평화의 비둘기 → 和平鸽 비둘기파 → 鸽派 집비둘기 → 家鸽 비들기알 → 鸽子蛋

中级 **두루미** 【名】 丹顶鹤

그 새는 분명히 두루미이다.

那只鸟很肯定是丹顶鹤。

두루미的相关词：

미국흰두루미 → 美洲鹤 두루미자리 → 天鹤座 두루미꽃 → 舞鹤草

中级 **구관조** 【名】 八哥

구관조는 사람 말 잘 따른다.

八哥很会学人说话。

同义词 진길료 八哥

与구관조相关：

구관조对应的汉字为“九官鸟”。

中级 **펭귄** 【名】 企鹅

펭귄은 뒤뚱거리며 걷는다.

企鹅走路一摇一摆的。

与펭귄相关：

펭귄是外来语，英语为 penguin。

3 鸟类

中级 **꾀꼬리** 【名】 黄鹂鸟

꾀꼬리 우는 소리가 듣기 좋다.

黄鹂鸟的声音很好听。

★ **꾀꼬리的相关词:**

밤꾀꼬리 → 夜莺 꾀꼬리참외 → 黄皮香瓜

中级 **매** 【名】 鹰

그 매가 푸른 하늘에서 빙빙 돌고 있다.

那只鹰在蓝天上盘旋。

★ **매的相关词:**

매부리코 → 鹰钩鼻 매발톱 → 鹰爪 매사냥꾼 → 猎鹰人 참매→ 苍鹰

中级 **부엉이** 【名】 猫头鹰

부엉이 소리도 내가 듣기에는 좋다.

在我听来，猫头鹰的声音也好听。

同义词 부엉새 猫头鹰

★ **부엉이的相关词:**

부엉이가 울다 →猫头鹰叫 부엉이바위 → 猫头鹰岩 떡부엉이 → 粗俗的人 부엉이셈 → 算糊涂账

中级 **독수리** 【名】 秃鹫

저기 하늘에서 빙빙 돌고 있는 새가 독수리란다.

那只在天上盘旋的鸟儿叫作秃鹫。

★ **독수리的相关词:**

쌍두 독수리 → 双头秃鹫 무서운 독수리 → 可怕的秃鹫 독수리자리→ 天鹰座

中级 **백조** 【名】 天鹅

공원의 호수에 백조 몇 마리가 있다.

公园的湖里有几只天鹅。

★ **백조的相关词:**

백조의 호수 → 天鹅湖 아름다운 백조 → 美丽的天鹅 블랙 스완 → 黑天鹅

中级 **공작새** 【名】 孔雀

공작새가 갑자기 날개를 활짝 폈다.

孔雀突然开屏了。

同义词 피콕 (peacock) 孔雀

★ 공작새的相关词:

피콕블루 → 孔雀绿 공작 → 孔雀 공작무 → 孔雀舞 공작석 → 孔雀石

中级 **원앙** 【名】 鸳鸯

원앙은 보통 부부를 상징한다.

鸳鸯一般比喻夫妻。

同义词 원앙새 鸳鸯

★ 원앙的相关词:

원앙 명함 → 鸳鸯名片 원앙침 → 鸳鸯枕 원앙폭포 → 鸳鸯瀑布 원앙 한 쌍 → 一对鸳鸯

中级 **나비** 【名】蝴蝶

나비는 꽃숲에서 춤을 추며 날고 있다.

蝴蝶在花丛中飞舞。

나비的相关词:

나비춤 →蝴蝶舞 나비물 → 横着泼出去的水（状如蝴蝶） 채색나비 → 彩蝶 제비나비 → 碧凤蝶 나비매듭 → 蝴蝶结

中级 **벌** 【名】蜜蜂

벌들이 부지런히 꿀을 채집하고 있다.

蜜蜂们在勤劳地采蜜。

벌的相关词:

꿀벌 → 蜜蜂 꿀 → 蜂蜜 양봉 → 养蜂 꿀벌이 꿀을 만들다 → 蜜蜂酿蜜

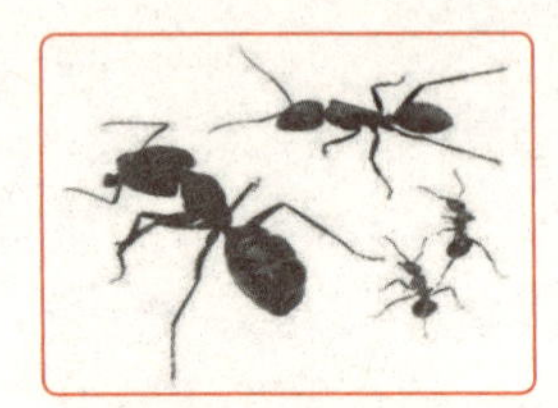

中级 **개미** 【名】蚂蚁

개미가 비오기 전에 이사할 것이다.

下雨之前蚂蚁会搬家。

개미的相关词:

개미굴 → 蚂蚁洞 개미가 기어가다 → 蚂蚁爬行 독개미 → 毒蚁 개미집 → 蚂蚁窝 여왕개미 → 雌蚁

中级 **잠자리** 【名】蜻蜓

아이들이 마당에서 잠자리를 잡고 있네.

孩子们都在院子里捉蜻蜓呢。

잠자리的相关词:

잠자리를 잡다 → 捉蜻蜓 고추잠자리 → 红蜻蜓

中级 **갑충** 【名】甲虫

이 갑충 표본은 너무 완벽하다.

这个甲虫标本太完美了。

同义词 딱정벌레 甲虫

갑충的相关词:

갑충을 잡다 → 捉甲虫 갑충류 → 甲虫类

中级 **무당벌레** 【名】 瓢虫

무당벌레는 농작물에 좋은 곤충이다.

瓢虫是对庄稼有益的昆虫。

★ 무당벌레的相关词:

칠성무당벌레 → 七星瓢虫 꼬마남생이무당벌레 → 龟纹瓢虫 무당벌레속 → 瓢虫属

中级 **사마귀** 【名】 螳螂

풀밭에 사마귀가 아주 많다.

草地上有很多螳螂。

同义词 당랑 螳螂

★ 사마귀的相关词:

사마귀를 잡다 → 捉螳螂 왕사마귀 → 大刀螳螂

中级 **파리** 【名】 苍蝇

할머니가 파리채를 들고 파리를 쫓고 계신다.

奶奶拿着苍蝇拍在赶苍蝇。

同形异义 파리 巴黎

★ 파리的相关词:

파리가 날아다니다 → 苍蝇飞来飞去 파리채 → 苍蝇拍 파리를 좇다 → 赶苍蝇

中级 **지네** 【名】 蜈蚣

지네는 무서워 보인다.

蜈蚣看起来很可怕。

同义词 오공 蜈蚣

★ 지네的相关词:

지네연→ 蜈蚣风筝

中级 **전갈** 【名】 蝎子

전갈에 찔르면 중독할 수 있다.

被蝎子蜇了会中毒。

★ 전갈的相关词:

전갈자리 → 天蝎座 전갈의 독침 → 蝎子的毒钩

中级 **귀뚜라미** 【名】 蟋蟀

오늘밤에도 어김없이 귀뚜라미가 울고 있다.

今晚蟋蟀也不停地叫着。

同义词 실솔 蟋蟀

★귀뚜라미的相关词:

귀뚜라미 싸움 → 斗蟋蟀 귀뚜라미가 울다 → 蟋蟀叫 귀뚤귀뚤 → 嚁嚁

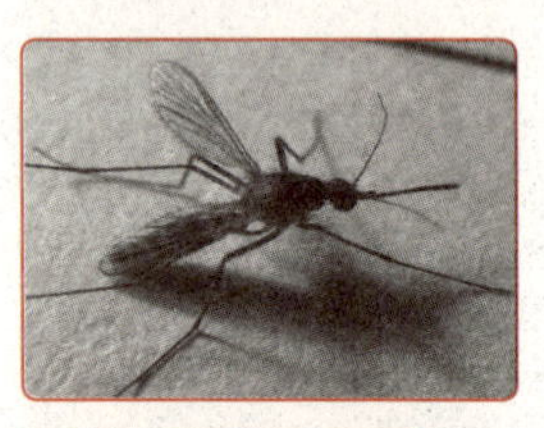

中级 **모기** 【名】 蚊子

나 어젯밤에 모기에 물렸다.

昨晚被蚊子咬了。

★모기的相关词:

모기에 물리다 → 被蚊子咬 모기향 → 蚊香 모기를 때려 잡다 → 打蚊子 모기 우는 소리 → 蚊子声

中级 **매미** 【名】 蝉

매미 소리가 참 시끄럽다.

蝉的声音很吵。

★매미的相关词:

말매미 → 马蝉 가을 매미 → 寒蝉 매미 한 마리 → 一只蝉 매미 소리 → 蝉声

中级 **누에** 【名】 蚕

외할머니가 기르신 누에가 이제 실을 토할 수 있다.

外婆养的蚕会吐丝了。

★누에的相关词:

집누에 → 家蚕 뽕누에 → 桑蚕 양잠하다 → 养蚕 누에가 뽕 먹듯이 → (做事)像蚕吃桑叶一样慢

中级 **나방** 【名】 蛾

딸아이는 나방이 무섭다며 몸을 사렸다.

女儿说害怕蛾躲起来了。

★나방的相关词:

누에나방 → 蚕蛾 불나방→ 灯蛾 나방이 불 속으로 날아들다 →飞蛾扑火

中级 **고양이** 【名】 猫

고양이는 쥐를 잡아먹는다.

猫捉老鼠吃。

★ **고양이的相关词：**

고양이과 → 猫科 고양이 소리 → 糊弄人的话 수고양이 → 公猫 고양이가 쥐를 잡다 → 猫抓老鼠

中级 **코알라** 【名】 树袋熊

코알라가 배부르게 먹은 뒤 나무 위에서 곯아떨어지다.

树熊吃饱了就在树上酣睡。

★ **코알라的相关词：**

코알라是外来语，英语为 koala。

中级 **판다** 【名】 熊猫

판다는 뚱뚱해 보이지만 너무 귀엽다.

熊猫看起来很笨重，但是很可爱。

同义词 판더 熊猫

★ **판다的相关词：**

판다是外来语，英语为 panda。

판다 보호구 → 熊猫保护区

中级 **백곰** 【名】 北极熊

백곰은 둔해 보인다.

北极熊看起来笨笨的。

同义词 북극곰 北极熊 흰곰 北极熊

★ **백곰的相关词：**

곰인형 → 玩具熊 곰 발바닥 → 熊掌

中级 **얼룩말** 【名】 斑马

얼룩말의 몸에는 흑백 줄무늬가 있다.

斑马身上有黑白相间的条纹。

★ **与얼룩말相关：**

얼룩말是由얼룩（花斑）和말（马）组成的。

횡단보도→ 斑马线（人行道）

中级 **코끼리** 【名】 大象

코끼리의 코가 매우 길다.

大象的鼻子特别长。

★ 코끼리的相关词：

아프리카 코끼리 → 非洲象　코끼리 새끼 → 小象　흰 코끼리 → 白象　바다코끼리→ 海象

中级 **사슴** 【名】 鹿

숲에서 사슴이 껑충껑충 뛰어다닌다.

小鹿在林子里欢快地跑着。

★ 사슴的相关词：

사슴뿔 → 鹿角　사슴 가죽 → 鹿皮　꽃사슴 → 梅花鹿　사슴 새끼 → 小鹿　사슴 장 → 鹿场

中级 **사자** 【名】 狮子

사자가 얼룩말을 즐겨먹는 육식동물이다.

狮子是喜欢吃斑马的肉食动物。

同形异义　사자　使者

★ 사자的相关词：

사자가 포효하다 → 狮子咆哮　사자춤 → 狮子舞　아프리카 사자 → 非洲狮

中级 **표범** 【名】 豹

표범은 달리는 속도가 엄청 빠르다.

豹的奔跑速度非常快。

★ 표범的相关词：

눈표범 → 雪豹　바다표범→ 海豹　암표범 → 母豹　아프리카 표범→ 非洲豹

中级 **고릴라** 【名】 猩猩

동물원에서 고릴라를 본 적이 있다.

我在动物园里看到过猩猩。

★ 与고릴라相关：

고릴라是外来语，英语为 gorilla。

침팬지 → 黑猩猩

中级 **늑대** 【名】狼

늑대는 아주 사나운 동물이다.

狼是一种非常凶狠的动物。

★ 늑대的相关词：

굶주린 늑대 → 饿狼　늑대 무리 → 狼群　늑대가 울부짖다 → 狼嗥　양의 탈을 쓴 늑대 → 披着羊皮的狼

中级 **기린** 【名】长颈鹿

기린은 하루에 약 2 시간을 잔다.

长颈鹿一天大概睡两个小时。

★ 与기린相关：

기린对应的汉字为“麒麟”，一般指“长颈鹿”，有“麒麟”的意思。

中级 **캥거루** 【名】袋鼠

캥거루는 야생에서 보통 약 6 년을 삽니다.

袋鼠在野生环境里一般可以活六年。

★ 与캥거루相关：

캥거루是外来语，英语为 kangaroo。

캥거루 세대 → 长不大的一代　캥거루 새끼 → 小袋鼠

中级 **박쥐** 【名】蝙蝠

박쥐는 새가 아니라 포유류 동물이다.

蝙蝠不是鸟，是哺乳类动物。

★ 박쥐的相关词：

박쥐 우산 → 蝙蝠伞　박쥐 구실 → 投机取巧　박쥐나무 → 瓜木

中级 **여우** 【名】狐狸

여우는 아주 교활한 동물이라고 한다.

狐狸是非常狡猾的动物。

★ 여우的相关词：

여우 같다 → 像狐狸一样　토끼가 죽으니까 여우가 슬퍼하다 → 兔死狐悲　여우에 홀리다 → 被狐狸迷惑

中级 **고래** 【名】 鲸鱼

고래는 해양에 살고 있지만 포유류 동물이다.

鲸鱼虽然生活在海里，但它是哺乳动物。

★ **고래的相关词：**

고래 그물에 새우가 걸린다 → 鲸鱼网网到虾（比喻错过重要的，得到没用的） 고래 싸움에 새우 등 터진다 → 城门失火，殃及池鱼

中级 **해마** 【名】 海马

해마는 따뜻한 바다에서만 산다.

海马只生活在温暖的海洋里。

★ **与해마相关：**

해마是地球上唯一一种由雄性生育后代的动物。

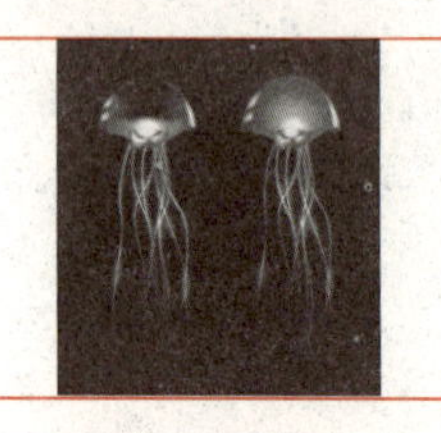

中级 **해파리** 【名】 水母

해파리는 보기 좋다.

水母看起来很好看。

同义词 수모 水母

★ **해파리的相关词：**

등해파리 → 灯水母 담수 해파리 → 淡水水母 띠해파리 → 带状水母 어장이 안되려면 해파리만 끓는다 → 渔场要废，水母当家

中级 **참치** 【名】 金枪鱼

참치는 뇌에 좋은 음식이다.

金枪鱼是对大脑好的食物。

★ **참치的相关词：**

참치 통조림 → 金枪鱼罐头 참치회 → 金枪鱼生切片

中级 **돌고래** 【名】 海豚

수족관으로 가서 돌고래 쇼를 보았다.

我去水族馆看了海豚表演。

★ **돌고래的相关词：**

흰돌고래→ 白鳍豚 돌고래 쇼 → 海豚表演

中级 **바다거북** 【名】 海龟

바다거북을 애완동물로 기르는 건 명백히 잔인한 일이다.

把海龟当宠物养显然是残忍的。

★ 바다거북的相关词:

바다거북 알 → 海龟蛋　붉은 바다거북 → 红海龟　바다거북을 꾀다 → 钓海龟

中级 **해삼** 【名】 海参

해삼은 물컹물컹해서 나는 좋아하지 않는다.

海参软软的，我不喜欢。

★ 해삼的相关词:

해삼을 말리다 → 晒海参　해삼을 증식하다 → 养殖海参　해삼철 → 海参季

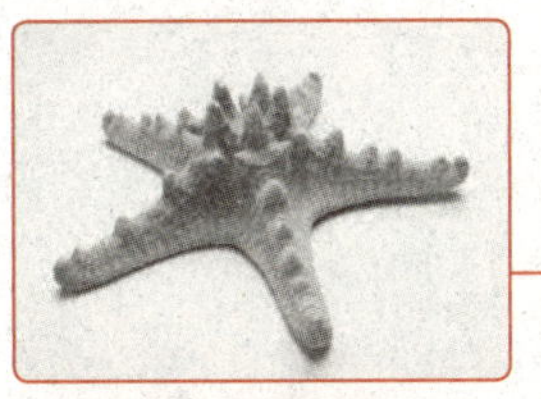

中级 **불가사리** 【名】 海星

불가사리 몸 안에는 피 한방울도 없다.

海星的身体里一滴血都没有。

同义词　해성 海星　　오귀발 海星

★ 불가사리的相关词:

빨강불가사리 → 红海星　송도 말년의 불가사리라 → 无可救药的恶棍

中级 **악어** 【名】 鳄鱼

그 가방은 진짜 악어가죽으로 만들었다.

那个包是用真鳄鱼皮做的。

★ 악어的相关词:

악어의 눈물 → 鳄鱼的眼泪　악어 가죽→ 鳄鱼皮　악어 사냥 → 打猎鳄鱼

中级 **상어** 【名】 鲨鱼

상어는 지구상에 존재한 지 약 4천만 년이 된다.

鲨鱼在地球上生存了约四千万年之久。

★ 상어的相关词:

상어 지느러미 → 鱼翅　상어 밥이 되다 → 喂鲨鱼（成为鲨鱼的食物）　식인 상어 → 食人鲨

中级 **관목** 【名】 灌木

만년청은 상록관목이다.

万年青是常绿灌木。

★ 관목的相关词:

낙엽관목 → 落叶灌木 상록관목 → 常绿灌木 관목 지대 → 灌木地带 관목 숲 → 灌木丛

中级 **교목** 【名】 乔木

사과 나무는 낙엽 교목이다.

苹果树是落叶乔木。

★ 교목的相关词:

상록교목 → 常青乔木 낙엽교목 → 落叶乔木

中级 **가지** 【名】 树枝

가지 위에 새 세 마리가 있다.

树枝上有三只鸟儿。

★ 가지的相关词:

가지를 뻗다 → 伸出树枝 가지를 꺾다 → 折枝 마른 가지 → 干树枝 가지 많은 나무가 잠잠할 적 없다 → 树枝多的树没有安静的时候（比喻子女多的父母对孩子的牵挂没有尽头）

中级 **뿌리** 【名】 根

그 나무의 뿌리를 파냈다.

那棵树的根被挖掉了。

★ 뿌리的相关词:

뿌리가 깊다 → 根深 뿌리를 뽑다 → 除根 나무뿌리 → 树根 풀뿌리 → 草根 혀뿌리 → 舌根 물에는 수원이 있고, 나무에는 뿌리가 있다 → 水有源，木有本

中级 **잎** 【名】 树叶

가을이 되면 잎이 떨어진다.

秋天到了，树叶凋落了。

★ 잎的相关词:

누른 잎 → 黄叶 잎이 지다 → 树叶凋落 차잎 → 茶叶 파초잎 → 芭蕉叶

中级 은행나무 【名】 银杏树

은행나무의 수령은 200 년이 넘었다.

这棵银杏树的树龄超过了 200 年。

★ 은행나무的相关词：

은행나무를 심다 → 种银杏树　은행나무 잎 → 银杏树叶　은행나무 열매 → 银杏果

中级 단풍나무 【名】 枫树

이 산은 가을이면 색색으로 물든 단풍나무가 장관을 이룬다.

这座山到了秋天满山都是被染成红色的枫树。

★ 단풍나무的相关词：

단풍 → 枫叶，红枫叶　단풍 놀이 → 赏枫叶　단풍이 지다 → 枫叶凋落

中级 벚나무 【名】 樱花树

마당 앞의 그 벚나무가 없어졌다.

院子前的那棵樱花树不见了。

★ 벚나무的相关词：

벚꽃 → 樱花　벚꽃 놀이 → 赏樱花（名词）　벚꽃이 만발하다 → 樱花盛开

中级 버드나무 【名】 柳树

이 버드나무는 20 년전에 심었던 것이다.

这棵柳树是 20 年前种的。

★ 버드나무的相关词：

버드나무 가지 → 柳树枝　싹 트는 버드나무 → 抽芽的柳树　4 년생 버드나무 → 四年生柳树

中级 산사나무 【名】 山楂树

그들은 10 년 후 산사나무 밑에 만나기로 했다.

他们约定 10 年后在这棵山楂树下见面。

★ 산사나무的相关词：

산사나무 꽃 → 山楂花　산사나무 열매 → 山楂果

中级 **소나무** 【名】松树

소나무 위에 다람쥐 한 마리가 뛰고 있다.

松树上有一只松鼠在跳。

소나무的相关词:

소나무의 씨 → 松仁 소나무 숲 → 松树林 소나무 잎→ 松树叶 소나무 꽃 → 松蕊

中级 **자작나무** 【名】桦树

그 숲은 자작나무와 소나무가 혼재해 있다.

那片树林是由桦树和松树混栽而成的。

자작나무的相关词:

자작나무과 → 桦树科 자작나무속 → 桦树属 늘씬한 자작나무 → 挺秀的桦树

中级 **꽃잎** 【名】 花瓣

이런 꽃은 꽃잎은 넷이 있다.

这种花有四片花瓣。

★꽃잎的相关词:

나비꽃잎 → 蝴蝶花瓣　꽃술 → 花蕊　꽃봉오리 → 花骨朵儿　꽃받침 → 花萼

中级 **풀** 【名】 草

이곳에 오랫동안 사람이 안 살아서 풀이 났다.

这个地方太久没住人，长草了。

★풀的相关词:

풀숲 → 草丛　잔디 → 草地　초원 →草原　푸른 풀→青草

中级 **화분** 【名】 花盆

우리 집안에는 여기저기 치자나무 화분이 놓여 있다.

我们家里有很多栀子花盆栽。

同义词　꽃분　花盆

★화분的相关词:

다른 화분에 이식하다 → 移植到其他花盆　씨를 화분에 심다 → 把种子种在花盆里

中级 **월계꽃** 【名】 月季花

월계꽃은 5 월에 핀다.

月季花在 5 月开放。

同义词　월계화　月季花

★월계꽃的相关词:

월계꽃를 심다 → 种月季花　월계꽃이 피다 → 月季花开

中级 **민들레** 【名】 蒲公英

민들레의 씨는 바람에 날린다.

蒲公英的种子随风飞扬。

同义词　포공영　蒲公英

★민들레的相关词:

민들레꽃 → 蒲公英花　민들레씨 → 蒲公英种子　민들레의 솜털 → 蒲公英的毛毛

中级 **매화** 【名】 梅花

매화의 향기는 참으로 좋다.

梅花的香气真好闻。

★ 매화的相关词:

매화의 향기 → 梅花的香气　매화나무 → 梅花树　매화꽃이 만발하다 → 梅花漫放

中级 **난초** 【名】 兰花

그녀집 창턱에 난초 한 분이 있다.

她家的窗台上有一盆兰花。

同义词　난　兰

★ 난초的相关词:

난화지 → 兰花指　난초를 기르다 → 养兰花　사군자 → 四君子

中级 **국화** 【名】 菊花

일본의 국화는 국화이다.

日本的国花是菊花。

同形异义　국화　国花

★ 국화的相关词:

국화동자못 → 菊花钉　국화주 → 菊花酒　국화 전시회 → 菊花展　국화를 감상하다 → 赏菊　국화 한 떨기 → 一簇菊花

中级 **튤립** 【名】 郁金香

네덜란드는 튤립 재배국으로 유명하다.

荷兰作为郁金香栽培国而闻名。

同义词　울금향　郁金香

★ 与튤립相关:

튤립是外来语，英语为 tulip。

튤립 재배 → 郁金香栽培　온실의 튤립 → 温室郁金香　튤립을 심다 → 种植郁金香　튤립이 활짝 피다 → 郁金香盛开

中级 **코스모스** 【名】 大波斯菊

코스모스의 꽃말은 순결이다.

大波斯菊的花语是纯洁。

★ 与코스모스相关:

코스모스是外来语，英语为 cosmos。

꽃말 → 花语　길섶에 핀 코스모스→ 开在路旁的大波斯菊

中级 개나리 【名】 迎春花

봄이 오고 개나리가 핀다.

春天来了，迎春花开了。

同义词 망춘 望春花　　연교 连翘

개나리的相关词：

개나리를 심다 → 种迎春花　개나리를 보다 → 看迎春花　개나리를 꺾다 → 折迎春花　개나리를 찍다 → 拍迎春花（拍照）

中级 장미 【名】 玫瑰花

발렌타인데이에 남자친구에게서 장미를 받았다.

情人节那天从男朋友那儿收到了玫瑰花。

장미的相关词：

장미꽃 → 玫瑰花　장미 화단 → 玫瑰花坛　장미 부케 → 玫瑰花捧　빨간 장미→ 红玫瑰　백장미 → 白玫瑰　장미를 따다 → 摘玫瑰

中级 모란 【名】 牡丹

어머니가 마당에 붉게 핀 모란을 보고 기뻐하셨다.

妈妈看到庭院里开得红红的牡丹花很开心。

同义词 작약 芍药

모란的相关词：

모란꽃 → 牡丹花　모란 한 포기 → 一株牡丹　모란병풍 → 牡丹屏风

中级 라벤더 【名】 薰衣草

라벤더는 보라색의 꽃이다.

薰衣草是紫色的。

与라벤더相关：

라벤더是外来语，英语为 lavender。

라벤더꽃 → 薰衣草　라벤더 기름 → 薰衣草精油　라벤더 비누 → 薰衣草香皂　라벤더차 → 薰衣草茶

中级 재스민 【名】 茉莉花

재스민은 세상에서 제일 향기로운 꽃이란다.

茉莉花有人间第一香的美誉。

同义词 말리꽃 茉莉花

与재스민相关：

재스민是外来语，英语为 jasmine。

재스민차 → 茉莉花茶　재스민향수 → 茉莉花香水

8 花草

中级 **연꽃** 【名】莲花

연못에 연꽃은 활짝 피었다.

池塘里莲花开得正盛。

同义词 부용 芙蓉

★ 연꽃的相关词：

연꽃등 → 莲花灯 연꽃 무늬 → 莲花纹饰 연뿌리 → 莲藕 연못 → 莲池

中级 **무궁화** 【名】木槿花

무궁화는 한국의 국화이다.

木槿花是韩国的国花。

★ 무궁화的相关词：

무궁화꽃이 피었다 → 木槿花开了 무궁화 축제 → 木槿花节 무궁화를 구경하다 → 观赏木槿花

中级 **동백꽃** 【名】山茶花

그녀의 머리에 붉은 동백꽃을 꽂고 있다.

她头上插着一朵红色山茶花。

★ 동백꽃的相关词：

타는 듯 붉은 동백꽃 → 火红的山茶花 동백꽃이 피어 있다 → 山茶花正开着

中级 **유채꽃** 【名】油菜花

봄에는 제주도로 유채꽃을 보러 가야 한다.

春天应该去济州岛看油菜花。

★ 유채꽃的相关词：

유채꽃이 노랗게 피었다 → 油菜花开得黄黄的 유채꽃 축제 → 油菜花节 유채씨 → 油菜籽 유채 기름 → 菜籽油

中级 **해바라기** 【名】向日葵

해바라기는 태양을 향하여 머리를 치켜들었다.

向日葵向着太阳仰起头。

★ 与해바라기相关：

해바라기除了“向日葵”的意思，还有“晒太阳”的意思。

해바라기씨 → 葵花籽 해바라기샤워헤드 → 淋浴喷头 해바라기꽃 → 葵花 해바라기 기름 → 葵花油

中级 **카네이션** 【名】 康乃馨

작년 어머니날에 어머니께 카네이션을 보냈다.

去年母亲节给妈妈送了康乃馨。

★ 与카네이션相关：

카네이션是外来语，英语为 carnation。

카네이션핑크 → 粉色康乃馨　카네이션꽃→ 康乃馨花　가슴에 카네이션을 달다 → 在胸前戴康乃馨

中级 **복숭아꽃** 【名】 桃花

이번 주 토요일에 같이 복숭아꽃 축제 갈래？

这周六和我一起去参加桃花节吗？

同义词 도화　桃花

★ 복숭아꽃的相关词：

복숭아꽃 축제 → 桃花节　복사꽃→ 桃花（缩略语）　복숭아꽃이 필 무렵 → 桃花开的时候　복숭아과 같이 아름다운 얼굴 → 桃花般美丽的脸　복숭아꽃이 지다 → 桃花谢了

中级 **치자나무** 【名】 栀子花

우리 마당에서 치자나무를 많이 심어 있다.

我们院子里种了很多栀子花树。

★ 치자나무的相关词：

치자꽃차 → 栀子花茶　치자화 → 栀子花　치자 → 栀子

Chapter 13

生活家居

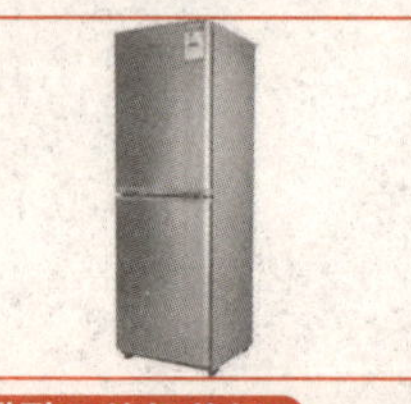

中级 **냉장고** 【名】 冰箱

집 도착하자마자 냉장고에 채운 물을 꺼내 마시기 시작했다.

一到家就拿出冰箱里的水喝了起来。

냉장고的相关词:

직냉식 냉장고 → 直冷式冰箱 구형 냉장고 → 旧式冰箱 무거운 냉장고 → 重重的冰箱
냉장고에 채우다 → 放冰箱冷藏 차량용냉장고 → 车载冰箱 아이박스→ (放冰进去冷藏食物的)冰箱

中级 **정수기** 【名】 饮水机

정수기가 고장났다.

饮水机坏了。

정수기的相关词:

냉온정수기 → 冷热饮水机 전자기정수기 → 电磁净水器 화학정수기 → 化学净水器
정수기를 청소하다 → 清洁饮水机 정수기로 수돗물을 여과하다 → 用净水器过滤自来水
정수기가 고장나다 → 饮水机坏了

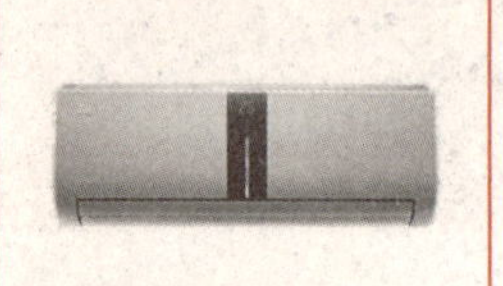

中级 **에어컨** 【名】 空调

여름에 에어컨이 없으면 살 수가 없는 것 같다.

夏天没有空调真的活不了。

에어컨的相关词:

에어컨냉매 → 空调制冷剂 에어컨커버→ 空调套 멀티에어컨→ 多联空调 에어컨을 켜다 → 开空调
에어컨을 끄다 → 关空调 인버터 에어컨 → 变频空调

中级 **선풍기** 【名】 电风扇

선풍기를 사용하는 사람이 줄어들고 있다.

现在用电风扇的人少了。

同义词 송풍기 电风扇 팬 电风扇

선풍기的相关词:

천장 선풍기 → 吊式电风扇 미니선풍기 → 迷你风扇 탁상용 선풍기 → 台式风扇 선풍기 날개 → 风扇叶片
선풍기를 틀다 → 开风扇

中级 **세탁기** 【名】 洗衣机

나는 항상 옷을 모으고 세탁기에 한꺼번에 세탁하곤 한다.

我经常把衣服攒够了一起扔进洗衣机里洗。

세탁기的相关词:

전기 세탁기 → 电洗衣机 드럼 세탁기 → 滚筒式洗衣机 무세제 세탁기 → 免洗涤剂洗衣机
빨랫감을 세탁기에 넣고 돌리다 → 把衣服放进洗衣机洗

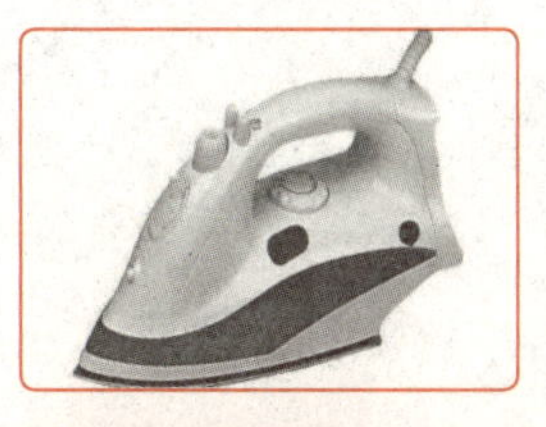

中级 **다리미** 【名】 熨斗

다리미를 쓸 때 화상을 주의해야 한다.

使用熨斗时要注意别被烫伤。

다리미的相关词：

온도 조절 다리미 → 调温熨斗　다리미판 → 熨衣板　증기 다리미→ 蒸汽熨斗　스팀 다리미 → 蒸汽熨斗

전기 다리미 → 电熨斗

中级 **청소기** 【名】 吸尘器

우리집에 로봇 청소기를 새로 샀다.

我们家新买了一个机器人吸尘器。

청소기的相关词：

무선 청소기 → 无线吸尘器　로봇 청소기 → 机器人吸尘器　간식 청소기 → 干式吸尘器

진공 청소기 → 真空吸尘器

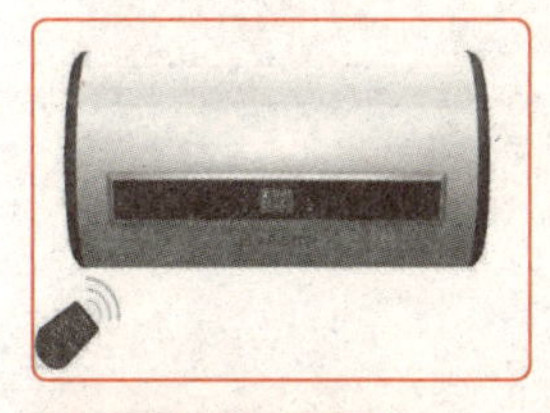

中级 **온수기** 【名】 热水器

신형의 태양에너지 온수기가 출시되었다.

新型太阳能热水器面市了。

온수기的相关词：

전기온수기 → 电热水器　태양에너지온수기 → 太阳能热水器　가스온수기 → 燃气热水器

中级 **드라이어** 【名】 吹风机

드라이어로 머리를 말린 후 잔다.

用吹风机把头发吹干后再睡觉。

同义词 건조기 烘干机　머리말리개 吹风机

与드라이어相关：

드라이어是外来语，英语为 dryer。

헤어 드라이어→ 吹风机

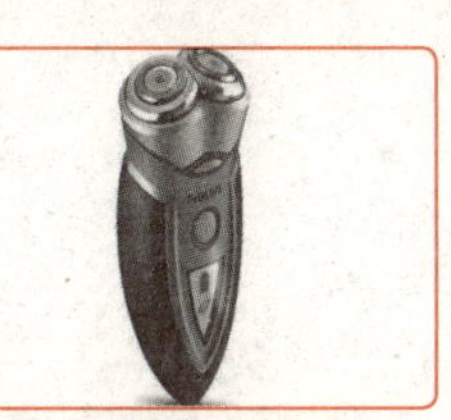

中级 **면도기** 【名】 剃须刀

아버지가 면도기로 면도를 하고 계신다.

爸爸正在用剃须刀刮脸。

면도기的相关词：

전기 면도기 → 电动剃须刀　면도 → 刮脸，剃须　면도를 하다 → 刮脸　면도칼 → 刮脸刀

양면 면도날 → 双面刀片

中级 **티비** 【名】 电视机

너무 심심해서 티비를 볼 수 밖에 없다.

因为太无聊了，所以只能看电视。

★与티비相关：

티비是英语 TV 的读音，全称为텔레비전，日常生活中经常使用简称티비。

액정 티비→ 液晶电视 티비를 보다 → 看电视 티비를 켜다 → 开电视 티비를 끄다 → 关电视

유료티비→ 收费频道 티비뉴스→ 电视新闻 티비기자 → 电视台记者

中级 **라디오** 【名】 收音机

외할아버지께서 매일 라디오를 들어신다.

外公每天都听收音机。

★与라디오相关：

라디오是外来语，英语为 radio。

라디오를 듣다 → 听收音机 라디오 광고 → 广播广告

라디오 뉴스 → 广播新闻 라디오 방송 → 无线电广播 소형 라디오 → 袖珍收音机

라디오를 틀다 → 打开收音机

中级 옷장 【名】 衣橱

언니의 옷장 속에 옷이 가득 걸려 있다.

姐姐的衣柜里挂满了衣服。

同义词 장롱 衣柜　　붙박이장 壁柜

옷장的相关词：

옷장 서랍 → 衣橱抽屉　목제옷장 → 木制衣橱　대형옷장 → 大衣柜　큰옷장 → 大衣柜

中级 식탁 【名】 餐桌

식탁에 고소한 요리를 푸짐하게 차려 있다.

餐桌上摆满了香喷喷的菜。

식탁的相关词：

식탁을 닦다 → 擦饭桌　식탁 예절 → 饭桌礼仪　대리석 식탁 → 大理石饭桌　식탁용지 → 餐桌纸

식탁의자 → 餐椅　2 인용 식탁 → 双人餐桌

中级 책상 【名】 书桌

여동생이 방에서 책상을 정리하고 있다.

妹妹在房间里整理书桌。

책상的相关词：

책상을 정리하다 → 整理书桌　컴퓨터 책상 → 电脑桌　책상에 앉다 → 坐在书桌前　책상 위 → 桌上

책상 밑→ 桌子下　목제 책상 → 木制书桌

中级 침대 【名】 床

나는 침대에 누워서 책 읽기를 좋아한다.

我喜欢躺在床上看书。

침대的相关词：

침대에 눕다 → 躺床上　침대용품 → 床上用品　접이침대 → 折叠床　싱글침대 → 单人床

中级 소파 【名】 沙发

저녁 식사 후 온 가족이 소파에 앉아 티비를 본다.

晚饭后全家人都坐在沙发上看电视。

与소파相关：

소파是外来语，英语为 sofa。

소파 쿠션 → 沙发靠垫　소파 덮개 → 沙发套　가죽 소파 → 皮沙发

천소파 → 布沙发

中级 **책장** 【名】书架

그는 친구의 책장에 꽂힌 책을 훑어보고 있다.

他正浏览着朋友书架上的书。

同义词 책꽂이 书架

★책장的相关词:

책을 책장에 꽂다 → 把书放在书架上 책장의 칸 → 书架格子 책장을 정리하다 → 整理书架

中级 **신발장** 【名】鞋架

신발은 신발장에 둬야 한다.

鞋子应该放在鞋架上。

★신발장的相关词:

신발을 신발장에 넣다 → 把鞋子放进鞋架

中级 **매트리스** 【名】床垫

매트리스는 수면의 질적 향상에 매우 중요한 요소이다.

床垫是提高睡眠质量的重要因素。

★与매트리스相关:

매트리스是外来语，英语为 mattress。

에어매트리스 → 充气床垫 매트리스커버 → 床垫套子

스프링 매트리스 → 弹簧床垫 스펀지 매트리스 → 海绵床垫

中级 **체경** 【名】穿衣镜

그녀는 체경 앞에서 반복적으로 옷을 입어보고 있다.

她站在穿衣镜前反复试着衣服。

同义词 몸거울 穿衣镜 전신거울 穿衣镜

★체경的相关词:

거울 → 镜子 체경에 비추어 보다 → 照镜子 체경에 비치다 → 照镜子

中级 **협탁** 【名】床头柜

나는 서랍이 많은 협탁을 사고 싶다.

我想买一个抽屉多的床头柜。

★협탁的相关词:

협탁을 사다 → 买床头柜 목제 협탁 → 木制床头柜 협탁 서랍 → 床头柜抽屉

中级 **부엌** 【名】 厨房

어머니께서 부엌에서 바쁘고 계신다.

妈妈在厨房里忙着。

同义词 주방 厨房

★ **부엌的相关词：**

부엌살림 → 厨房用具 부엌을 치우다 → 收拾厨房 부엌살림을 장만하다 → 置备厨房用具

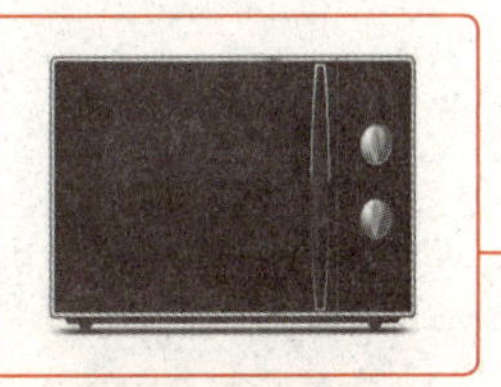

中级 **전자레인지** 【名】 微波炉

음식을 전자레인지에 넣고 몇 분 데우면 된다.

把食物放进微波炉热几分钟就可以了。

同义词 마이크로웨이브 오븐 微波炉

★ **전자레인지的相关词：**

전자레인지로 가열하다 → 用微波炉加热 다용도 전자레인지 → 多用途微波炉

中级 **전기오븐** 【名】 电烤箱

아침에 전기오븐으로 빵을 구웠다.

早上用电烤箱做了面包。

★ **与전기오븐相关：**

전기오븐是由전기（电）和오븐(oven，烤箱)组成的。

전기 → 电 전기가 나가다→ 没电了

中级 **전기밥솥** 【名】 电饭锅

요즘 한국의 전기밥솥은 중국에서 인기가 많다.

最近韩国的电饭锅在中国很受欢迎。

★ **전기밥솥的相关词：**

자동전기밥솥 → 自动电饭锅 보온 밥솥 → 保温饭锅 솥 → 锅

中级 **인덕션** 【名】 电磁炉

그 백화점이 할인 행사를 해서 이 인덕션을 싸게 샀다.

那个商场打折，所以这个电磁炉卖得很便宜。

★ **与인덕션相关：**

인덕션是外来语，英语为 induction。

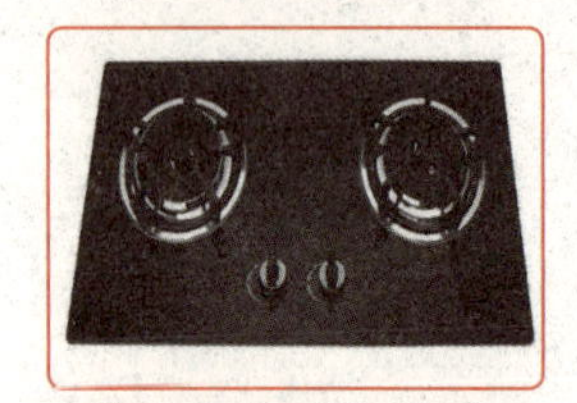

中级 **가스레인지** 【名】 燃气灶

엄마가 가스레인지 위에 냄비를 놓고 요리하기 시작했다.

妈妈把平锅放在燃气灶上开始炒菜。

★ 가스레인지的相关词:

가스레인지를 틀다 → 打开燃气灶 가스레인지를 끄다 → 关闭燃气灶

中级 **믹서** 【名】 榨汁机

믹서의 사용법이 아주 쉽다.

榨汁机的使用方法非常简单。

同义词 착즙기 榨汁机

★ 与믹서相关:

믹서是外来语，英语为 mixer。

과일 믹서 → 水果榨汁机 가정용믹서 → 家用榨汁机 주스착즙기 → 榨汁机

中级 **환풍기** 【名】 抽油烟机

부엌에서 요리할 때 환풍기를 켜 있으면 좋다.

在厨房做饭时最好开着抽油烟机。

★ 환풍기的相关词:

주방 환풍기 → 抽油烟机 환풍기를 작동하다 → 打开抽油烟机

中级 **냄비** 【名】 锅

냄비에 기름을 따라주세요.

请往锅里倒点儿油。

★ 与냄비相关:

냄비还可以做量词。例如:

고기 한 냄비 → 一锅肉 철 냄비 → 铁锅 냄비 한 개 → 一口锅

냄비받침 → 锅垫 질냄비 → 砂锅

中级 **찬장** 【名】 碗柜

설거지를 한 후 그릇을 찬장에 넣어두면 된다.

把碗洗好后放进碗柜里就可以了。

同义词 식기장 碗柜

★ 찬장的相关词:

찬장을 주문 만들다 → 定制碗柜 그릇을 찬장에 놓다 → 把碗放在碗柜里

中级 **쓰레기통** 【名】 垃圾桶

쓰레기를 쓰레기통에 버리세요 .

请把垃圾扔进垃圾桶。

★ 쓰레기통的相关词:

플라스틱쓰레기통 → 塑料垃圾桶 페달식 쓰레기통 → 踏板式垃圾桶 쓰레기차 → 垃圾车

쓰레기를 분리 수거하다 → 分类回收垃圾

中级 **싱크대** 【名】 橱柜

그녀는 싱크대 위에 있는 냄비의 뚜껑을 조심스럽게 열어 보았다 .

她小心地揭开洗涤台上锅的盖子。

★ 싱크대的相关词:

싱크대还有“洗涤槽，水槽”的意思。

조립식싱크대 → 组合式橱柜 유리싱크대 → 玻璃水槽

싱크대 배수구 → 水槽排水口 스테인리스 싱크대 → 不锈钢洗涤槽

中级 **토스터** 【名】 烤面包机

오늘 아침 토스터로 토스트를 구워 먹었다 .

今天早上烤了面包吃。

同义词 토스터기 烤面包机

★ 与토스터相关:

토스터 是外来语，英语为 toaster。

토스트→ 吐司面包

中级 **커피머신** 【名】 咖啡机

친구가 이사 할 때 커피머신을 선물했다 .

朋友搬家时我送了他咖啡机。

同义词 커피메이커 咖啡机

★ 与커피머신相关:

커피머신是外来语，英语为 coffee machine。

中级 **거실** 【名】 客厅

이 집은 방이 두 개 있고 거실 하나가 있다.

这套房有两个房间，一个客厅。

同义词 응접실 客厅

★ 거실的相关词：

거실로 들어가다 → 进入客厅 거실 겸 침실 → 客厅兼卧室

中级 **양탄지** 【名】 地毯

양탄지가 너무 더러워서 씻어줘야 한다.

地毯太脏，应该洗了。

同义词 카펫 地毯 융단 地毯

★ 양탄지的相关词：

양탄지를 깔다 → 铺地毯 붉은 양탄자 → 红地毯 물샐틈없는 수색 → 地毯式搜索

中级 **커튼** 【名】 窗帘

햇빛이 너무 눈부셔서 커튼을 쳐주세요.

阳光太刺眼了，把窗帘拉上吧。

★ 커튼的相关词：

커튼을 치다 → 拉上窗帘，挂窗帘 커튼을 닫다 → 关上窗帘 커튼을 열다 → 拉开窗帘

커튼을 올리다 → 卷窗帘 블라인드 → 百叶窗 천커튼 → 布窗帘

中级 **쿠션** 【名】 抱枕

이 쿠션은 친구가 선물해 준 것이다.

这个抱枕是朋友送给我的。

★ 쿠션的相关词：

쿠션을 안다 → 抱抱枕 쿠션비비크림 → 气垫 BB 소파 쿠션 → 沙发靠垫 쿠션 커버 → 靠枕套 에어 쿠션 → 气垫

中级 **리모콘** 【名】 遥控器

아이들이 리모콘 때문에 싸우고 있다.

孩子们在抢遥控器。

★ 리모콘的相关词：

리모콘을 들다 → 拿遥控器 리모콘을 누르다 → 按遥控器 리모콘으로 채널을 돌리다 → 用遥控器换台

에어컨 리모콘 → 空调遥控器

中级 **티테이블** 【名】 茶几

티테이블 위에 과일 바구니, 케이스휴지와 리모콘이 놓여 있다.

茶几上放着水果篮、纸巾盒和遥控器。

同义词 차탁자 茶几　　챳상 茶几

与티테이블相关:

티테이블是外来语，英语为 tea table。

티테이블을 닦다 → 擦茶几　티테이블을 정리하다 → 整理茶几

中级 **tv 거실장** 【名】 电视柜

tv 거실장은 아주 정교하게 만들었다.

这个电视柜做得很精致。

与 tv 거실장相关:

거실장可以指“电视柜”，但是거실장有时候不一定专指“电视柜”。

中级 **벽지** 【名】 墙纸

벽지가 너무 화려해서 아내가 마음에 들지 않을 것 같다.

这个墙纸太华丽了，妻子不会满意的。

벽지的相关词:

꽃무늬 벽지 → 花纹墙纸　벽지를 바르다 → 贴墙纸　벽지 한 통 → 一卷墙纸

中级 **그림** 【名】 挂画

친구가 그려준 그림을 침실에 걸고 있다.

我把朋友送我的画挂在卧室里。

그림的相关词:

그림을 걸다 → 挂画（动词词组）　그림을 그리다 → 画画

中级 **꽃병** 【名】 花瓶

집에 도착하자마자 꽃병에 받은 꽃을 꽂아 놓었다.

一到家就把收到的花插进花瓶里了。

同义词 화병 花瓶

꽃병的相关词:

꽃병이 깨지다 → 花瓶碎了　꽃병을 깨다 → 打碎花瓶　꽃병에 꽃을 꽂다 → 把花插进花瓶里

Chapter 14
交通出行

中级 **지하철** 【名】 地铁

누나는 매일 지하철을 타고 출근한다.

姐姐每天坐地铁上班。

지하철的相关词：

지하철을 타다 → 坐地铁　지하철역 → 地铁站　지하철로 가다 → 坐地铁去　지하철 노선도 → 地铁路线图

中级 **버스** 【名】 公交车

나는 매일 버스를 타고 학교를 다닌다.

我每天坐公交车上学。

버스的相关词：

버스를 타다 → 坐公交车　버스가 붐비다 → 公交车很挤　버스에서 내리다 → 下公交车

中级 **기차** 【名】 火车

여름 방학 때 친구들이랑 같이 기차 여행을 했다.

暑假的时候我和朋友坐火车去了很多地方。

기차的相关词：

기차를 타다 → 坐火车　기차표 → 火车票　열차시각표 → 列车时刻表　기차 기사 → 火车司机　철도 → 铁道

中级 **비행기** 【名】 飞机

비행기는 제일 빠른 교통수단이라고 할 수 있다.

飞机是最快的交通工具。

비행기的相关词：

비행기를 타가 →坐飞机　비행기표 → 飞机票　비행기가 착륙하다 → 飞机着陆　비행기가 이륙하다 → 飞机起飞

中级 **기선** 【名】 轮船

기선은 폭풍우 속에서 상하로 요동을 치고 있다.

轮船在暴风雨中上下摇动。

기선的相关词：

기선을 타다 → 坐轮船　기선 운행 → 轮船运行　기선 회사 → 轮船公司　기선으로 운송하다 → 用轮船运送　큰 기선 → 巨轮

中级 **자전거** 【名】 自行车

동생은 자전거 타기를 엄청 좋아한다.

弟弟特别喜欢骑自行车。

同义词 사이클 自行车

★ 자전거的相关词：

자전거를 타다 → 坐自行车 소형 자전거 → 小型自行车 산악 자전거 → 山地自行车 자전거 경주 → 自行车竞技 자전거도로 → 自行车道

中级 **오토바이** 【名】 摩托车

오토바이를 탈 때 부주의로 다쳤다.

他骑摩托车时不小心摔伤了。

★ 오토바이的相关词：

오토바이를 타다 → 骑摩托车 오토바이를 세놓다 → 出租摩托车 오토바이를 수리하다 → 修理摩托车 오프로드 오토바이 → 越野摩托车

中级 빨간불 【名】 红灯

그 사람이 빨간불을 무시하고 통과했다.

那个人无视红灯，跑了过去。

빨간불的相关词：

신호를 위반하다 → 闯红灯 빨간불을 무시하다 → 无视红灯 빨간불을 지나치다 → 闯红灯 빨간불이 켜지다 → 亮红灯

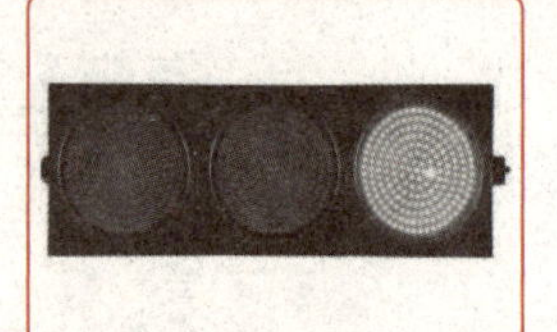

中级 파란불 【名】 绿灯

파란불이 켜질 때 통과할 수 있다는 뜻이다.

绿灯亮是可以通过的意思。

파란불的相关词：

파란불이 켜지다 → 绿灯亮了 파랗다 → 蓝 파란색 → 蓝色

中级 노란불 【名】 黄灯

노란불은 예비신호이다.

黄灯是预备信号。

노란불的相关词：

불 → 灯 노랗다 → 黄 노란색 → 黄色

中级 유턴 【动】 掉头

여기서 유턴을 할 수 있다.

在这里可以掉头。

与유턴相关：

유턴是外来语，英语为 u-turn。

유턴을 하다 → 掉头（动词词组）

中级 유턴 금지 【名】 禁止掉头

저기 유턴 금지란 표시를 못 봐요？

你没看见那儿写着“禁止掉头”吗?

与유턴 금지相关：

유턴금지是在유턴的基础上加上금지组成的词。“名词 + 금지”就是“禁止……”的意思。

中级 **통행 금지** 【名】 禁止通行

조금 있으면 통행 금지를 알리는 신호가 들릴 것이다.

再过一会儿就有禁止通行的信号了。

★ **통행 금지的相关词:**

통금 → 禁行（통행금지的缩略形式） 통행금지하다 → 禁止通行 통행금지되다 → 被禁行

中级 **주차 금지** 【名】 禁止停车

주차 금지 표시판이 있어서 여기서 차 세우면 안된다.

因为有禁止停车的标志，所以这里不能停车。

★ **주차 금지的相关词:**

주차 금지 표시판 → 禁止停车标志牌 주차 금지 지역 → 禁止停车区域 차고 앞 주차 금지 → 禁止在车库前停车

中级 **횡단보도** 【名】 人行道

운전해서 횡단보도를 지나갈 때 속도를 줄여야 한다.

开车经过人行道时要减速。

★ **횡단보도的相关词:**

횡단보다를 건너다 → 过人行道

中级 **서행** 【动】 慢行

사고가 잦은 곳에서 반드시 서행을 해야 한다.

在事故多发地带一定要慢行。

★ **서행的相关词:**

서행하다 → 慢行（动词） 서행 속도 → 慢行速度 서행표시 → 慢行标志

中级 **급커브** 【名】 急转弯

자동차는 갑자기 왼쪽으로 급커브를 돌았다.

车突然向左边做了急转弯。

★ **급커브的相关词:**

급커브를 돌다 → 急转弯 급커브를 틀다 → 急转弯

中级 속도 제한 【名】 限速

속도 제한을 어기면 벌금을 내야 한다.

超速行驶是要罚款的。

★ 속도 제한的相关词：

속조제한표지 → 限速标志　제한 속도를 지키다 → 遵守限制的速度　속도 위반 → 超速　속도 제한을 어기다 → 超速　제한 속도는 시속 20 마일 → 限时速 20

中级 추월 금지 【名】 禁止超车

추월 금지 구역을 지나야 추월이 가능하다.

过了禁止超车路段才能超车。

★ 추월 금지的相关词：

추월하다 → 超车，超越　앞차를 추월하다 → 超前面的车　추월 금지 구역 → 禁止超车路段

中级 **앞** 【名】 前

안개가 껴서 앞이 잘 보이지 않는다.

起雾了，看不太清楚前方。

☆ 앞的相关词:

앞으로 → 往前；以后 앞 좌석 → 前座 앞차 → 前面的车 눈앞 → 眼前 맨 앞 → 最前 앞말 → 前言

中级 **뒤** 【名】 后

뒤에 앉아 있는 흰 옷을 입는 사람이 내 선생님이다.

坐在后面那个穿白衣服的人是我的老师。

☆ 뒤的相关词:

뒤자리 → 后座 맨 뒤 → 最后面 뒤떨어지다 → 落后 뒤로 물러서다 → 退后，靠后 뒤를 쫓다 → 追赶，跟上 그 뒤 → 那以后，从那以后 재수 없는 놈은 뒤로 자빠져도 코가 깨진다 → 喝凉水也塞牙

中级 **왼쪽** 【名】 左

왼쪽에는 내 친구가 앉아 있다.

我的左边坐着我的朋友。

同义词 좌 左

☆ 왼쪽的相关词:

왼손 → 左手 왼손잡이 → 左撇子 왼팔 → 左臂 왼방향 → 左边方向 왼쪽 → 左边 왼쪽으로 통행하다 → 靠左边走 왼쪽으로 돌다 → 向左转 왼쪽으로 보다 → 向左看

中级 **오른쪽** 【名】 右

슈퍼는 학교 오른쪽에 있다.

超市在学校右边。

同义词 우 右

☆ 오른쪽的相关词:

오른쪽 → 右边 오른다리 → 右腿 오른편 → 右边 오른쪽으로 돌다 → 向右转 오른쪽으로 기울이다 → 向右倾斜

中级 **위** 【名】 上

위로 더 올라가야 한다.

还要继续往上走。

同义词 상 上

★ 위的相关词：

위로 올라가다 → 往上走 위에 있다 → 在上面 맨 위 → 最上面

中级 **아래** 【名】 下

여름이 되면 그늘 아래에 사람이 많이 있다.

到了夏天树荫下人很多。

同义词 밑 下

★ 아래的相关词：

하늘 아래 → 天底下 아래로 보다 → 向下看 그늘 아래 → 树荫下 아래에 있다 → 在下面

中级 **동** 【名】 东

공원은 동쪽에 있어요.

公园在东面。

★ 동的相关词：

동쪽으로 가다 → 向东面走去 동방 → 东方 동이 일 하라면 서의 일 한다 → 听不懂别人的话，另搞一套

中级 **남** 【名】 南

남방 지역은 홍수 재해를 당하고 있다.

南方地区正经受着洪水灾害。

★ 남的相关词：

남북 → 南北 남방 → 南方 남쪽 → 南面

中级 **서** 【名】 西

해가 서쪽으로 저물어요.

太阳从西边落下。

★ 서的相关词：

서쪽 → 西面 서양 → 西洋，西方

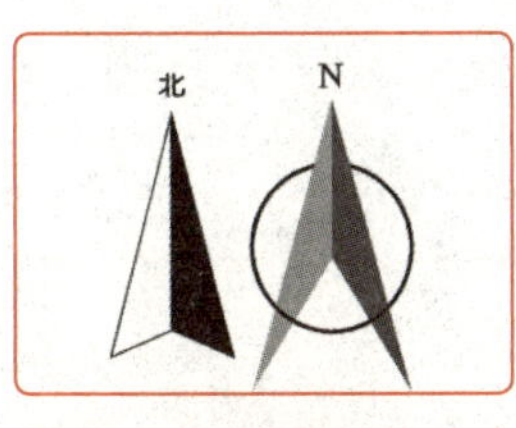

中级 북 【名】 北

북방의 겨울에는 눈이 많이 온다.

北方的冬天经常下雪。

★ 북的相关词：

북쪽 → 北面　북방 → 北方　북경 → 北京

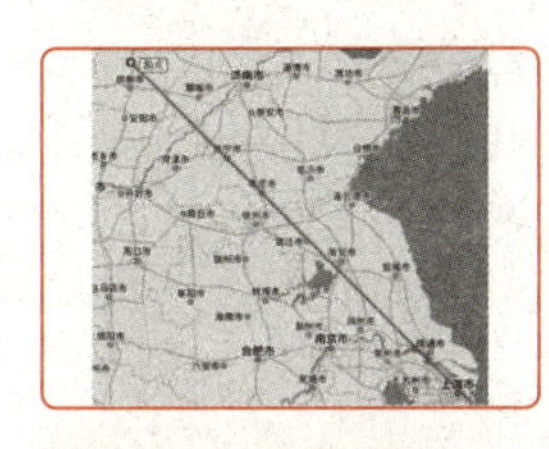

中级 동남 【名】 东南

우리 집은 동남으로 앉고 있다.

我们家面向东南。

★ 동남的相关词：

동북 → 东北　서북 → 西北　서남 → 西南　동남풍 → 东南风　동남아 → 东南亚　동남 지역 → 东南地区

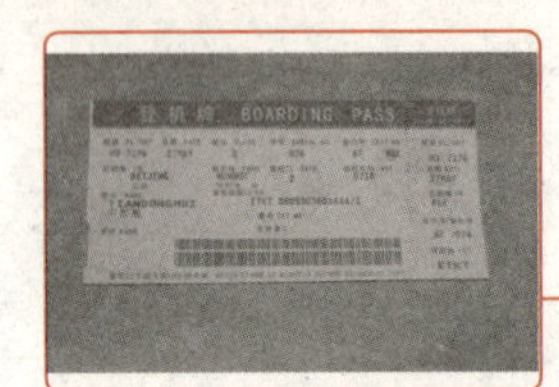

中级 **비행기표** 【名】 飞机票

비행기표를 집에 두고 왔는데 어떡하죠 ?

我把飞机票忘在家里了，怎么办?

同义词 항공권 飞机票

★ 비행기표的相关词：

비행기표를 예약하다 → 预订飞机票 비행기표가 매진되다 → 飞机票售完 비행기표를 변경하다 → 改签

中级 **공항** 【名】 机场

오후에 공항으로 친구를 마중하러 갈 것이다 .

我下午去机场接朋友。

★ 공항的相关词：

공항으로 가다 → 去机场 국제 공항 → 国际机场 공항 버스 → 机场巴士 공항 활주로 → 机场跑道 공항 사용료 → 机场费

中级 **터미널** 【名】 航站楼

우리는 3 번 공항 터미널로 가야 해요 .

我们应该去三号航站楼。

★ 与터미널相关：

터미널是外来语，英语为 terminal。基本的意思是“终端”，也可以指“车站”。

공항 터미널 → 机场航站楼 고속 터미널 → 长途汽车站

中级 **연착** 【名】 晚点

비행기가 연착되서 회의를 내일 아침으로 미루기로 했다 .

飞机晚点了，所以会议改到了明天早上。

★ 연착的相关词：

연착하다 → 晚点 (动词) 연착되다 → 晚点 비행기가 2 시간 연착하다 → 飞机晚点两个小时

中级 **정시** 【名】 正点

오늘 비행기가 정시에 도착했다 .

今天飞机正点着陆了。

★ 정시的相关词：

정시에 출발하다 → 正点出发 정시에 도착하다 → 正点到达

中级 **이코노미클래스** 【名】 经济舱

서울로 가는 이코노미클래스 티켓이 두장 예약해 주세요.

我要预订两张去首尔的经济航票。

同义词 보통석 经济舱 일반석 经济舱

★ 이코노미클래스的相关词：

이코노미클래스是外来语，英语为 economy class。

이코노미클래스를 타다 → 坐经济舱

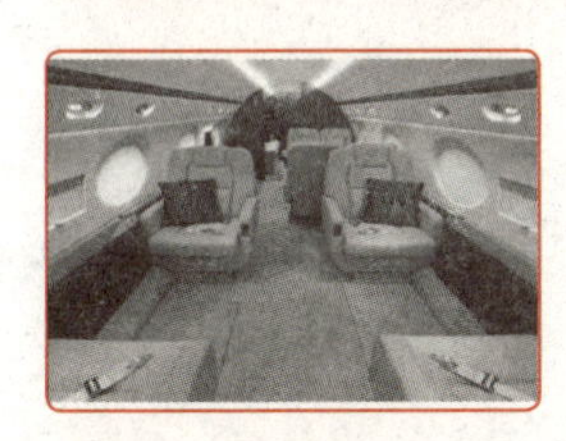

中级 **일등석** 【名】 头等舱

저는 일등석을 타 본 적이 없어요.

我以前从来没坐过头等舱。

★ 일등석的相关词：

일등석을 타다 → 坐头等舱 일등석으로 올리다 → 升级为头等舱

中级 **탑승 게이트** 【名】 登机口

이 탑승 게이트로 어떻게 가는지 알려주세요.

请告诉我怎么去这个登机口。

★ 탑승 게이트的相关词：

탑승하다 → 登机（动词） 3 번 게이트 → 3 号入口

中级 **갈아타다** 【动】 换乘

여기서 국가박물관으로 가면 갈아타지 않아도 된다.

从这儿去国家博物馆不需要换乘。

同义词 환승하다 换乘

★与갈아타다相关：

갈다 是“换”的意思，“갈아 + 动词”是“换……”的意思。例如：

갈아입다 → 换穿衣服 갈아매다 → 换系（领带，绷带等） 갈아엎다 → 翻耕（农田）

中级 **티켓자판기** 【名】 自动售票机

티켓자판기를 이용해서 표 사는 게 더 편하다.

使用自动售票机更方便。

★티켓자판기的相关词：

자판기 → 自动售卖机 티켓 → 票（ticket）

中级 **호선** 【名】 X号线

명동에 가려면 몇 호선을 타야 하나요?

去明洞应该做几号线?

★호선的相关词：

1호선 → 一号线 2호선 → 四号线 3호선 → 三号线 지하철 5호선 → 地铁五号线

中级 **다음역** 【名】 下一站

다음 역은 환승역입니다.

下一站是换乘车站。

★다음역的相关词：

환승역 → 换乘站 다음 → 下一个 역 → 站

中级 **종점** 【名】 终点站

종점까지는 정류장 3개 남았다.

还有3站到终点站。

同义词 종착지 终点

★종점的相关词：

기점 → 起点 시점 → 始发点 열차 종점 → 列车终点 버스 종점 → 公交终点

中级 **안전선** 【名】 安全线

안전선 밖에 물러서서 열차를 기다리세요 .
请站在安全线以内候车。

★ 안전선的相关词:

안전선 밖에 물러서다 → 站到安全线以内 안전선 뒤로 물러나다 → 站到安全线以内

中级 **버스정류장** 【名】 公交站

여기서 가장 가까운 버스정류장은 어디에 있어요 ?

请问最近的公交站在哪儿?

버스정류장的相关词:

버스정류장을 찾다 → 找公交站 버스정류장에 가다 → 去公交站

中级 **번** 【名】 X 路车

201번 버스가 중앙도서관까지 가나요 ?

坐 201 路车可以到中央图书馆吗?

与번相关:

번做量词时还有“次数”的意思。例如:

한 번 → 一次 두 번 → 两次

中级 **손잡이** 【名】 扶手

손잡이를 꽉 잡아주세요 .

请抓紧扶手。

손잡이的相关词:

서랍손잡이 → 抽屉把手 문손잡이 → 门把手 손잡이를 잡다 → 抓把手 손잡이를 들다 → 提提把

中级 **승차** 【名】 乘车

승차를 하실 때 먼저 카드를 찍으세요 .

乘车时请先刷卡。

反义词 강차 下车

승차的相关词:

승차하다 → 上车，乘车 (动词) 순서대로 승차하다 → 有序上车 승차권 → 车票

中级 **하차** 【名】 下车

하차를 하실 때 밀지 마십시오 .

下车时请不要拥挤。

同义词 강차 下车

하차的相关词:

하차를 요구하다 → 要求下车 하차하다 → 下车 (动词) 도중하차 → 中途下车

中级 노약자 보호석 【名】 老弱病残孕专座

젊은 사람이 노약자 보호석에 앉지 말아야 한다.

正常的年轻人不应该坐老弱病残孕专座。

노약자 보호석的相关词:

노약자 → 老弱者 병자 → 病人 불구자 → 残疾人 임산부 → 孕妇

中级 교통카드 【名】 公交卡

교통카드를 새로 만들어야겠다.

我得重新办一张公交卡。

교통카드的相关词:

교통카드를 만들다 → 办公交卡 교통카드를 잃어버리다 → 丢了公交卡 교통카드에 충전하다 → 给公交卡充钱

中级 첫차 【名】 首班车

이번 버스의 첫차는 아침 5 시입니다.

这趟车的首班车时间是早上 5 点。

첫차的相关词:

첫차를 타다 → 坐首班车 첫차가 출발하다 头班车出发

中级 막차 【名】 末班车

오늘 막차를 놓칠 뻔했다.

今天差点儿错过了末班车。

막차的相关词:

막차는 X 시까지 있다 → 末班车到 X 点 막차를 타다 → 坐末班车 막차를 놓치다 → 错过末班车

6 搭公交

中级 **택시미터** 【名】 计程表

택시미터에서 5000 원을 나타내고 있다.

计程表上显示交通费是五千韩元。

同义词 미터기 计程表

★ 与택시미터相关:

택시미터是外来语，英语为 taximeter。

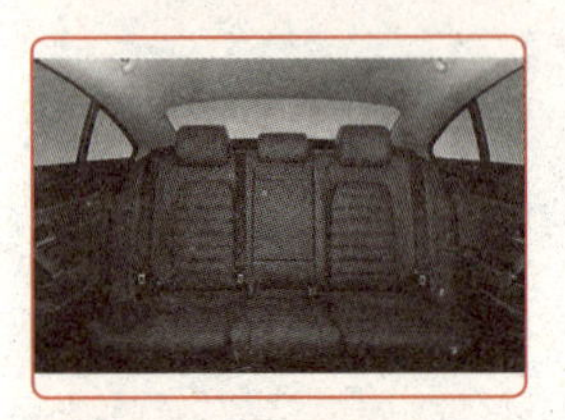

中级 **뒷좌석** 【名】 后座

전 뒷좌석에 앉으려고 해요.

我想坐在后座。

★ 与뒷좌석相关:

뒷좌석是由뒤和좌석组成的。

뒷좌석에 앉다 → 坐后座　뒷좌석에 타다 → 坐（汽车）后座

中级 **앞좌석** 【名】 前座

나 앞좌석에 타고 싶지 않아.

我不想坐前座。

★ 앞좌석的相关词:

앞좌석에 타다 → 坐（汽车）前座　앞좌석에 앉다 → 坐前座

中级 **세우다** 【动】 停车

앞의 그 사거리에서 세워 주세요.

请在前面的十字路口停车。

★ 세우다的相关词:

차를 세우다 → 停车　멈추다 → 停下（动词）　주차 → 停车（名词）

Chapter 15

公共服务

中级 **우체국** 【名】 邮局

나는 우체국에 가서 편지를 부쳤다.
我去邮局寄信了。

★ **우체국的相关词：**
국제 우체국 → 国际邮局　철도 우체국 → 铁道邮局　우체국에 가는 길 → 去邮局的路　간이 우제국 → 邮亭

中级 **부치다** 【动】 寄

이 소포를 상하이로 부쳐 주세요.
请把这个包裹寄到上海。

同义词 보내다　寄送

★ **부치다的相关词：**
편지를 부치다 → 寄信　책을 소포로 부치다 → 寄书　돈을 부치다 → 寄钱

中级 **우표** 【名】 邮票

우표를 어디에 붙이면 되죠?
邮票贴在哪儿？

★ **우표的相关词：**
기념우표 → 纪念邮票　통용우표 → 通用邮票　항공우표 → 航空邮票　우표를 발행하다 → 发行邮票
우표를 붙이다 → 贴邮票　우표 한 장 → 一张邮票

中级 **소포** 【名】 包裹

소포를 받으러 왔는데요.
我来取包裹。

★ **소포的相关词：**
소포를 부치다 → 寄包裹　소포를 받다 → 收包裹　소포를 배달하다 → 配送包裹　공수소포 → 航空邮包
소포속달 → 快递

中级 **편지** 【名】 信

친구에게 편지를 썼다.
给朋友写信。

★ **편지的相关词：**
편지를 쓰다 → 写信　편지를 부치다 → 寄信　편지를 보내다 → 寄信　편지를 읽다 → 读信

中级 **엽서** 【名】 明信片

친구에게서 외국에서 보낸 엽서를 받아서 기분이 엄청 좋다.
收到朋友从国外寄来的明信片，很开心。

엽서的相关词：
엽서를 받다 → 收到明信片　엽서를 부치다 → 寄明信片　엽서를 보내다 → 寄明信片　엽서 한 장 → 一张明信片

中级 **우편번호** 【名】 邮编

베이징의 우편번호가 몇 번이에요?
北京的邮编是多少？

우편번호的相关词：
우편번호를 입력하다 → 输入邮编　우편번호를 적다 → 写邮编　우편번호를 모르다 → 不知道邮编

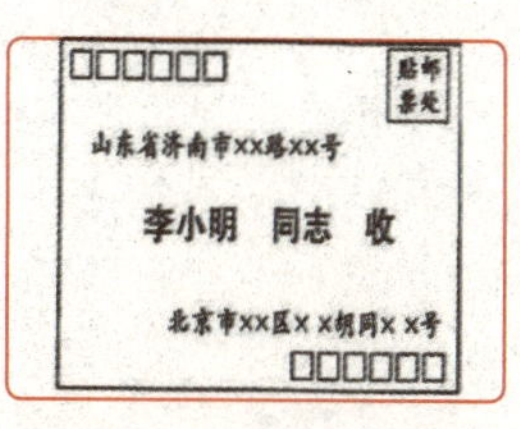

中级 **주소** 【名】 地址

여기에 상세한 주소를 적어 주세요.
请在这儿写上具体的地址。

주소的相关词：
현주소 → 现地址　법정주소 → 法定地址　유효 주소 → 有效地址　새주소 → 新住址　원 주소 → 原住址

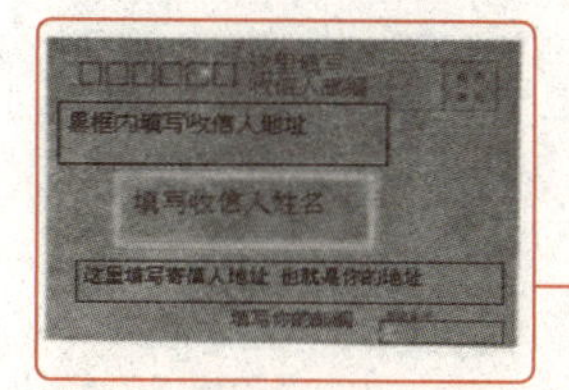

中级 **수신인** 【名】 收信人

요금은 수신인 부담으로 해주십시오.
请让收信人承担费用。

同义词 수신자 收信人　받는이 收信人　수취인 收信人

수신인的相关词：
수신인 주소 → 收信人地址　수신인 불명의 편지 → 收信人不明的信

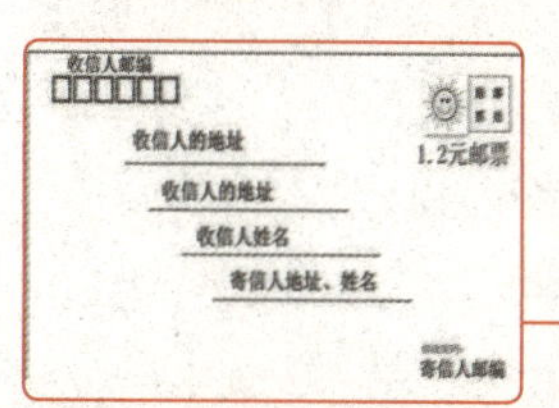

中级 **발신인** 【名】 寄信人

발신인이 누구예요?
寄信人是谁？

同义词 발신자 寄信人　보내는이 寄信人

발신인的相关词：
발신인 주소 → 寄信人地址　발신인을 추적하다 → 追踪寄信人　발신인 불명의 편지 → 寄信人不明的信

中级 은행 【名】银行

언니는 은행에서 일하고 있다.

姐姐在银行上班。

★ 은행的相关词:

은행가 → 银行家　은행법 → 银行法　은행원 → 银行职员　은행주 → 银行股票

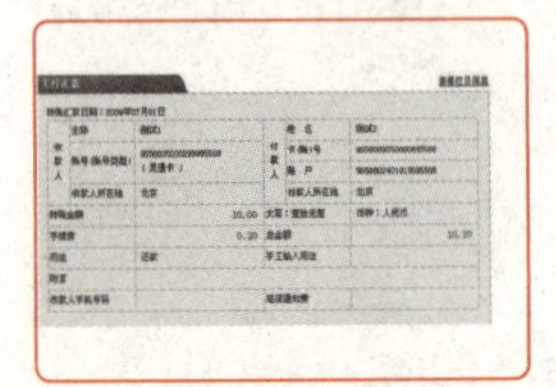

中级 송금 【动】汇款

이 계좌로 송금 좀 해주세요.

请帮我往这个账户汇款。

★ 송금的相关词:

송금하다 → 汇款（动词）　송금어음 → 汇票　송금환 → 汇款汇票　송금인 → 汇款人　송금 수표 → 汇款支票

中级 출금 【动】取款

ATM 기계가 고장나서 출금을 못한다.

ATM 机坏了，不能取钱。

★ 출금的相关词:

출금하다 → 取款（动词）　출금 거래 → 取款交易　출금 업무 → 取款业务

中级 입금 【动】存款

입금을 하려고요.

我想存款。

★ 입금的相关词:

입금하다 → 存钱（动词）　입금액 → 存款金额　입금일 → 入款日　입금표 → 收款存根　내입금 → 预付款

中级 이율 【名】利率

오늘 중국은행의 이율은 얼마예요?

中国银行今天的利率是多少？

★ 이율的相关词:

이율이 올리다 → 利率上升　이율이 내려다 → 利率下降　법정 이율 → 法定利率　이율이 높다 → 利率高　이율이 낮다 → 利率低　이율이 인하하다 → 利率下降

中级 **이자** 【名】 利息

그가 버는 돈은 겨우 이자를 물기도 빠듯하다.

他挣得钱勉强够付利息。

이자的相关词：

이자를 붙이다 → 付利息　이자 돈을 빌다 → 借利息钱　이자를 공제하다 → 扣利　이자를 감하다 → 减息　이자를 놓다 → 放利

中级 **대체** 【名】 转账

화물을 대체의 방법으로 주문했다.

用转账的方法订了货。

대체的相关词：

대체전표 → 转账单据　대체결제 → 转账支付　대체 계정 → 转账　대체 수표 → 转账支票

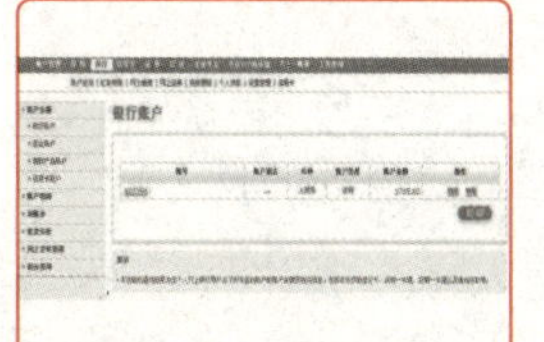

中级 **계좌** 【名】 账户

계좌를 개설하고 싶은데요.

我想开通一个账户。

계좌的相关词：

계좌번호 → 账号　대체 계좌 → 划拨账户　결제계좌 → 结算账户　계좌내역 → 账户明细　계좌를 개설하다 → 开设账户　보험 계좌 → 保险账户

中级 **은행카드** 【名】 银行卡

은행카드로 결제하겠습니다.

我刷卡。

은행카드的相关词：

은행카드를 만들다 → 办银行卡　은행카드를 발급하다 → 发银行卡　은행카드로 결제하다 → 刷卡支付　신용카드 → 信用卡

中级 **통장** 【名】 存折

어머니께서는 통장과 도장을 가지고 은행에 가셨다.

妈妈拿着存折和印章去了银行。

통장的相关词：

통장정리 → 整理存折明细　통장에 기입하다 → 记入流水账　저금 통장 → 存款存折

中级 **번호표** 【名】 号码票

번호표를 뽑아서 기다리시길 바랍니다 .

请先拿号等待。

★ **번호표的相关词：**

번호표를 뽑다 → 拿号 번호표를 받다 → 拿号

中级 **대출** 【动】 贷款

장사하는 돈이 모자라서 은행에서 대출을 했다 .

做生意的钱不够，所以去银行贷款了。

同义词 대부 贷款

★ **대출的相关词：**

대출하다 → 贷款（动词） 대출 담보 → 贷款担保 대출 금액 → 贷款金额 대출 이자 → 贷款利息

신용 대부 → 信用贷款 대출 증명서 → 贷款证 당좌 대부 → 活期贷款 대부금 → 贷款 차관 → 借款

中级 **병원** 【名】 医院

나는 병원의 냄새를 싫어한다.

我不喜欢医院的味道。

병원的相关词:

병원으로 가다 → 去医院 종합 병원 → 综合医院 정신 병원 →精神病院

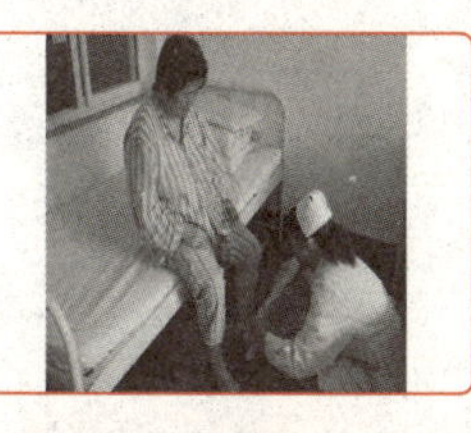

中级 **환자** 【名】 病人

환자의 보호자가 어디 계세요?

病人家属在哪儿?

환자的相关词:

환자를 돌보다→ 照顾病人 환자 보호 → 患者看护 당뇨병 환자 → 糖尿病患者 입원환자 → 住院患者

中级 **구급차** 【名】 救护车

빨리 구급차를 불러 주세요!

快叫救护车!

同义词 앰뷸런스 (ambulance) 救护车 응급차 救护车

구급차的相关词:

구급차를 부르다 → 叫救护车 구급 → 救急

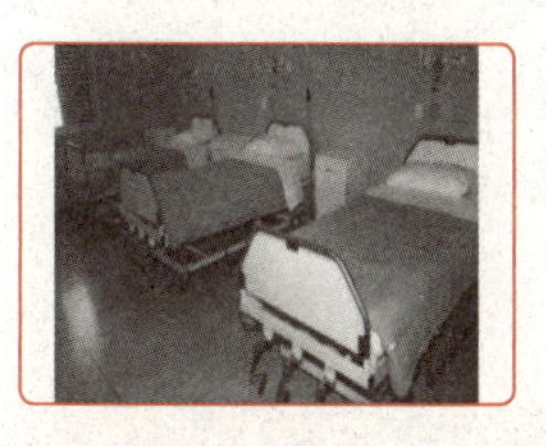

中级 **병상** 【名】 病床

그는 과로로 인해 병상에 몸져누웠다.

他因为过度劳累而躺倒在病床上了。

병상的相关词:

병상에 눕다 → 躺在病床上 병상을 지키다 → 守病床

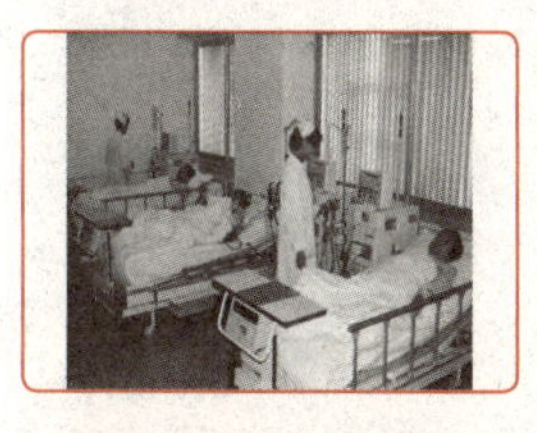

中级 **입원하다** 【动】 住院

그 환자에게 의사가 입원하는 의견을 주었다.

医生建议那个病人住院。

입원하다的相关词:

입원 → 住院(名词) 입원 치료 → 入院治疗 중환자실에 입원하다 → 住进了重症病房

中级 **퇴원하다** 【动】出院

나 내일모레가 되면 퇴원할 수 있을 것이다.
后天就可以出院了。

★퇴원하다的相关词：

퇴원 → 出院（名词） 퇴원 수속 → 出院手续 앞당겨 퇴원하다 → 提前出院

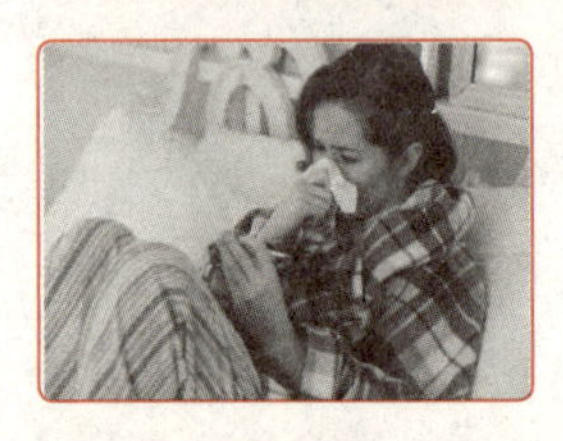

中级 **감기** 【名】感冒

저는 감기에 걸려서 몹시 아파요.
我感冒了，很不舒服。

★감기的相关词：

감기에 걸리다 → 感冒了 감기가 나았다 → 感冒好了 유행성감기 → 流感

中级 **전염병** 【名】传染病

전염병 하면 사람에게 무서운 느낌을 준다.
说起传染病就会让人觉得害怕。

★전염병的相关词：

전염병이 돌다 → 传染病盛行 전염병에 걸리다 → 得传染病 전염병 환자 → 传染病患者 전염되다 → 被传染 전염하다 → 传染（动词） 전염성 → 传染性

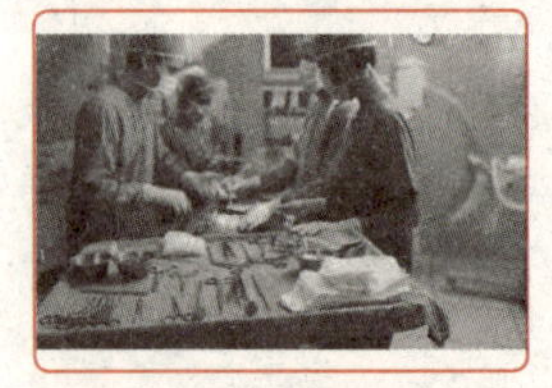

中级 **수술** 【名】手术

의사가 수술이 아주 성공한다고 한다.
医生说手术非常成功。

★수술的相关词：

수술을 받다 → 接受手术 수술을 하다 → 做手术 성형수술 → 整形手术 맹장수술 → 盲肠手术 수술되다 → 做手术 수술비 → 手术费

中级 **내과** 【名】内科

우리 아버지는 내과 의사이다.
我爸爸是内科医生。

★내과的相关词：

내과 의사 → 内科医生 내과 환자 → 内科病人 외과 → 外科 소아과 → 儿科 치과 → 牙科 이비인후과 → 耳鼻喉科 산부인과 → 妇产科

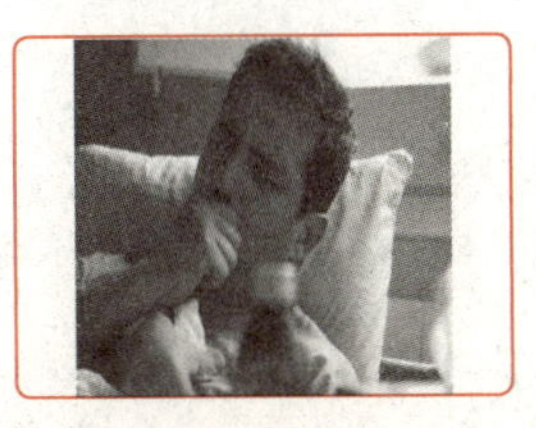

中级 **기침** 【动】 咳嗽

기침을 한 지 일주일이 되었다 .

已经咳嗽了一周了。

★ 기침的相关词：

기침약 → 咳嗽药　마른 기침 → 干咳　기침 소리 → 咳嗽声　빠른 기침 → 急剧地咳嗽

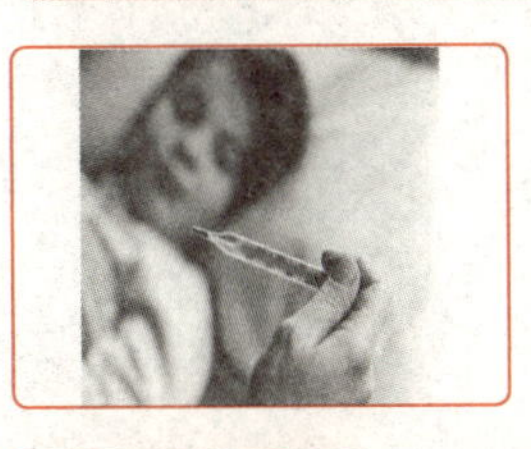

中级 **열** 【动】 发烧

아기가 지금 열이 엄청 나고 있다 .

孩子现在发着高烧。

★ 열的相关词：

열이 나다 → 发烧，发热　열이 내리다 → 退烧　열이 있다 → 发烧　열이 높다 → 高烧　머리에 열이 있다 → 发烧

中级 **현기증** 【名】 头晕

주요 증상이 현기증이다 .

最主要的症状是头晕。

同义词　어지럼증　眩晕症　어지러움　头晕

★ 현기증的相关词：

현기증이 나다 → 头晕了　어지럼증이 가시다 → 头晕减缓了　어지럽다 → 晕眩（形容词）　머리가 어지럽다 → 头晕

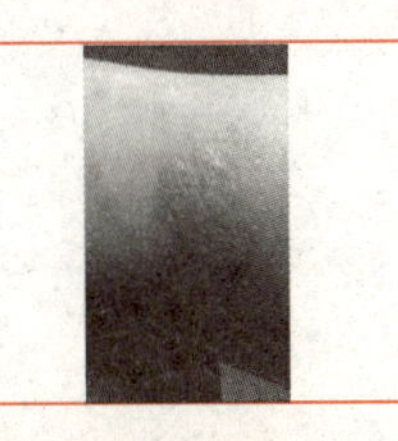

中级 **염증** 【名】 炎症

염증이 나기 시작했다 .

伤口开始出现炎症了。

★ 염증的相关词：

염증이 생기다 → 发生炎症　염증이 낫다 → 炎症好了　염증을 일으키다 → 引起炎症　염증 진통제 → 消炎剂　소염제 → 消炎药

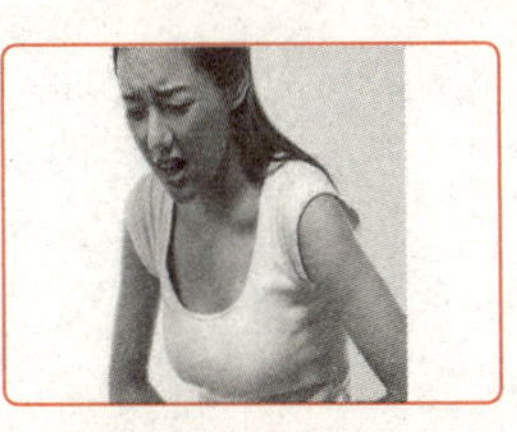

中级 **설사** 【名】 腹泻

설사 때문에 몸이 많이 수척해졌다 .

她因为腹泻，身体消瘦了很多。

★ 설사的相关词：

설사하다 → 拉肚子（动词）　잘못 먹어서 설사하다 → 吃坏了，拉肚子　설사가 그치지 않다 → 不停地拉肚子　설사약 → 止泻药

中级 **구역질** 【动】呕吐

그 냄새는 구역질 나게 하는 냄새다.

那种气味让人想呕吐。

同义词 토악질 呕吐 외욕질 呕吐

★구역질的相关词:

구역질이 나다 → 呕吐（词组） 구역질이 멎다 → 停止呕吐了 토하다 → 吐（动词）

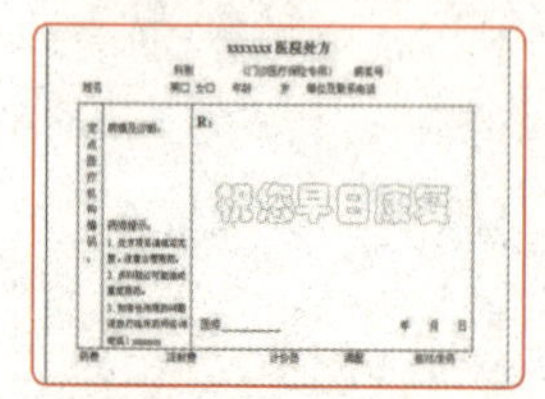
祝您早日康复

中级 **처방전** 【名】处方

의사의 처방전이 없으면 약을 지어 줄 수 없다.

没有医生的处方不能配药。

★처방전的相关词:

처방전을 쓰다 → 写药方 처방전을 내다 → 开处方

中级 **수면제** 【名】安眠药

요즘 불면증이 심해 수면제를 안 먹으면 잠이 이룰 수가 없다.

最近失眠，没有安眠药我根本睡不着。

★수면제的相关词:

수면제를 먹다 → 吃安眠药 수면제를 복용하다 → 服用安眠药 불면증 → 失眠症 수면제 중독 → 安眠药中毒

中级 **진통제** 【名】止疼药

나는 두통이 잦아서 늘 진통제를 챙겨 가지고 다닌다.

我经常头疼，所以身上常备着止疼药。

同义词 진통약 止疼药

★진통제的相关词:

진통제를 먹다 → 吃止疼药 진통제를 사다→ 买止疼药

中级 도서관 【名】图书馆

도서관에서 하루 종일 공부를 했다.

我一整天都在图书馆学习。

★ 도서관的相关词：

시립도서관 → 市立图书馆　공공 도서관 → 公共图书馆

中级 책 【名】书

책을 읽으면서 노래 듣다가 잠들었다.

我看着书，听着音乐睡着了。

★ 책的相关词：

책을 읽다 → 读书　책을 보다 → 看书　책을 펴내다 → 出书　책갈피 → 书签　책 한 권 → 一本书

中级 빌리다 【动】借

나는 도서관에서 책 5 권을 빌렸다.

我在图书馆借了 5 本书。

反义词 돌려주다　还

★ 빌리다的相关词：

책을 빌리다 → 借书　힘을 빌리다 → 借助他力　손을 빌리다 → 求得帮助

中级 돌려주다 【动】还

제시간에 책을 돌려주지 않으면 벌금 낸다.

不按时还书的话会被罚款。

同义词 반납하다　还

★ 돌려주다的相关词：

책을 돌려주다 → 还书　전부 돌려주다 → 全部返还　물건을 돌려주다 → 还东西

中级 사서 【名】管理员

그는 오랫동안 도서관 사서로 근무하였다.

他当图书管理员已经很长时间了。

★ 사서的相关词：

도서관 사서 → 图书管理员

中级 **문학** 【名】文学

그녀는 문학에 재능이 있다.

她在文学方面很有才华。

문학的相关词:

문학 수업 → 文学课 문학가 → 文学家 문학상 → 文学奖 문학적 → 文学的

中级 **천문** 【名】天文

그 애는 어렸을 때부터 천문에 관심이 많았다.

那个孩子从小就对天文感兴趣。

천문的相关词:

천문학 → 天文学 천문학가 → 天文学家 천문기기→ 天文仪器 상통천문, 하달지리 → 上通天文，下通地理

中级 **철학** 【名】哲学

어떤 철학을 이해하기 어렵다.

有些哲学理解起来很难。

철학的相关词:

철학가 → 哲学家 철학 사상 → 哲学思想 가치철학 → 价值哲学 철학사 → 哲学史 철학 원리 → 哲学原理

中级 **군사** 【名】军事

여자들이 보통 군사에 대해 관심이 없다.

女生一般对军事不感兴趣。

군사的相关词:

군사훈련 → 军事训练 군사원조 → 军事援助 군사연습 → 军事演习 군사개입 → 军事介入

中级 **자연과학** 【名】自然科学

이책은 자연 과학에 관한 책이다.

这是一本自然科学方面的书。

자연과학的相关词:

자연과학을 연구하다 → 研究自然科学 자연과학용어→ 自然科学用语 자연과학과 → 自然科学系 자연과학자 → 自然科学家

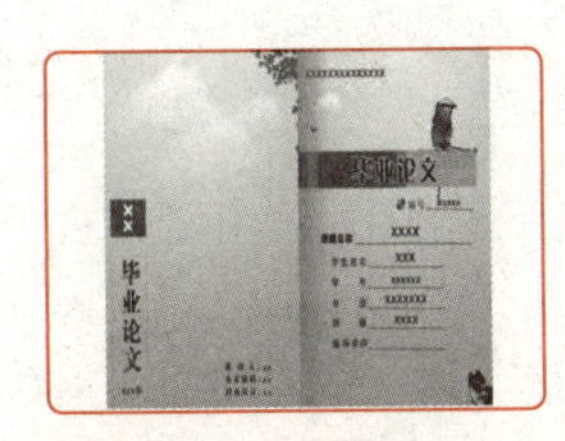

中级 **논문** 【名】论文

나는 이미 논문을 다 작성했다.

我已经写完论文了。

논문的相关词:

논문을 쓰다 → 写论文　논문을 답변하다 → 答辩论文　졸업 논문 → 毕业论文　학술 논문 → 学术论文

中级 **공원** 【名】公园

공원에 가는 사람이 많다.

周末去公园的人很多。

★공원的相关词:

수상공원 → 水上公园 삼림공원 → 森林公园 공원을 산책하다 → 散步公园

中级 **테마파크** 【名】主题公园

국내외 여러 테마파크 중 디즈니랜드에 가고 싶어하는 아이들이 제일 많다.

国内外的主题公园中，孩子们最想去的是迪斯尼乐园。

★与테마파크相关:

테마파크 是外来语，是由德语的 thema 和英语的 park 一起组成的。

中级 **관광객** 【名】游客

관광객들이 스위스에서 왔다.

这些游客来自瑞士。

★관광객的相关词:

관광객 서비스 센터 → 游客服务中心 관광객 출입 금지 → 游人止步

中级 **벤치** 【名】长椅

우리는 공원 벤치에 앉아 얘기를 많이 나누었다.

我们在公园的长椅上坐着聊了很久。

同义词 장의자 长椅

★与벤치相关:

벤치是外来语，英语为 bench。

정원 벤치 → 庭院长椅 벤치에 앉다 → 坐在长椅上

中级 **삼림 공원** 【名】森林公园

이번 주말에 우리 가족은 삼림 공원에 놀러가려고 한다.

这个周末我们一家人打算去森林公园玩。

★삼림공원的相关词:

삼림 → 森林 삼림욕 → 森林浴 삼림 보호 → 保护森林

Chapter 16

学校教育

中级 **국어** 【名】语文

내가 제일 좋아하는 과목은 국어이다.

我最喜爱的科目就是语文。

국어的相关词：

국어 수업 → 语文课 국어 선생님 → 语文老师 국어를 가르치다 → 教语文

中级 **수학** 【名】数学

고등학교 때 수학에 제일 약했다.

高中时我的数学成绩最差。

수학的相关词：

경영 수학 → 经营数学 고등 수학 → 高等数学 수학 천재 → 数学天才 수학 시험 → 数学考试 수학 교육 → 数学教育

中级 **영어** 【名】英语

그는 영어 말하기를 정말 잘한다.

他的英语口语特别好。

영어的相关词：

영어를 배우다 → 学英语 영어 쓰기 → 英语写作 영어 듣기 → 英语听力 상업 영어 → 商业英语 영어 강사 → 英语讲师 영어 통역 → 英语翻译

中级 **물리** 【名】物理

저희 아버지는 중학교에서 물리를 가르치십니다.

我爸爸在中学里教物理。

물리的相关词：

물리학 → 物理学 물리학자 → 物理学者 물리학과 → 物理系 기초 물리 → 初等物理

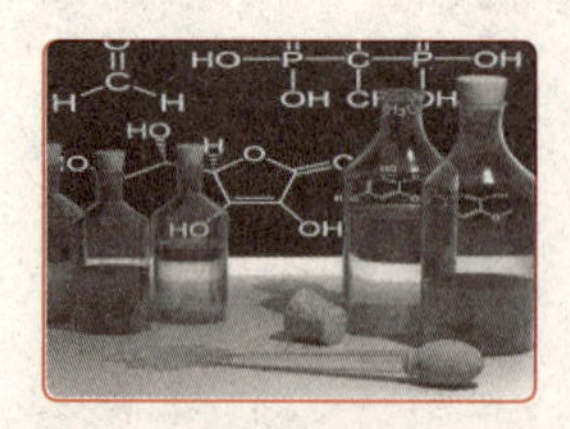

中级 **화학** 【名】化学

화학 수업 때 실험을 자주 한다.

上化学课时经常做实验。

화학的相关词：

무기 화학 → 无机化学 유기 화학 → 有机化学 화학공업 → 化学工业 화학비료 → 化学肥料 화학주 → 化学酒

中级 생물 【名】 生物

고등학교 때 나는 생물 수업을 아주 열심히 들었다.

高中时我上生物课很认真。

★ **생물的相关词：**

생물학 → 生物学 생물 공학 → 生物工程 생물 화학 → 生物化学 생물 노약 → 生物农药 생물 시계 → 生物钟

中级 지리 【名】 地理

나는 중국의 인문 지리에 잘 아는 편이다.

我还算比较了解中国的人文地理。

★ **지리的相关词：**

지리학 → 地理学 지리적 → 地理的 지리학가 → 地理学家 지리학부 → 地理系

中级 역사 【名】 历史

대학에 들어와서 역사를 전공하였다.

进入大学后我选择了历史作为专业。

★ **역사的相关词：**

역사학 → 历史学 역사 사건 → 历史事件 역사 소설 → 历史小说 역사 유산 → 历史遗产 역사에 기록되다→记载到历史

中级 정치 【名】 政治

나는 정치에 아무런 관심이 없다.

我对政治一点儿都不关心。

★ **정치的相关词：**

정치가 → 政治家 정치 노선 → 政治路线 정치 강령 → 政治纲领 정치 무대 → 政治舞台 정치 학습 → 政治学习

中级 **연필** 【名】 铅笔

그녀는 연필을 잘 깎은 후 숙제 하기 시작했다.

她削好铅笔开始做作业。

★ 연필的相关词：

연필을 깎다 → 削铅笔 연필을 사다 → 买铅笔 연필화 → 铅笔画 연필 한 자루 → 一支铅笔

中级 **붓** 【名】 毛笔

이 붓은 족제비 털로 만들었다.

这毛笔是用黄鼠狼的毛做成的。

★ 붓的相关词：

그림붓 → 画笔 붓으로 쓰다 → 用毛笔写 붓을 꺾다 → 弃笔 붓을 잡다 → 握毛笔 붓을 대다 → 着笔 붓을 휘두르다 → 挥笔 붓글씨 → 毛笔字

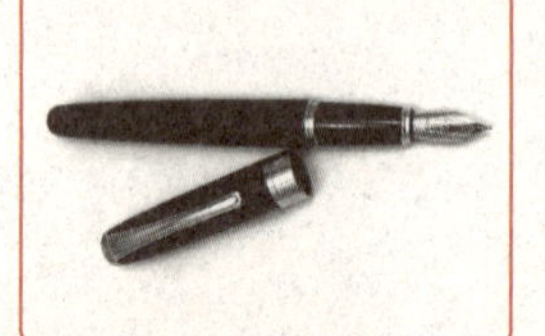

中级 **펜** 【名】 钢笔

당신이 펜으로 쓴 글자는 정말 예쁘네요.

您用钢笔写的字真好看。

★ 与펜相关：

펜是外来语，英语为 pen。

펜으로 글을 쓰다 → 用钢笔写字 만년필 → 万年笔

中级 **볼펜** 【名】 圆珠笔

이 볼펜은 볼이 빠져서 잉크가 잘 나오지 않는다.

这支圆珠笔的球掉了，墨水不太出得来。

★ 与볼펜相关：

볼펜是外来语，英语为 ball pen。

볼펜심→ 圆珠笔芯 볼펜 좀 빌려주시겠습니까 → 能借一下圆珠笔吗 볼펜 두 자루 → 两支圆珠笔

中级 **크레용** 【名】 蜡笔

그의 남자친구는 크레용 화가이다.

她男朋友是个蜡笔画家。

★ 与크레용相关：

크레용外来语，法语为 crayon。

크레용을 칠하다 → 用蜡笔上色 크레용으로 그림을 그리다 → 用蜡笔画画

中级 잉크 【名】墨水

잉크를 좀 빌려주실 수 있어요？

能不能把墨水借我一下?

★ **与잉크相关：**

잉크是外来语，英语为 ink。

파란색 잉크 → 蓝墨水　검은색 잉크 → 黑墨水　잉크가 번지다 → 墨水晕染　잉크 자국 → 墨水痕迹　인쇄 잉크 → 油墨

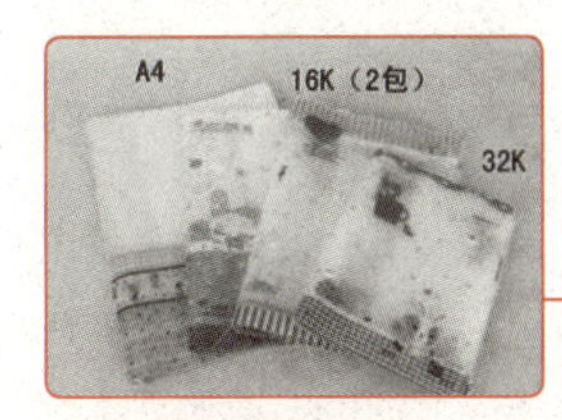

中级 책가위 【名】书皮

여동생이 새로 나온 교과서에 책가위를 씌웠다.

妹妹给新发的教科书包上了书皮。

同义词　북커버 (book cover) 书皮

★ **책가위的相关词：**

책가위를 씌우다 → 包书皮　비닐 책가위 → 塑料书皮　책가위하다 → 包书（动词）

中级 책가방 【名】书包

엄마가 아이에게 책가방을 새로 사셨다.

妈妈给孩子买了一个新书包。

★ **책가방的相关词：**

책가방을 어깨에 메다 → 背书包　책가방에 책을 집어넣다 → 把书放进书包　팽팽한 책가방 → 鼓鼓的书包

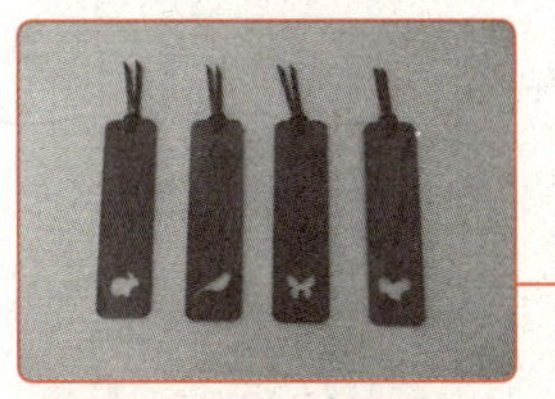

中级 책갈피 【名】书签

읽던 부분을 책갈피로 표시해 두었다.

在读到的地方放上书签做标记。

同义词　서표　书签　　　갈피표　书签

★ **책갈피的相关词：**

전자 책갈피 → 电子书签　책갈피를 꽂아 놓다 → 插书签　책갈피를 만들다 → 做书签

中级 공책 【名】笔记本

나는 새 학기마다 공책을 새로 살 것이다.

每学期都会买一个新笔记本。

★ **공책的相关词：**

공책 한 권 → 一个笔记本　공책을 뒤적이다 → 翻笔记本　공책을 사다 → 买笔记本

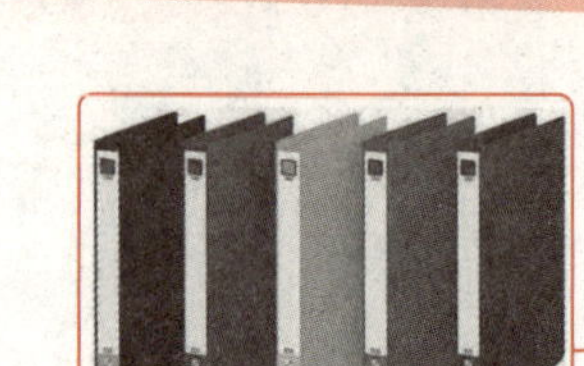

中级 **서류철** 【名】 文件夹

그는 서류철에 정리된 서류를 넣었다.

他把整理好的文件放进了文件夹里。

同义词 서류꽂이 文件夹

★서류철的相关词:

서류철을 만들다 → 做文件夹 서류철을 뒤적이다 → 翻文件夹

中级 **클립** 【名】 回形针

출력된 자료들을 클립으로 함께 끼어 놓았다.

把打印的资料用回形针夹在一起。

★클립的相关词:

클립是外来语，英语为 clip。

클립으로 한데 고정시키다 → 用回形针钉在一起 헤어클립 → 发卡

中级 **스탠드** 【名】 台灯

그녀는 매일 밤 늦게까지 스탠드를 켜 놓고 공부를 한다.

她每天晚上都打开台灯学习到深夜。

同义词 전기스탠드 台灯

★스탠드的相关词:

스탠드를 켜다 → 开台灯 스탠드를 끄다 → 关台灯

中级 **스테이플러** 【名】 订书机

이 서류를 스테이플러로 철해 주세요.

请把这个文件用订书机订一下。

同义词 호치키스 订书机 종이찍개 订书机

★스테이플러的相关词:

스테이플러是外来语，英语为 stapler。

자동 스테이플러 → 自动订书机 미니 스테이플러 → 迷你订书机

中级 **A4 용지** 【名】 A4 纸

이 A4 용지는 국제 규격에 맞는 크기이다.

这个 A4 纸是国际规格的大小。

★A4 용지的相关词:

용지 → （……用途的）纸 제도 용지 → 图纸 편지 용지 → 信笺 공업 용지 → 工业用纸

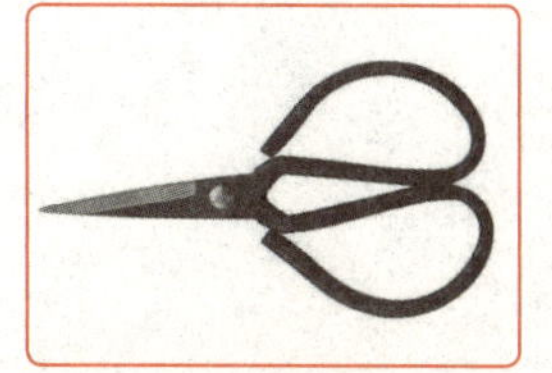

中级 가위 【名】 剪刀

언니는 가위로 천을 잘라서 만든 인형을 나에게 주었다.

姐姐用剪刀剪了布，做了娃娃给我。

가위的相关词:

가위 바위 보 → 剪刀石头布　가위를 잡다 → 握剪刀　가위로 자르다 → 用剪刀剪　이발용 가위 → 理发剪

中级 연필깎이 【名】 铅笔刀

연필깎이로 연필을 깎으면 편하다.

使用铅笔刀削铅笔很方便。

연필깎이的相关词:

연필을 깎다 → 削铅笔

中级 직선자 【名】 直尺

직선자를 또 잃어버려서 이따 문구점에 가서 하나 사야겠다.

直尺又掉了，待会儿去文具店买一个。

同义词　곧은자　直尺

직선자的相关词:

직선자로 직선을 그리다 → 用直尺画直线　나무 직선자 → 木直尺　삼각자 → 三角尺

中级 필통 【名】 笔筒

그의 필통에 온갖 펜을 가득 꽂혀 있다.

他的笔筒里插满了各种笔。

필통的相关词:

필통을 사다 → 买笔筒　필통을 선물하다 → 送笔筒　원통형 필통 → 圆筒形笔筒　필통에서 펜을 꺼내다 → 从笔筒里抽出笔

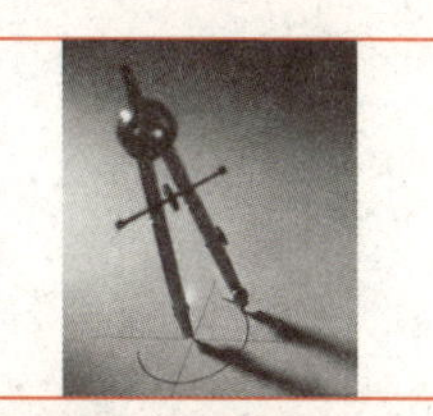

中级 컴퍼스 【名】 圆规

컴퍼스로 종이 위에 목적 없이 동그란 원을 그리고 있다.

她用圆规在白纸上漫无目的地画圆。

同义词　양각규　两脚规　양각기　圆规

컴퍼스的相关词:

컴퍼스是外来语，英语为 compass。컴퍼스还有“罗盘”的意思。

컴퍼스로 원을 그리다 → 用圆规画圆

2 文具用品

中级 **우수하다** 【形】 优秀的

그녀는 우수한 성적으로 졸업했다.

她以优秀的成绩毕业了。

우수하다的相关词:

우수한 성적 → 优秀的成绩　우수한 작품 → 优秀的作品　우수한 법률가 → 优秀的法律家　최우수 → 最优秀

中级 **양호하다** 【形】 良好的

그의 성적은 줄곧 양호한 수준에 유지하고 있다.

他的成绩一直保持着良好的水平。

양호하다的相关词:

양호한 성적 → 良好的成绩　상태가 양호하다 → 状态良好　수질이 양호하다 → 水质良好　성능이 양호하다 → 性能良好　건강이 매우 양호하다 → 健康非常良好　반응이 양호하다 → 反应良好

中级 **합격** 【动】 及格

이번 시험의 합격 여부는 내일이 되면 알 수 있다.

这次考试及不及格明天就知道了。

反义词 불합격　不及格

与합격相关:

합격 还有“通过，考上”的意思。

합격되다 → 及格　시험에 합격되다 → 考试及格　합격하다 → 及格　합격시키다 → 使及格

中级 **불합격** 【名】 不及格

아들의 불합격 소식을 접한 그 어머니의 실망감은 대단히 컸다.

听说儿子不及格的消息，母亲非常失望。

反义词 합격　及格

불합격的相关词:

불합격되다 → 不合格（动词）　불합격하다 → 不合格（动词）　불합격시키다 → 使不及格

中级 **일등** 【名】 第一名

그는 늘 반에서 일등을 차지하고 있다.

他总是他们班的第一名。

反义词 꼴등　倒数第一名

일등的相关词:

일등을 따다 → 拿到第一　일등을 차지하다 → 占领第一名　이등 → 第二名　삼등 → 第三名

中级 **꼴등** 【名】 倒数第一名

나는 열심히 공부해서 꼴등을 벗어나기로 했다.

我决定努力学习，摆脱倒数第一名。

同义词 꼴찌 倒数第一名

★ **꼴등的相关词:**

꼴등을 따다 → 拿了倒数第一 꼴등을 하다 → 得倒数第一

中级 **모범 학생** 【名】 三好学生

그는 이미 삼년 내내 모범 학생의 호칭을 받았다.

他已经连续三年被评为三好学生。

★ **모범 학생的相关词:**

모범 학생이 되다 → 成为三好学生 모법 학생으로 선정되다 → 被评为三好学生 모범적이다 → 模范的

中级 시험 【名】考试

시험 전에 나 긴장해 죽겠다.

我考试前紧张得要死。

시험的相关词：

시험을 보다 → 考试　시험에 합격하다 → 考试合格　취직 시험 → 就业考试　중간 시험 → 期中考试　기말 시험 → 期末考试　졸업 시험 → 毕业考试

中级 수능 【名】高考

이번은 걔가 세번째 수능 시험을 보는 것이다.

这是他第三次参加高考。

与수능相关：

수능是韩国的高考，全称为대학수학능력시험。韩国的高考在每年 11 月中旬举行。韩国的高考分文理科，又设文理科的必考及选考考试科目和任选考试科目一共 5 科 24 门。语文为文理科必考科目；数理一共 3 门，分别为共同数学、数学Ⅰ、数学Ⅱ，文科要考前 2 门，理科 3 门全考；社会探究分为 3 门，共同社会、国史、伦理，文理科都要考。另外，文科考生还要从政治、经济、世界史、世界地理等 5 门中选 1 门；外语分为外语一（英语）和外语二（包括德语、法语、西班牙语、中国语等）。

中级 커닝 【名】作弊

그는 커닝을 하는 것을 감독 선생님에게 들켰다.

他考试作弊被老师逮住了。

与커닝相关：

커닝是外来语，英语为 cunning。但韩语的意思与英语的原意相比发生了变化。

커닝하다 → 作弊（动词）　커닝을 도와주다 → 帮助作弊　커닝 페이퍼 → 作弊小抄

中级 결시 【名】缺考

그녀는 기말에 결시를 했기 때문에 F 학점을 받았다.

她因为期末缺考，学分得了 F。

同义词 불참　缺考

결시的相关词：

결시하다 → 缺考（动词）　무단 결시 → 无端缺考

中级 **지각하다** 【动】 迟到

그 학생이 수업에 늘 지각한다.

那个学生上课总是迟到。

同义词 지참하다 迟到

★지각하다的相关词：

수업에 지각하다 → 上课迟到　모임에 지각하다 → 聚会迟到　회의에 지각하다 → 会议迟到

中级 **조퇴하다** 【动】 早退

시험이 끝나기 전에 조퇴하면 안 된다.

考试结束前是不可以早退的。

★조퇴하다的相关词：

무단 조퇴 → 无端早退　조퇴를 허락하다 → 允许早退　조퇴를 신청하다 → 请求早退

Chapter 17

商务工作

中级 **사무실** 【名】 办公室

그는 밤에 혼자 사무실에 남아 잔업을 한다.

晚上她一个人留在办公室加班。

★ 사무실的相关词:

사무실에 가다 → 去办公室 사무실을 빌리다 → 租办公室 사무실을 비워내다 → 腾出办公室

中级 **프린터** 【名】 打印机

프린터가 고장이 나서 지금 프린트할 수가 없다.

打印机出故障了，现在不能打印。

★ 프린터的相关词:

레이저 프린터 → 激光打印机 프린트하다 → 打印 인쇄하다 → 打印 복사하다 → 复印

中级 **슈레더** 【名】 碎纸机

그녀는 부주의로 프린트된 자료를 슈레더에 넣었다.

她不小心把刚打印的资料放进了碎纸机。

★ 슈레더的相关词:

슈레더是外来语，英语为 shredder。

슈레더로 비밀 서류를 자르다 → 用碎纸机粉碎机密文件

中级 **스트레스** 【名】 压力

지금 일은 스트레스가 너무 많아서 일자리를 바꾸고 싶다.

我想换个工作，现在的工作压力太大了。

★ 与스트레스相关:

스트레스是外来语，英语为 stress。

스트레스가 많다 → 压力大 스트레스를 풀다 → 缓解压力 스트레스가 쌓이다 → 累计压力 스트레스에 시달리다 → 被压力折磨

中级 **아건강** 【名】 亚健康

요즘 아건강 상태에 처하는 직장인들이 많다.

现在的职场人很多都处于亚健康状态。

同义词 서브 헬스 (sub-health) 亚健康

★ 与아건강相关:

아건강是指处于生病和健康之间的一种状态。通常发生于上班族。

아건강 상태 → 亚健康状态

中级 바쁘다 【形】忙碌的

그는 일이 너무 바빠서 밥 먹는 시간조차 없대.

他工作忙得连吃饭的时间都没有。

★ 바쁘다的相关词：

사무에 바쁘다 → 忙于事务　바쁘게 지내다 → 过得很忙碌　길이 바쁘다 → 忙于赶路

中级 잔업 【动】加班

그는 매일 잔업을 해서 매일 밤늦게 집에 간다.

他每天都加班，所以每天回家都很晚了。

★ 잔업的相关词：

잔업을 하다 → 加班　잔업은 열 시 반까지 끝나다 → 加班到十点半　잔업 수당 → 加班费

初级 비서 【名】秘书

나는 비서 일을 도와준다.

我协助做秘书工作。

近义词　보조원 助理　　조수 助手

★ 비서的相关词：

비서장 → 秘书长　비서실 → 秘书处　비서를 붙여 주다 → 配秘书　사장 비서 → 总经理秘书

中级 **회의실** 【名】 会议室

회의실로 이따 자료를 받으러 갈게요.

我一会儿去会议室拿资料。

회의실的相关词:

회의 → 会议

中级 **회의** 【名】 会议

회의를 내일로 미뤄야 할 것 같다.

会议可能要推到明天了。

회의的相关词:

회의를 열다 → 开会 회의를 미루다 → 推迟会议 회의 중 → 会议中 주주 회의 → 股东会议

中级 **산회** 【名】 散会

회의 의장은 산회를 선포하였다.

会议议长宣布了散会。

산회的相关词:

산회를 선포하다 → 宣布散会 산회 시간 → 散会时间 산회하다 → 散会（动词）

中级 **제시간** 【名】 准时

제시간에 회의에 참가하시기 바랍니다.

请准时参加会议。

제시간的相关词:

제시간에 출근하다 → 准时上班 제시간에 퇴근하다 → 准时下班 제시간에 완성하다 → 按时完成 제시간에 식사하다 → 按时吃饭

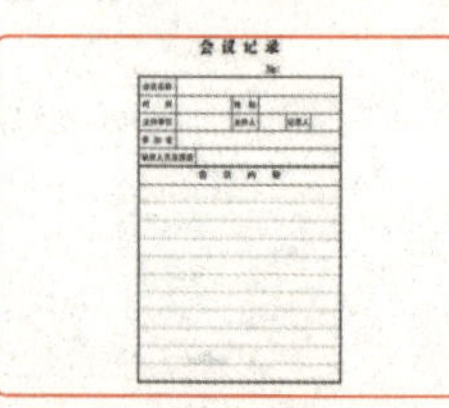
会议记录

中级 **회의록** 【名】 会议记录

지난번 학급 회의 때에 결정한 내용들은 회의록에 모두 기록되어 있습니다.

上次年级会议决定的内容都记录在会议记录上了。

同义词 의사록 会议记录 회안 会议案件

회의록的相关词:

회의록을 준비하다 → 准备会议记录 회의록을 쓰다 → 写会议记录 회의록을 검토하다 → 审核会议记录

中级 **사회** 【名】主持人

그는 이번 회의 사회를 맡는 사람이다.

他是这次会议的主持人。

同形异义 사회 社会

사회的相关词:

사회를 맡다 → 担任主持人 프로그램 진행자 → 节目主持人 엠씨 → MC（主持人） 앵커 → 新闻主持人

中级 **결석하다** 【动】缺席

이번 회의는 누구나 결석하면 안 된다.

这次会议谁都不能缺席。

결석하다的相关词:

무단 결석 → 无故缺席 결석 판결 → 缺席判决 결석 → 缺席，旷课（名词）

中级 **회의테이블** 【名】会议桌

회의실에서는 큰 회의테이블로 바꾸었다.

会议室换了一张更大的会议桌。

与회의테이블相关:

회의테이블是由회의（会议）和테이블（table，桌子）组成的。

中级 **회장** 【名】 会长

그는 2014 년부터 그 재벌 그룹의 회장으로 취임했다.

他从 2014 年开始担任那个财阀集团的会长。

与회장相关：

韩国企业称会长，相当于董事长。

명예 회장 → 名誉会长 회장으로 취임하다 → 就任会长 주주 → 股东

中级 **사장** 【名】 社长

그는 능력을 인정받아 사십 대에 사장의 자리에 올랐다.

他的能力得到了认可，在 40 岁时当上了社长。

与사장相关：

社长即公司的负责人，有代表公司的权利，但地位低于会长，相当于总经理的职位。

계열사 사장 → 分公司社长 신문사 사장 → 报社社长 부사장 → 副社长

中级 **이사** 【名】 理事

김 부장은 이번 인사이동에서 이사로 승진했다.

金部长在这次人事变动中升为了理事。

同形异义 이사 搬家

이사的相关词：

전무이사 → 专务理事 상무이사 → 常务理事 이사직 → 理事职位

中级 **부장** 【名】 部长

어제 회식 자리에 서부장은 오지 않았다.

昨天徐部长没来参加公司聚餐。

부장的相关词：

김부장 → 金部长 판매부 부장 → 销售部部长 홍보부 부장 → 宣传部部长 영업부 부장 → 营业部长

中级 **차장** 【名】 次长

그는 이번 인사이동으로 차장에서 부장으로 승진하였다.

他在这次人事变动中由次长升为了部长。

与차장相关：

차장在很多日韩企业是一个位于部长以下课长以上的管理职位。

中级 **과장** 【名】 课长

회사에서는 그에게 과장에 준하는 대우를 해 주었다.

公司给他课长的待遇。

同义词 과장 夸张

与과장相关：

과장是位于次长以下的职位，课是局或部下的事务组织，课长是这个办事单位的负责人。

총무과 과장 → 总务科课长

中级 **대리** 【名】 代理

그는 은행장 대리 승진을 목적에 두고 있다.

他以银行长为晋升目标。

与대리相关：

대리除了"职位的代理"以外，还有"代替做什么"的意思。如：

대리 시험 → 替考 대리 근무 → 代理工作 대리 임신하다 → 代孕 대리 운전→ 代驾

中级 **직원** 【名】 职员

그는 아직 다만 신입 직원인 뿐이다.

他只是一个新进职员而已。

직원的相关词：

신입 직원 → 新进职员 접객직원 → 柜员 사무직원 → 白领 전 직원 → 全体职员

中级 **인사부** 【名】 人事部

신입 사원을 면접하고 채용하는 절차는 인사부에서 진행하고 있습니다.

新进职员的面试由负责招聘的人事部进行。

인사부的相关词：

인사 기록 → 人事记录　인사고과 → 人事考核　인사 이동 → 人事变动　인사 개편 → 人事改组

中级 **섭외부** 【名】 公关部

회사는 섭외부를 새로 만들었다.

公司新成立了公关部。

同义词 홍보부　公关部

섭외부的相关词：

섭외부를 설립하다 → 设立公关部

中级 **고객서비스부서** 【名】 客服部

사용중 문의 사항이 있으면 고객서비스 부서에 연락 주시기 바랍니다.

使用过程中有任何问题请联系客服部。

고객서비스부서的相关词：

고객 → 顾客　서비스 → 服务（service）　부서 → 部门

中级 **영업부** 【名】 营业部

누나는 이번에 영업부 차장으로 승진했다.

姐姐这次升为了营业部部长。

영업부的相关词：

영업부 부장 → 营业部部长　영업 → 营业　영업실적 → 营业业绩　영업액 → 营业额　영업 시간 → 营业时间

中级 **판매부** 【名】 销售部

나는 A 사의 판매부에서 일을 하고 있다.

我在 A 公司的销售部工作。

판매부的相关词：

판매 → 销售　판매원 → 销售员　판매부를 확장하다 → 扩大销售部　감가판매 → 减价出售　판매가 → 销售价

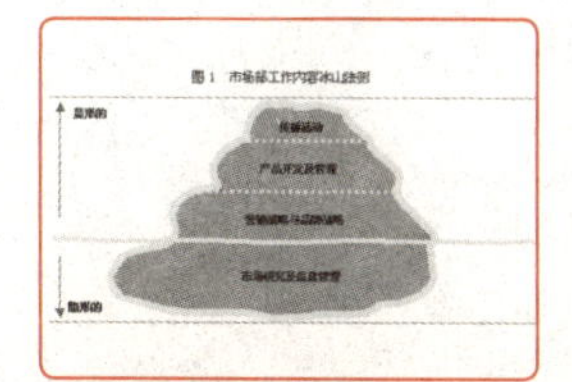

中级 **마케팅부** 【名】 市场部

마케팅부로 좀 연결해 주시겠어요？
请帮我连线市场部。

마케팅부的相关词：

마케팅 → 市场，营销　마케팅 리서치 → 市场调查　마케팅 전략 → 营销战略　마케팅 방법 → 营销方法

中级 **기술부** 【名】 技术部

기술부에서 새 기술원 한명이 필요하다.
技术部需要一名新的技术人员。

기술부的相关词：

기술 → 技术　기술력 → 技术力　기술 개발 → 技术开发　정보 기술 → 信息技术

中级 **회계부** 【名】 会计部

회계부는 새 부장이 임직했다.
会计部来了新的部长。

회계부的相关词：

회계 → 会计　회계원 → 会计员　회계하다 → 做账目　회계 법인 → 会计师事务所

中级 **기획부** 【名】 企划部

그는 능력을 인정받아 기획부에 전속되었다.
他的能力被认可，被调到了企划部。

기획부的相关词：

상품 기획부 → 商品企划部　기획하다 → 企划　광고 기획 → 广告企划　판매 기획 → 销售企划　생산 기획 → 生产企划

中级 **업무부** 【名】 业务部

업무부는 확장해야 할 것 같다.
业务部需要扩大规模。

업무부的相关词：

업무 → 业务　업무에 정통하다 → 精通业务　업무 수준 → 业务水平　업무 지식 → 业务知识　업무 범위 → 业务范围　업무 능력 → 业务能力

中级 **생산부** 【名】 生产部

요즘 생산부에는 잔업을 많이 한다고 한다.

听说最近生产部经常加班。

★생산부的相关词:

생산하다 → 生产，生小孩 생산직 → 蓝领 생산관계 → 生产关系

中级 **해외사업부** 【名】 海外事业部

그의 영어는 아주 잘해서 해외사업부에 서류를 냈다.

他的英语非常好，所以申请了海外事业部。

★해외사업부的相关词:

해외 → 海外，国外 해외 시장 → 海外市场 해외 시장에 진출하다 → 进驻海外市场 사업 → 事业，生意

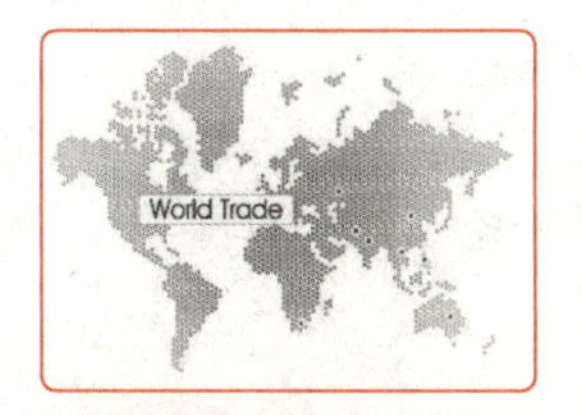

中级 무역 【名】 贸易

좋업한 후에 무역에 관한 일을 종사하고 싶다.

我毕业以后想从事跟贸易相关的工作。

무역的相关词:

국제 무역 → 国际贸易　대외 무역 → 对外贸易　자유 무역 → 自由贸易　중계 무역 → 转口贸易　무역 수지 → 贸易收支　대한무역 → 对韩贸易　대미무역 → 对美贸易

中级 수출업자 【名】 出口商

수출업자, 농부, 제조업자가 다 같이 화가 나서 정부를 비난했다.

出口商、农场主和工业家们同样恼火，都谴责政府。

수출업자的相关词:

수출 → 出口　수출대리업자 → 出口代理商　설비 수출업자 → 设备出口商

中级 조회 【名】 询盘

상대 회사에 이메일로 가격을 조회해보세요.

请给对方公司发邮件询盘。

조회的相关词:

조회하다 → 查询，对照　물건 값을 조회하다 → 查询货价

中级 상담하다 【动】 商谈

오후 2 시에 외국 바이어들과 상담하기로 했다.

我下午 2 点要和外国买家商谈。

상담하다的相关词:

무역 사항을 상담하다 → 商谈贸易事项　관련 사무를 상담하다 → 商谈相关业务　성의를 다하여 상담하다 → 诚心商谈　양측이 만나 상담하다 → 两方见面商谈

中级 목록 【名】 目录

오늘 무료인 상품 목록 책자를 요청하세요.

请今天去索要免费商品目录。

목록的相关词:

적화목록 → 载货清单　운송목록 → 舱单　상품목록 → 商品目录，商品清单

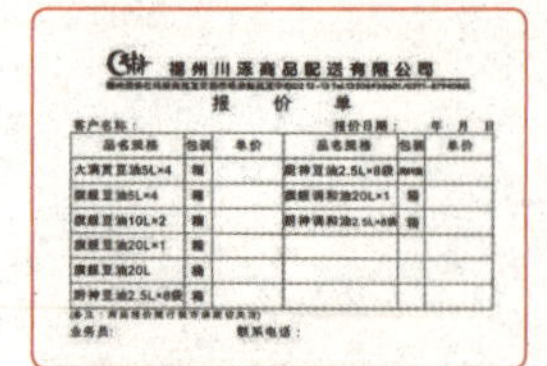
报 价 单

中级 **견적서** 【名】 报价单

첨부된 프로젝트의 비용에 관한 세부 자금 견적서를 확인 바랍니다.
请查看后附的项目费用相关的详细资金报价单。

견적서的相关词：

견적 → 匡算，概算　견적서를 제공하다 → 提供报价单　가격 견적서 → 报价单　공사 견적서 → 工程标书

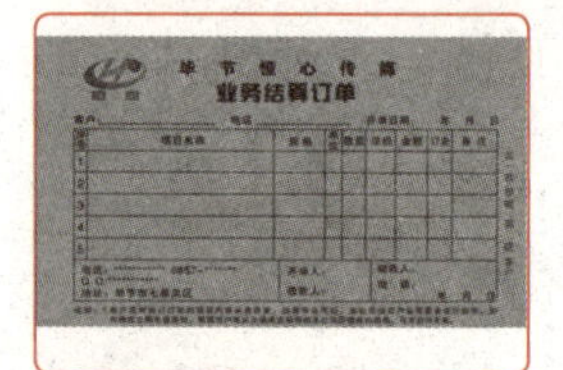
业务结算订单

中级 **주문서** 【名】 订单

공장에서 대량의 주문서를 받았다.
厂方收到了大量订单。

주문서的相关词：

수입 주문서 → 进口订单　공백 주문서 → 空白订单　수출 주문서 → 出口订单　주문서를 발송하다 → 发出订单
주문서를 받다 → 收到订单

中级 **도입** 【动】 引进

새로운 기술과 장비를 도입한 후에 생산량이 늘었다.
引进新的技术和设备后，产量提高了。

도입的相关词：

외자 도입 → 外资引进　기술도입 → 技术引进　도입하다 → 引进（动）　차관을 도입하다 → 引进借款

中级 **판매상** 【名】 经销商

그 서점 판매상의 판매 방식은 다른 곳과 달라서 학생들에게 인기가 있다.
那个书店的销售方式与众不同，所以学生们喜欢去。

同义词 중개상　위탁 판매인　经销商

판매상的相关词：

마약 판매상 → 贩毒分子　통신 판매상 → 通信经销商　식품 판매상 → 食品经销商　석유 판매상 → 石油经销商

中级 **신용장** 【名】 信用证

그 은행은 신용장을 개설하는 절차가 너무 복잡하다.
那个银行开立信用证的程序非常复杂。

신용장的相关词：

일람불 취소불(가)증 신용장 → 不可撤销即期信用证　일람불 신용장 → 即期信用证　신용도 → 信用度　개인 신용장 → 个人信用证　본 신용장 → 原始信用证　불신용장 → 美元信用证　수입 신용장 → 进口信用证　신용장을 개설하다 → 开信用证　신용장을 발행하다 → 开信用证　신용장을 확인하다 → 确认信用证

中级 **협상** 【名】 协商

양측 회사는 평화 협상을 거쳐서 합의했다.

双方公司经过和平协商达成协议。

★ **협상的相关词:**

협상 가격 → 协议价格　막후 협상 → 幕后交涉　협상 해결 → 协商解决　협상매매 → 议购议销　협상하다 → 协商（动词）

中级 **협력** 【名】 合作

양국간의 경제 분야의 협력을 확대했다.

两国在经济方面扩大了合作。

★ **협력的相关词:**

국제협력 → 国际合作　경제협력 → 经济合作　기술협력 → 技术合作　노사협력 → 劳资合作　일심 협력→ 同心协力

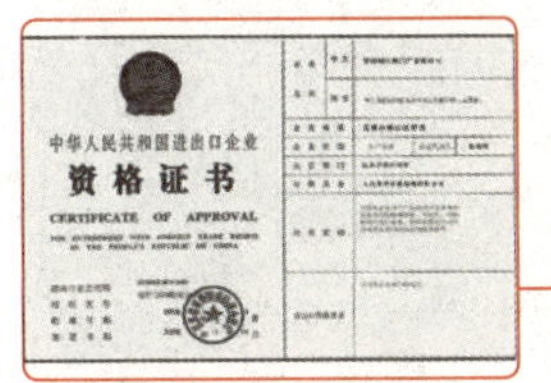

中级 **수출면장** 【名】 出口许可证

수출면장은 세관에서 발급하는 수출을 허가하는 문서이다.

出口许可证是海关发给的准许出口的文书。

同义词 수출허가증 出口许可证　수출승인서 出口许可证

★ **수출면장的相关词:**

수입 면장 → 进口许可证

中级 **바이어** 【名】 买方

나는 영업부 사원들과 함께 바이어를 맞으러 공항에 갔다.

我和营业部的部员们一起去机场接买方顾客。

★ **与바이어相关:**

바이어是外来语，英语为 buyer。

中级 **백지배서** 【名】 空白背书

백지배서는 선하증권에 피배서인을 지정함이 없이 배서하는 것을 가리킨다.

空白背书是指不指定被背书人的背书。

★ **백지배서的相关词:**

지시식 백지배서 → 指示式空白背书　백지배서어음 → 空表背书汇票　배서 → 背书

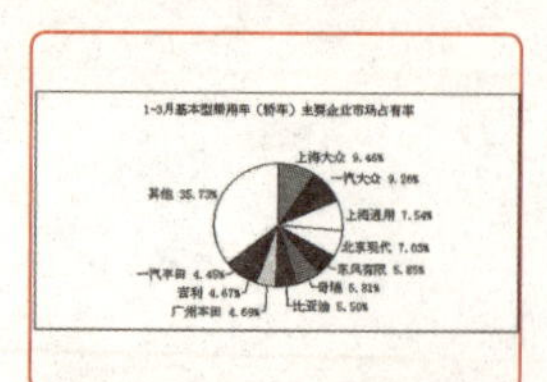

中级 **시장 점유율** 【名】 市场占有率

두 대기업의 시장 점유율은 총 72 퍼센트이다.

这两家大公司控制了 72% 的市场份额。

★ **시장 점유율的相关词：**

시장 점유율이 높다 → 市场占有率高　시장 점유율이 크다 → 市场占有率大　시장 점유율이 하락하다 → 市场占有率下降　시장 점유율이 높이다 → 市场占有率提高

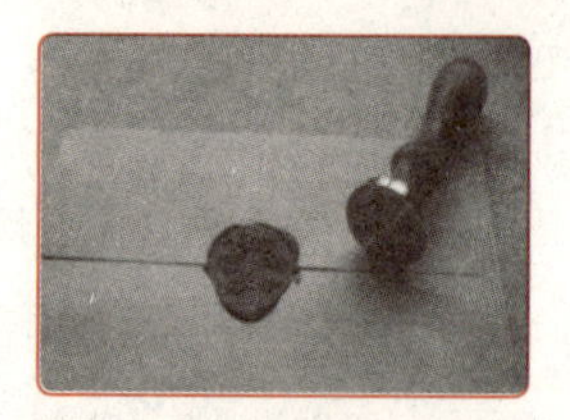

中级 **날인** 【名】 印章

상급자가 이미 나에게 날인을 해주었다.

上司已经给我盖章了。

★ **날인的相关词：**

날인하다 → 盖章（动词）　문건에 날인하다 → 在文件上盖章

中级 **판매가** 【名】 销售价

물건을 판매가로 들여와 소매가로 판다.

把商品以销售价买入，零售价卖出。

★ **판매가的相关词：**

판매 → 销售　도매하다 → 批发　소매가 → 零售价　도매가로 구입하다 → 以批发价买入

中级 **체결하다** 【动】 签订（协议）

두 나라는 마침내 전쟁을 끝맺고 평화 협정을 체결하였다.

两国终于结束了战争，签订了和平协定。

★ **체결的相关词：**

주문 체결 → 签订成约　거래 체결 → 签订合同　체결하다 → 签订（动词）　계약을 체결하다 → 签订合同　밀약을 체결하다 → 签订密约

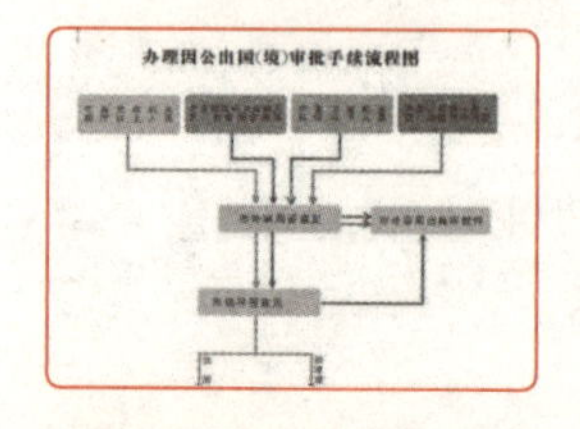

中级 **수속** 【名】 手续

나는 외국 지사로 나가기 위해 출국 수속을 서둘렀다.

因为要去国外的分公司，我要赶紧办好出国手续。

★ **수속的相关词：**

결혼 수속 → 结婚手续　입국 소속 → 入境手续　수속이 까다롭다 → 手续很复杂　출국 수속 → 出境手续　탑승 수속 → 搭乘手续

中级 **대금** 【名】 货款

상대방은 아직까지 상품 대금을 지불하지 않았다.

对方至今未支付货款。

대금的相关词:

대금 상환 → 货到付款　상품 대금을 불입하다 → 缴货款

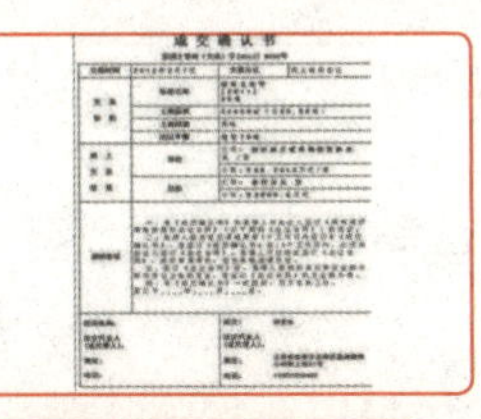

中级 **구매 확인서** 【名】 购买确认书

귀사가 구매 확인서를 빠른 시간 내에 송부하시기를 바랍니다.

请贵社尽快寄送购买确认书。

구매 확인서的相关词:

구매 확인서에 사인하다 → 在购买确认书上签字　구매 확인서에 날인하다 → 在购买确认书上盖章　확인서 → 确认书　구매 → 购买

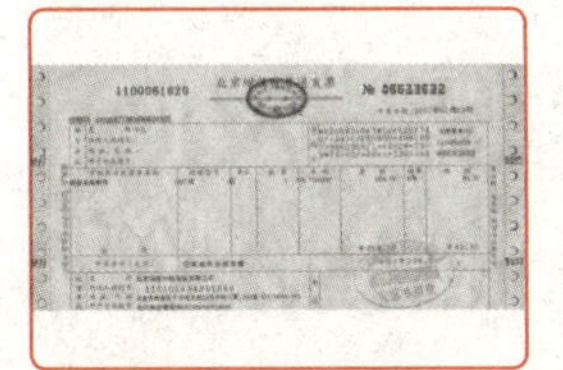

中级 **송장** 【名】 发票

택배 직원이 물건을 받고 송장을 주었다.

快递员接收了快递，给了我发票。

송장的相关词:

본송장 → 原始发票　견적송장 → 形式发票　화물 송장 → 投货单　수출 송장 → 出口发票

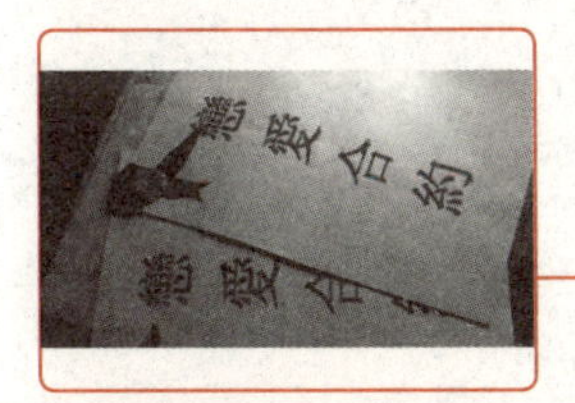

中级 **1 식 2 통** 【名】 一式两份

계약서는 1 식 2 통으로 쌍방이 보관한다.

合同一式两份交双方收执。

同义词 1 식 2 부　一式两份

1 식 2 통的相关词:

1 식 3 통 → 一式三份　1 식 2 부로 보관하다 → 一式两份保管

中级 마케팅 【名】 市场营销

우리 회사는 소비자에게 직접 다가가는 적극적인 마케팅 전략을 펴고 있다.
我公司正展开走近消费者的市场营销战略。

与마케팅相关：

마케팅外来语，英语为 marketing。
마케팅 전략 → 市场营销战略　마케팅 리서치 → 市场调查

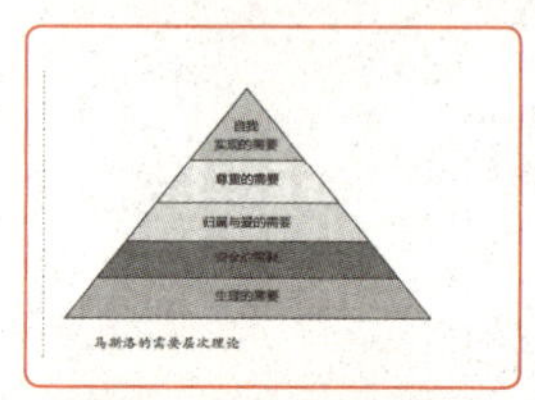

中级 수요 【名】 需求

컴퓨터 부품 분야에서 그 회사는 국내 수요의 50 퍼센트를 공급하고 있다.
那个公司在电脑配件领域提供国内市场需求的 50%。

수요的相关词：

시장 수요 → 市场需求　수요가 늘다 → 需求增加　공급이 수요를 초과하다 → 供大于求　수요를 만족시키지 못하다 → 供不应求

中级 생산 【名】 生产

파업이 생산에 미치는 영향은 막대하다.
罢工对生产产生的影响是巨大的。

생산的相关词：

생산하다 → 生产（动词）　생산량 → 生产量　생산의 효율성 → 生产效率　생산의 원가 → 生产原价

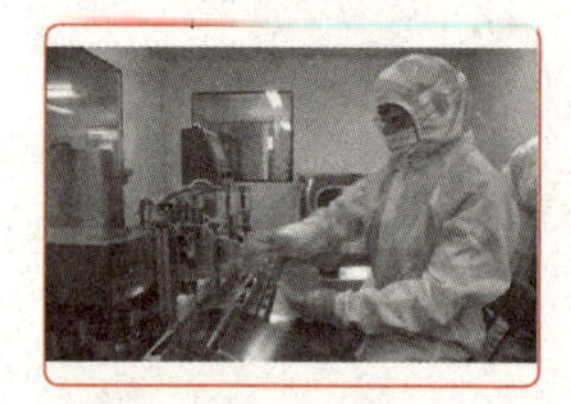

中级 생산자 【名】 生产者

우리는 생산자와 특약을 맺고 있다
我们和生产者缔结了特别合约。

생산자的相关词：

생산자 잉여 → 生产者剩余　독립생산자 → 独立生产者　생산자 가격 → 生产者价格　생산자 물가지수 → 生产者物价指数

中级 소비자 【名】 消费者

소비자의 마음을 잡으려면 충분한 창의력이 필요하다.
想抓住消费者的心，需要有足够的创意。

소비자的相关词：

소비자 잉여 → 消费者剩余　소비자신용 → 消费者信用　소비자소송 → 消费者诉讼　소비자 연맹 → 消费者联盟　소비자물가 → 消费者物价

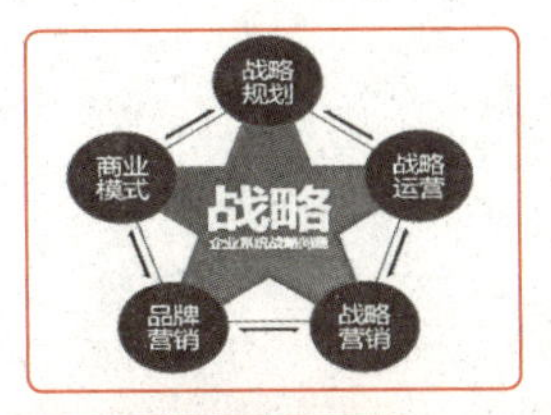

中级 **전략** 【名】 战略

판매량을 늘리기 위해서는 새로운 판매 전략이 필요하다.

想提高销售量，需要新的销售战略。

전략的相关词：

경영 전략 → 经营战略　판매 전략 → 销售战略　전략을 세우다 → 制订战略　작전 전략 → 作战战略　전략 거점 → 战略据点

中级 **공급자** 【名】 供应商

우리가 기존 공급자를 바꾸는 것이 좋은 생각은 아닌 것 같군요.

我们认为更换供应商不是个好办法。

同义词 공급업자　供应商

공급자的相关词：

공급하다 → 供给　공급자 신용 → 供应商信用　공급 가격 → 供给价格　공급 정보 → 供应商信息

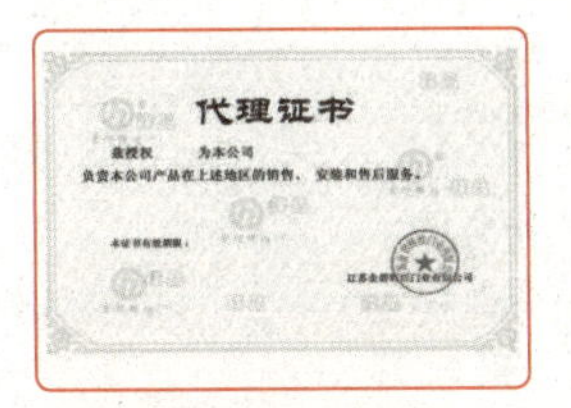

中级 **대리업자** 【名】 代理商

경영인은 경영 합리화를 위하여 대리업자를 적절히 이용할 필요가 있다.

经营者为了经营合理化可适当与代理商合作。

대리업자的相关词：

광고 대리업자 → 广告代理商　운송 대리업자 → 承运商　수출대리업자 → 出口代理商

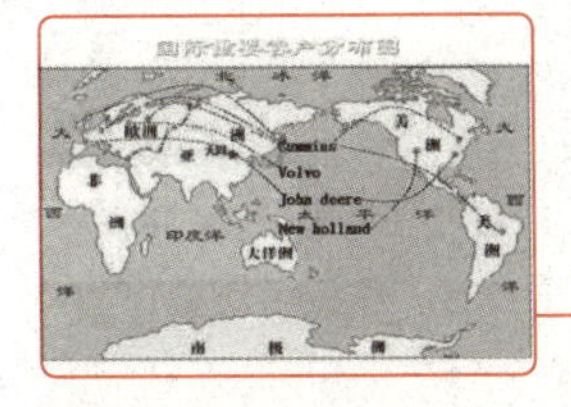

中级 **국제시장** 【名】 国际市场

요즘 우리 회사는 기술 집약적 제품 개발로 국제시장에서 경쟁력을 강화하고 있다.

最近我公司正以技术密集产品开发强化国际竞争力。

同义词 세계시장　国际市场

국제시장的相关词：

국제 → 国际　국제적 → 国际的　국제시장 가격 → 国际市场价格　시장점유율 → 市场占有率

中级 **구매력** 【名】 购买力

그들은 대단한 구매력을 가진 고객들이다.

他们是拥有非常强大购买力的顾客。

구매력的相关词：

잠재 구매력 → 潜在购买力　구매력이 약화되다 → 购买力削弱　구매력이 강하다 → 购买力强　구매력 위험 → 购买力风险

中级 **마케팅 포지셔닝** 【名】 市场定位

좋은 제품은 마케팅 포지셔닝이 꼭 필요하다.

好的产品市场定位一定要准确。

与마케팅 포지셔닝相关：

마케팅 포지셔닝是外来语，英语为 marketing positioning。

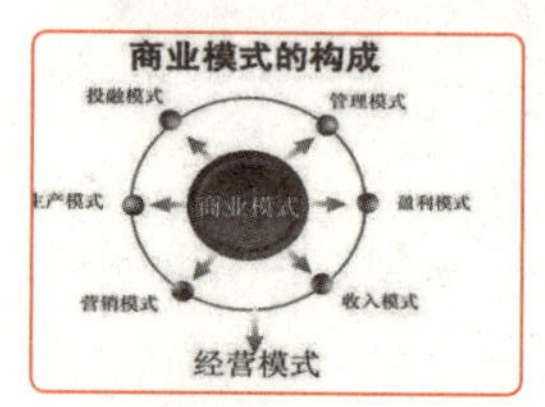

中级 **비즈니스 모델** 【名】 商业模式

좋은 디자인이 고장난 비즈니스 모델을 고칠 수는 없다.

好的设计也无法修补破碎的商业模式。

与비즈니스 모델相关：

비즈니스 모델是外来语，英语为 business model。

中级 **시장조사** 【名】 市场调查

우리 회사는 신제품 개발에 앞서 시장조사를 실시하였다.

我公司在开发新产品前进行了市场调查。

同义词 마케팅리서치 (marketing research) 市场调查

시장조사的相关词：

조사 → 调查 해외 시장조사 → 海外市场调查

中级 **광고** 【名】 广告

요즘은 허위 광고가 하도 심해서 물건 사는 게 두렵다.

最近虚假广告太严重，买东西都害怕。

광고的相关词：

과잉 광고 → 过量广告 상업 광고 → 商业广告 공익광고 → 公益广告 모집광고 → 招标广告

中级 **판촉** 【名】 促销

그 회사는 새로운 제품의 탄생을 알리는 판촉을 대대적으로 벌였다.

那个公司为宣传新产品正在大肆促销。

판촉的相关词：

판매촉진 → 促销（판촉是缩略形式） 판촉 전시 → 促销展 판촉원 → 促销员 판촉물 → 促销商品 판촉 경품 → 促销赠品

中级 도매 【名】 批发

현재 달걀은 도매로 한 꾸러미에 3,000 원이다.

现在鸡蛋的批发价是 3000 韩元一包。

反义词 소매 零售

★ 도매的相关词:

도매상 → 批发商 도매하다 → 批发（动词） 도매 가격 → 批发价 도매 가게 → 批发店 도매업 → 批发业

中级 소매 【名】 零售

소매로는 도매값의 거의 배가 된다.

零售价基本是批发价的两倍。

反义词 도매 批发

★ 소매的相关词:

소매상 → 零售商 소매업 → 零售业 소매하다 → 零售（动词） 소매 가격 → 零售价 소매 상품 → 零售商品 소매부 → 门市部

中级 애프터서비스 【名】 售后服务

이 회사는 애프터서비스 시스템이 아직 미흡해서 문제가 많다.

这个公司的售后服务系统现在还不成熟，所以有很多问题。

★ 与애프터서비스相关:

애프터서비스是外来语，英语为 after service。简称为에이에스 (AS)。

애프터서비스를 제공하다 → 提供售后服务

中级 면세점 【名】 免税店

언니는 공항에 도착하자마자 면세점으로 달려갔다.

姐姐一到机场就到免税店去了。

★ 면세점的相关词:

면세 → 免税 면세증 →免税单 면세하다 → 免税 면세품 → 免税品 면세하여 통관시키다 → 免税放关

中级 관세 【名】 关税

정부는 수입 상품에 높은 관세를 부과하여 수입을 제한하기로 하였다.

政府决定提高进口商品的关税，限制进口商品。

★ 관세的相关词:

관세율 → 关税率 관세 장벽 → 关税壁垒

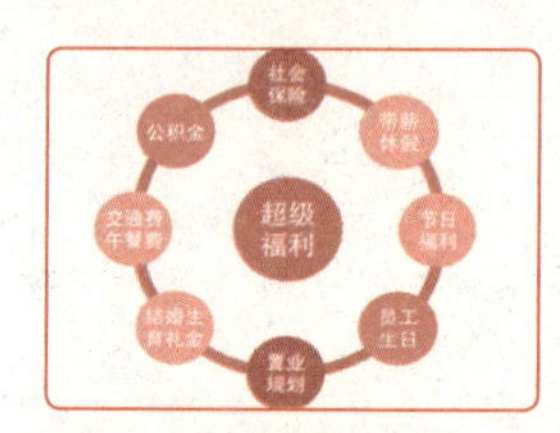

中级 복지 【名】 福利

이 직장의 좋은 복지제도 중의 하나는 무료 탁아시설입니다.

这家公司的福利比较好的一点是有免费的托儿设施。

★ 복지的相关词:

공공복지 → 公共福利　사회복지 → 社会福利　노인 복지 → 老人福利　복지제도 → 福利制度

中级 연말 상여금 【名】 年终奖

연말 상여금은 최고 한도를 정하지도 않았지만 최저 한도도 정하지 않았다.

年终奖金既不封顶，也不保底。

同义词 연말 보너스　年终奖

★ 연말 상여금的相关词:

상여금 → 奖金　연말 → 年末，年终　수당 → 津贴　보너스 → 奖金，红利

中级 직권 【名】 职权

시장 직권으로 잘못된 허가를 내 주어 문제가 생겼다.

使用市长职权做了错误的批准，出了问题。

★ 직권的相关词:

직권을 행사하다 → 行使职权　직권을 남용하다 → 滥用职权　의장 직권 → 议长职权　직권 범위 → 职权范围

中级 해고 【名】 解雇

그 사원은 불성실한 근무 태도 때문에 해고를 당했다.

那个职员因为不踏实的工作态度而被解雇了。

★ 해고的相关词:

해고되다 → 被解雇　해고를 당하다 → 受到解雇　해고시키다 → 使解雇　해고하다 → 解雇

中级 퇴직 【名】 退休

아버지께서는 퇴직을 하신 뒤 조그마한 사업을 시작하였다.

爸爸退休后开始做起了小生意。

★ 퇴직的相关词:

퇴직하다 → 退休（动词）　퇴직 연금 → 退休金　퇴직 증후군 → 退休综合征　퇴직시키다 → 使退休

7 管理

中级 **승진** 【名】 升职

그녀는 출산 때문에 이번 승진의 기회를 놓쳤다.

她因为生孩子而错过了这次升职机会。

★승진的相关词：

승진 시험 → 晋升考试 승진 인사말 → 晋职问候 승진하다 → 升职 파격적 승진 → 破格晋升

中级 **증급** 【名】 加薪

그녀는 상사에게 증급을 요구했다.

她向老板请求加薪。

★증급的相关词：

증급을 요구하다 →要求加薪 증급되다 → 加薪